网飞传奇

Netflixed
The Epic Battle for America's Eyeballs

［美］吉娜·基廷（Gina Keating） 著

谭永乐 译

图书在版编目（CIP）数据

网飞传奇 /(美)吉娜·基廷著；谭永乐译. -- 2版. -- 北京：中信出版社，2020.11
书名原文：Netflixed: The Epic Battle for America's Eyeballs
ISBN 978-7-5217-1390-9

Ⅰ.①网… Ⅱ.①吉…②谭… Ⅲ.①网络公司—企业管理—经验—美国 Ⅳ.①F279.712.444

中国版本图书馆CIP数据核字(2020)第029625号

Netflixed: the epic battle for America's eyeballs by Gina Keating
Copyright © Gina Keating, 2012
All rights reserved including the right of reproduction in whole or in part in any form.
This edition published by arrangement with Portfolio, an imprint of Penguin Publishing Group, a division of Penguin Random House LLC.
Simplified Chinese translation copyright © 2020 by CITIC Press Corporation
ALL RIGHTS RESERVED
本书仅限中国大陆地区发行销售

网飞传奇

著　　者：[美]吉娜·基廷
译　　者：谭永乐
出版发行：中信出版集团股份有限公司
　　　　　（北京市朝阳区惠新东街甲4号富盛大厦2座　邮编　100029）
承　印　者：北京通州皇家印刷厂

开　　本：880mm×1230mm　1/32　印　张：11.75　字　数：232千字
版　　次：2020年11月第2版　　　　印　次：2020年11月第1次印刷
京权图字：01-2012-6683
书　　号：ISBN 978-7-5217-1390-9
定　　价：69.00元

版权所有·侵权必究
如有印刷、装订问题，本公司负责调换。
服务热线：400-600-8099
投稿邮箱：author@citicpub.com

感 谢
网飞和百视达人让我走进他们的故事

并感谢
约翰·A.佐普赫和玛格丽特·罗梅罗的大力支持

角色

网飞

莉萨·巴塔利亚·赖斯 ｜ 人力资源经理
杰西·贝克尔 ｜ 市场营销副总裁
詹姆斯·贝内特 ｜ 推荐系统副总裁
科里·布里奇斯 ｜ 营销、产品经理
吉姆·库克 ｜ 财务/运营总监
德博拉·克劳福德 ｜ 投资者关系总监
克里斯·达尔纳 ｜ 产品管理总监
谢纳兹·达韦尔 ｜ 公共部主管
汤姆·狄龙 ｜ 首席运营官
鲍里斯·德鲁特曼 ｜ 网络工程经理
维塔·德鲁特曼 ｜ 高级系统架构师
乔纳森·弗里德兰 ｜ 企业沟通副总裁
里德·哈斯廷斯 ｜ 联合创始人/董事长/首席执行官
杰伊·霍格 ｜ 董事/投资人
尼尔·亨特 ｜ 首席技术官
莱斯莉·基尔戈 ｜ 首席营销官

保罗·基里辛科 | 财务计划及分析副总裁
克里斯蒂娜·基什 | 销售总监
科比·基什 | 业务开发总监
斯坦·兰宁 | Cinematch 开发人
米奇·洛 | 视频租赁项目顾问及电影收购主管，Redbox 总裁
巴里·麦卡锡 | 首席财务官
帕蒂·麦科德 | 首席人力官
埃里克·迈耶 | 首席信息官
乔尔·迈尔 | 市场研究及分析总监
马克·伦道夫 | 联合创始人 / 首任首席执行官
安迪·瑞迪奇 | 首席服务及运营官
肯·罗斯 | 企业沟通副总裁
特德·萨兰德斯 | 首席内容官
特蕾泽·"特"·史密斯 | 企业沟通总监
史蒂夫·斯韦齐 | 企业沟通总监
戴维·威尔斯 | 首席财务官
埃里希·齐格勒 | 营销总监

百视达

约翰·安蒂奥科 | 董事长 / 首席执行官
布赖恩·贝文 | 美国门店运营高级副总裁
爱德华·布莱尔 | 董事
萨姆·布卢姆 | 业务发展副总裁
本·库珀 | 百视达在线市场获得及业务开发总监
J. W. 克拉夫特 | 百视达在线战略规划副总裁
里克·埃利斯 | 百视达在线业务顾问

沙恩·埃万杰利斯特 | 百视达在线高级副总裁兼总经理
加里·费尔南德斯 | 董事
比尔·菲尔茨 | 董事长/首席执行官（安蒂奥科前任）
萨拉·古斯塔夫森 | 百视达在线客户分析高级总监
尤勒斯·海莫威茨 | 董事
莉莲·赫塞尔 | 百视达在线客户营销副总裁
吉姆·凯斯 | 董事长/首席执行官
卡伦·拉斯科普夫 | 企业沟通高级副总裁
尼克·谢泼德 | 首席运营官
迈克尔·希夫塔尔 | 百视达在线应用开发总监
奈杰尔·特拉维斯 | 总裁
斯特劳斯·泽尔尼克 | 董事
拉里·齐纳 | 首席财务官

合演者

罗伯特·贝尔 | 美国电话电报公司实验室统计组研究员
杰夫·贝佐斯 | 亚马逊网站创始人/首席执行官
马丁·沙贝尔 | "网飞奖"得主，法裔加拿大程序员
汤姆·杜利 | 维亚康姆高级副总裁
罗杰·恩里科 | 百事公司董事长
约翰·弗莱明 | 沃尔玛首席执行官
布雷特·伊坎 | 卡尔·伊坎之子
卡尔·伊坎 | 百视达投资人/董事
迈克尔·亚赫里尔 | "网飞奖"得主，"大混沌"团队机器学习研究员
迈克·卡尔彻内 | Hacking Netflix 创始人/博主
格雷格·卡普兰 | Redbox 首席执行官

梅尔·卡尔马津 | 维亚康姆首席运营官
耶胡达·科伦 | "网飞奖"得主，美国电话电报公司实验室科学家
沃伦·利伯法尔布 | 华纳家庭视频公司总裁
乔·马卢金 | 影库董事长/首席执行官
戴维·诺瓦克 | Yum！品牌董事长/首席执行官
迈克尔·帕赫特 | 韦德布什－摩根分析师
马丁·皮奥特 | 法裔加拿大程序员
萨默·雷德斯通 | 维亚康姆董事长
斯图尔特·斯科曼 | Reel.com 创始人/首席执行官
安德烈亚斯·托斯凯尔 | "网飞奖"得主，"大混沌"团队机器学习研究员
克里斯·沃林斯基 | "网飞奖"得主，美国电话电报公司统计组执行总监
马克·沃特尔斯 | 好莱坞视频创始人/首席执行官

目录

- 推荐序　网飞的逆袭之路　　> IX
- 前言　　　　　　　　　　　> XV

> 01

《黑夜枪声》
A Shot in the Dark
（1997—1998）

- 硅谷黄金时代　　> 003
- 网飞掌门人　　　> 006
- 马克·伦道夫　　 > 007
- 初创团队　　　　> 010
- 租赁 vs. 票房　 > 017
- 米奇入队　　　　> 019
- 上线前　　　　　> 021
- 上线日　　　　　> 029

伦道夫和哈斯廷斯的性格截然相反，不过他们还是有不少共同点。两人都出身于富裕的东海岸移民家庭，都曾就读于私立学院，都是经过多年徘徊才得以安顿下来，投身于自己至爱的事业。

> 02

《好事、坏事及丑事》
The Good, The Bad, and The Ugly
（1998—1999）

- 业务定位　　> 033
- 低级错误　　> 043

网飞的建立一直是个抽象概念：这些人要在一年之内，完成概念形成到转化为商业计划的工作，直至将其推出。网飞团队打算挑战一个既有产业，因此发布一结束，他们就遇到了这个希望所带来的现实问题。

> 03

《淘金记》

The Gold Rush
（1999—2000）

- 新功能上线　　　　　> 055
- 高级主管团队改组　　> 057
- 两位关键人物　　　　> 059
- 培养用户习惯　　　　> 064
- 品牌计划　　　　　　> 072

伦道夫组建的创始团队逐渐凋零，他们或者士气低落，或者被哈斯廷斯和麦科德逐一拿下，取而代之的是哈斯廷斯选拔的对他忠心耿耿的员工。

> 04

《世界之战》

War of the Worlds
（2001—2003）

- 大卫－歌利亚　　　　> 080
- 百视达掌门人　　　　> 083
- 百视达的野心　　　　> 086
- 裁员 40%　　　　　　> 093
- 上市　　　　　　　　> 096
- 最后的合作　　　　　> 097
- 伦道夫的离开　　　　> 099

网飞的使命是建立世界上最伟大的娱乐服务公司，帮助用户获得他们喜爱的电影并打败竞争对手，网飞需要削减成本才能做到这一点，才能上市。

> 05

《这个杀手不太冷》
The Professional
（2003—2004）

- 百视达的在线项目计划　　> 103
- 萧条时代的宠儿　　　　　> 117

在网络公司破产导致持续 3 年之久的晦暗表现之后，互联网股于 2004 年年初重新受到青睐，网飞突然之间成为后萧条时代的宠儿。它的股票价格上涨将近 400%，每年的平均收入增长率稳定在 100% 以上，开始引起人们的注意。

> 06

《热情似火》
Some Like it Hot
（2004—2005）

- 针锋相对　　　　　　　　> 123
- "巨人已醒"　　　　　　　> 126

哈斯廷斯：每当竞争对手声称自己来年会有一项更好的服务，我都视之为软弱的表现，因为你是在向对手亮底牌，而你其实没有服务可以提供给消费者。

> 07

《华尔街》
Wall Street
（2004—2005）

- 约翰·安蒂奥科 > 137
- 终结滞纳金 > 139
- 合并风波 > 148

每次客户和百视达收银员就出乎意料的滞纳金发生争执时都会导致品牌受损，尤其是这种事情经常在客户排着长队等待结账时发生。不过，在门店销售额下降的同时放弃一个重要收入来源的想法，还是让他犹豫不决。

> 08

《海扁王》
Kick Ass
（2004—2005）

- 与亚马逊开战 > 157
- 价格战 > 160
- 超预期 > 165
- 捍卫核心业务 > 168
- 全面开战 > 171
- 高管风格 > 173
- 用户反馈 > 177

尽管网上业务似乎是百视达核心竞争力的自然延伸，"但很少有哪个成熟公司会满腔热情地追逐一种注定会在一定程度上蚕食企业摇钱树的新业务"。

> 09

《黄金时代》
The Best Years of Our Lives
（2005—2006）

- 百视达代理权争夺战 　> 189
- 商业广告计划 　> 191
- 贷款谈判 　> 193
- 在线客户营销计划 　> 194
- 债务危机 　> 197
- 互换市值排名 　> 200

两家公司大约在年中时互换了市值排名：网飞 2012 年的市值约为 15 亿美元；百视达仍有超过 10 亿美元债务，市值降至 6.84 亿美元。

> 10

《帝国反击战》
The Empire Strikes Back
（2006—2007）

- 数字视频 　> 209
- 流媒体服务 　> 210
- 百视达的自我拯救 　> 214
- "并网" 　> 218
- 网飞进退维谷 　> 224
- 网飞"即时传输"功能 　> 230

门店租赁的时代结束了。将门店和在线服务挂钩并从"并网"切换中获得收益是他们唯一要做的事情。

> 11

《超人总动员》
The Incredibles
（2006—2009）

- "网飞奖" > 235
- 算法推荐 > 242

这次比赛成就了一个颇为先进的推荐系统，它能从行为线索中读取人们的观影喜好，也不再需要评分系统提供过多输入信息。

> 12

《正午》
High Noon
（2007—2008）

- 圣丹斯电影节 > 253
- "并网"初见成效 > 255
- 关键会面 > 256
- 关于持续盈利 > 258
- 百视达内部争斗 > 259
- 网飞的低潮 > 267

"'并网'导致了惊人增长，但保持增长的唯一途径是把自己逼入窘境。为了盈利而终止免费交易并提高价格的那一刻，你们就会丧失优势，而我们会重新开始实现增长。"

目录   VII

> 13

《胜利大逃亡》

The Great Escape

（2007—2009）

- 百视达新首席执行官上任 > 273
- 巨大分歧 > 277
- 高管陆续离开 > 282
- 网飞恢复增长 > 285
- 百视达的新业务 > 288
- 协同消费 > 290

"现在，让我们谈谈你们的主要对手百视达。"我说。"谁？"他问，一副佯装不知的样子，"我们的主要对手是 Redbox，百视达还不够格。"

> 14

《大地惊雷》

True Grit

（2009—2010）

- 百世达破产危机 > 297
- Redbox > 303
- 临别礼物 > 305

对罗斯来说，《财富》封面是网飞寻求合法性征途中要攀登的一座遥远的山峰，登上封面标志着网飞当之无愧地获得了典型美国品牌的地位。

> 15

《天堂电影院》
Cinema Paradiso
（2011）

- 网飞的国际版图 > 319
- 勇气与信念 > 327

网飞不只是提供一项电影交付服务，它是寻找期待观看内容的最佳途径，是一个可以与之分享真正愉悦自己的内心秘密的朋友，是确信可以在下次造访时提供更好体验的那种公司。认为它不过是一系列算法的想法，实在是悲哀。

- 后记 > 331
- 致谢 > 335
- 来源声明 > 339

推荐序

网飞的逆袭之路

得到 App 总编辑

李翔

如今已经如日中天的网飞颠覆影视租赁巨头百视达的过程，是一个极好阐释了管理学大师克里斯坦森提出的破坏性创新理论的例证。

网飞是美国最大的在线 DVD（高密度数字视频光盘）租赁商，这本书讲述的是网飞的故事。网飞的历史，充满了传奇色彩，它的崛起伴随着复杂斗争、幸运转折、个人背叛……它自身的历史比它出租的那些电影更富戏剧性。

网飞的创始人之一里德·哈斯廷斯（Reed Hastings）曾被《财富》杂志评选为"2009 年度商业人物"。2012 年推出的备受欢迎的《纸牌屋》，让这家公司登上浪潮之巅。但从1997年这家公司创立之后，它和今天我们所看到的所有那些公司无异，都经历过一段煎熬期，其间伴随着领导者的变更、创始团队的离去，以及时刻担忧资金链断裂的提心吊胆。

哈斯廷斯为网飞提供了起始资金。后来，LVMH集团（Louis Vuitton Moët Hennessy，即酩悦·轩尼诗-路易·威登集团）的伯纳德·阿尔诺（Bernard Arnault）给网飞投资了3 000万美元。在2000年互联网泡沫破灭之前，哈斯廷斯已经从风险投资者手中成功募集到了超过1亿美元的资本。而且，在经过一段时间的视频格式之争后，DVD格式确定成为主流。这一切都是对网飞的利好消息。这让这家初创公司虽然每年都在亏损，但仍然前途无量。

网飞和百视达的首次接触是在2000年。哈斯廷斯试图与这个影视租赁行业的巨头达成合作。在一次同百视达首席执行官约翰·安蒂奥科（John Antioco）的会面中，哈斯廷斯提议将网飞变成百视达在网上的合作伙伴。他的另一个建议是，百视达以5 000万美元的价格收购网飞。

约翰·安蒂奥科拒绝了。和当时的大部分传统商业公司的首席执行官一样，他对网飞这样不断亏损的互联网公司是否能够生存下来心存疑虑。而在网飞当时描绘的美丽图景中，哈斯廷斯希望网飞在2004年拥有1 000万用户。他预计，一旦网飞订阅用户数达到100万，独立制片人就有可能绕过制片厂，通过网飞发行他们的电影。等这种情况发生时，美国人应该已经习惯了在线租赁。

2003年3月，网飞宣布自己的订阅用户数达到100万。媒体巨头雷德斯通在1994年收购了百视达。三年之后，雷德斯通要求约翰·安蒂奥科来运营这家公司，开出的条件是安蒂奥科可以在改造好这家公司之后将其单独上市。这个条件让安蒂奥科拒绝了执掌百胜餐饮的邀请。约翰·安蒂奥科这时开始意识到自己可能轻视了这家互联网公司，便开始策划对网飞进行一次反击。百视达的战略副总裁沙恩·埃万杰利斯特（Shane Evangelist）负责这个新的在线租赁项目。埃万杰利斯特从安蒂奥科那里拿到了2 500万美元的投资承诺，从公司的其他部门和外部挖来了一些分析师和程序员，制订出一个向网飞学习的计划，但增加了免费门店租赁优惠券作为奖励。百视达在线将会在6个月内建成并启动。

2004年7月15日，在网飞宣布第二季度财报的当天，百视达在线网站推出测试版。8月20日，百视达在线在达拉斯大剧院举办了自己的开幕盛典，邀请了众多电影明星参加。现场火药味十足。剧院的大屏幕上的视频第一段引用哈斯廷斯的话说："百视达在网络技术和营销方面的业绩记录还不够完美。"第二段仍然是哈斯廷斯的话："我们发现百视达不可能有效完善其在线服务业务。"在切入一段包括《洛奇》《勇敢的心》《出租车司机》《搏击俱乐部》等电影的片段之后，大屏幕上又出现了一句话，这句话是安蒂奥科说的："你已经正式唤醒了一个沉睡的巨人。现在让我们出手吧！"

百视达在线在沿着正确的道路前进。埃万杰利斯特的一句话最好地证明了这一点："百视达在线并不是要制服某个小公司，它是一家初创公司，意在追赶一个技术卓越、经验丰富的竞争对手。"

这也符合克里斯坦森的创新理论，一个行业巨头在面对破坏性创新者的挑战时，最佳方式是拆分出一个独立的公司，让其以初创公司的心态来发展。

百视达甚至做到了让网飞感到恐惧。毕竟百视达还拥有9 000余家线下门店。2005年7月，百视达在线开始推出一项"结合在线DVD浩瀚目录和门店便利性的服务"，它们寄希望于这项服务能使客户流量和在线注册人数超过网飞。这是DVD租赁行业的O2O（Online To Offline，线上到线下）。其核心在于：用户可以以一个固定月租在门店或网上完成租赁。这项服务一方面让百视达的线下租赁店重新恢复生机，另一方面也让百视达在线的用户注册数量飞速上升。安蒂奥科称之为"并网"。

"并网"方案的成功促使网飞的首席执行官哈斯廷斯再次寻求和百视达谈判。哈斯廷斯承认，"并网"计划"是一个伟大的命题，网飞确实无法与之匹敌"。唯一的问题在于，胜利的代价太大。按照网飞分析师的计算，百视达要为每次店内交易支付2美元。"并网"计划越成功，百视达付出的代价也就越大。哈斯廷斯的方案是，由网飞来买下百视达在线。

百视达看上去正在朝着克服克里斯坦森所说的"创新者的窘境"的道路上顺利前进。但是，"诅咒"已经开始。按照克里斯坦森的"创新者的窘境"理论，一家行业巨头的失败，并不是因为这家公司丧失了它原有的优势（这些优势可能建立在规模上、管理上和技术上），而恰恰是因为这个巨头过于固守自己的优势，导致它无法正视破坏性创新的发起者，以致遭遇失败。而要摆脱这种"诅咒"，其代价是巨大的。

著名的企业投资者卡尔·伊坎（Carl Icahn）在 2004 年瞄上了百视达。在卡尔·伊坎看来，安蒂奥科不是一个合格的首席执行官，表现之一是他无视股东价值。在向线上转变的过程中，这个传统线下租赁巨头让董事会和卡尔·伊坎这样的投资者一时无法接受的是，原本赚钱的业务突然之间开始不赚钱，甚至亏损。和互联网公司的竞争决定了这一切。网飞的竞争策略是：网飞的运行会不赚不赔——舍弃利润并投入全部资金，以便尽快壮大其用户群，树立起亚马逊和其他挑战者难以逾越的进入障碍。

百视达承受着巨大的转型压力。一方面，要说服百视达门店经理和公司员工很艰难，"这些人眼看着门店租赁业务无休止地下滑，而且为了给在线业务输血，他们在过去 3 年里承受了总额超出 4.5 亿美元的成本削减"；另一方面，百视达门店收入的下降带来了巨大的财务压力。这一压力会在投资人，尤其是卡尔·伊坎的关注下最终爆发危机。当安蒂奥科的760万美元奖金数额被呈送到董事会面前时，卡尔·伊坎愤怒了。他拒绝批准这笔奖金。结果是安蒂奥科也愤怒了。然后，2007年3月20日，百视达宣布安蒂奥科离职。

新任首席执行官吉姆·凯斯（Jim Keyes）舍弃了百视达在线代表的向线上转型的策略。他的策略反而是加大在线下门店的投入，以便将百视达改造成"全方位服务娱乐目的地"。也就是说，百视达回到了它最擅长的领域。可惜，这个领域已经不复存在。

其结果就是百视达的崩溃和网飞的彻底崛起——再也没有一个竞争对手利用包括价格战在内的各种营销方式来同其争抢用户。到2011年，网飞已经是美国最大的电影和电视节目在线销售商。与此同时，网飞也在进行着自己的转型。毕竟，邮寄实体DVD终究有一天要过时。网飞开始将大量的资本投入到网络视频播放上。哈斯廷斯指出，他将在2030年左右的某个时候亲自交付网飞邮寄的最后一张DVD。

破坏性创新的故事将会继续。

前 言

1997年春，一个工作日的凌晨。一辆看起来跑了很多路的栗色沃尔沃旅行车驶入加州硅谷一处通勤停车场，停车场位于圣克鲁斯山的山麓地带。

互联网泡沫正在膨胀。停车场里有20多个男男女女在等候，进入硅谷还有一段"下坡路"，这些计算机极客要一起拼车过去。

极客们随身携带的帆布包上有形形色色的标识，分别代表苹果电脑（2007年更名为苹果公司）、太阳微系统、甲骨文等炙手可热的技术公司。多数人都是典型的"硅谷人"打扮，身着沙滩裤或是李维斯牛仔裤，上身是一件皱巴巴的T恤或羊毛外套，脚蹬Teva（太哇）鞋。有几个人没有洗澡，显得蓬头垢面，长期熬夜也让他们看起来睡眼惺忪。

沃尔沃驶向停车场没人的一侧，那里孤零零地停着一辆亮闪闪的钢蓝色丰田阿瓦隆（Avalon）。丰田车司机坐在驾驶座上，车门敞开着。一看到沃尔沃，丰田司机就从车里跳了下来。

他是里德·哈斯廷斯，三十五六岁，高高瘦瘦，穿着熨烫过的李维斯牛仔裤，破旧的灯芯绒扣领衬衫里面是一件白T恤，脚上是黑袜子和亮白色跑鞋。他一头褐色短发，山羊胡子修剪得很齐整，深蓝眼睛，一副时刻戒备的表情。他通常的体态是身子略微前倾，还有点缩肩，一看便知多年坐在电脑前工作：寻找"完美"数学算法，以定义各种自然和人为现象。

哈斯廷斯手插裤兜，急不可耐地走来走去，看着沃尔沃靠近，斜斜地停下，又挪了几下以调整位置。

驾驶沃尔沃的马克·伦道夫（Marc Randolph）终于满意地下了车，越过沃尔沃车顶朝哈斯廷斯打招呼。

伦道夫年近40岁，和哈斯廷斯同在这家蒸蒸日上的软件公司工作，他绝对属于逍遥派。他身手矫健，身材颀长，有一头稀疏的黑发，棕色的眼睛充满魅惑，宽阔的嘴角挂着一丝困惑和浅笑。有别于老板哈斯廷斯，伦道夫是个"交际天才"，是老板会为自己物色的那种营销经理。

尽管两人并非一类人，但他们之间却相处融洽、彼此信任，有着牢固的友情：他们都有优越的教育环境所造就的自信，也怀有将各种理念融入企业的热忱。

穿着羊毛外套、T恤衫和夹趾凉拖的伦道夫绕过车，站到哈斯廷斯身旁。

"它到了。"哈斯廷斯对他说。

哈斯廷斯把身子探进阿瓦隆轿车，在后排座位上的Pure

Atria[①]公文包里一阵翻找，拿出一个超大号的玫瑰色信封。伦道夫抑制住激动的心情，点头示意哈斯廷斯打开它。

哈斯廷斯从衬衣口袋里取出一把带花押字的古董小银刀，划开了信封，从信封中抽出一张银色的压缩光盘，拿在手里仔细检查了一下，完好无损。

"状况良好。"哈斯廷斯肯定地说。

伦道夫的脸上绽放出灿烂的笑容。

"嗯。在线电影租赁这事儿可能真的有戏。"伦道夫说。

>

作为世界上最大的在线电影租赁公司，网飞（Netflix）的创业史和一切有趣的故事一样，不外乎些许事实和若干有趣杜撰的混合。上述版本更接近现实，不过与之形成对比的是这家公司的官方描述：科技界百万富翁里德·哈斯廷斯在向当地音像店归还逾期影碟之后灵光乍现，突然有了开办下一家公司的主意，并随后在健身房的跑步机上构思出了该公司的签名订阅模式。

"网飞的创办始于1997年，当时我为《阿波罗13号》（Apollo 13）这部影碟支付了大约40美元的滞纳金。我记得那

---

① Pure Atria，一家软件开发工具制造公司。——编者注

笔费用，因为当时挺不好意思的。那还是VHS（家用录像系统）时代，这件事情的发生让我意识到这方面存在一个巨大市场。"网飞的董事长兼首席执行官哈斯廷斯对《财富》杂志的记者说。当时是2009年，一年后，他被该杂志评为"年度商业人物"。

"我不了解DVD，然后有朋友告诉我DVD正在上市。我跑到加州圣克鲁斯的淘儿唱片（Tower Records）给自己寄了几张CD（小型激光盘），每个信封中只装一张光盘。漫长的24小时之后，邮件到了我的住所，我撕开信封，发现这些CD完好无损。这实在令人兴奋。"

作为财经记者，在我报道包括网飞在内的几家美国娱乐公司及其高管的7年时间里，这种故事听得不算少。那时，我从没认真思考过哈斯廷斯的故事。关于网飞的一切有一个简单明了的完美表述：通过邮递方式租赁DVD，你想看多久就看多久，而无须支付滞纳金。

2004年春季，当我接手路透社对洛杉矶娱乐界动向的报道工作时，有关网飞能大难不死的赔率居高不下。世界最大的电影租赁连锁店百视达（Blockbuster）准备推出自己的在线租赁服务；在线书店亚马逊也窥伺一旁，为其尚未推出的影碟租赁服务发布了软件开发人员招聘广告；零售巨头沃尔玛有点将信将疑，试图通过提供在线DVD租赁来保证其DVD门店的庞大销售额；好莱坞制片厂商也正在亡羊补牢，它们成立了联合公司来测试电影下载业务。网飞仅获得了190万个订阅用户，其日常利润账目仍显示为亏损。

在接下来的几年里，我注意到哈斯廷斯和团队凭借果敢行动，使处于劣势的公司在日益增长的在线租赁市场中取得了越来越大的市场份额，从而推翻了质疑它的市场规模略逊于其他较大竞争对手的华尔街预言。

我看到了一个才华横溢的自律型团队改变了人们租赁影音产品的方式，这不是为了金钱，而是为了发起挑战，从而瓦解一个"真实"产业，实现在线运营。在追求完美软件和直观用户界面的过程中，他们成了一个可以和苹果公司（后文简称"苹果"）相媲美的时尚引领者，一个和谷歌不相上下的创新者，以及一种星巴克量级的品牌力量。网飞也演变成为一个故事，它讲述的是一些强大算法如何在网飞赞助的科学竞赛中得到完善，催生出技术突破，进而影响到任何产品或创意的兜售者会聚其潜在客户的方式。

2010年，我开始着手研究并记述网飞的崛起，它从一个盈利途径不明晰的公司变成获利40亿美元的影碟租赁巨头，涉及从邮寄费率到好莱坞电影交易，再到隐私、宽带使用和Web（万维网）流量联邦规则的方方面面。我自认为对这个故事已经了然于胸。

我知道自己需要有利的外部来源才能揭开这家公司的一些初创奥秘，因为在涉及它希望控制或避免谈及的那些问题上，网飞的公关和营销团队绝对会对记者和投资人（尤其是消费者）守口如瓶。

我从网飞那里无法得到答案的一些问题包括：网飞的另一位创始人马克·伦道夫怎么了，为何他从来不被提及？为什么《阿波罗13号》故事的发生地先是圣克鲁斯的一家百视达连锁店，到2006年又变成位于拉洪达（La Honda）的一家夫妻店（现已倒闭）？为什么初创团队成员米奇·洛（Mitch Lowe）选择单飞去创建DVD出租亭公司Redbox（红盒子），并成为网飞的主要竞争对手之一，而不是留在网飞？

起初，对于这个我已经相当了解并在财经报道中密切关注的故事，这些事情似乎是无关紧要的小细节。不过，随着问题接踵而至，我很快就迷茫了，我对网飞的所有看法都随之改变。

我的发现比起官方故事来更有料，也更加微妙。网飞的整个历史是一段命途多舛的漫长奋斗史，有各种磨难、转机、背叛和心碎。

这家公司并非无缘无故地误导公众。官方故事只是较为精致和功利，而且该公司2 180名员工（每年的人员流动率为20%）和高管在季度电话会议上恪守的脚本是：网飞的一切必须符合公司的目标，否则就会被剔除。

毕竟，纪律和专注可以解释一家不名一文的硅谷小公司何以戕杀了资产达80亿美元的影碟租赁业三巨头[百视达、影库（Movie Gallery）、好莱坞视频（Hollywood Video）连锁店]，遏制了亚马逊，并迫使电影制片厂进入数字化时代。网飞现在采用相同的战术来削弱有线电视和卫星电视供应商，不过，不露声色的更好的战术则是潜入这些新市场，扰乱其竞争态势。

"我们的规模太小，所以我们不想引发与现有对手之间的第二次或第三次'世界大战'。"哈斯廷斯于2011年年初这样说。不久之后，网飞宣布其订阅用户数超过排名第一的美国有线电视提供商康卡斯特（Comcast）。

哈斯廷斯管理公司的方式似乎高深莫测，他往往放弃稳定的收入或是相关业务，来追求超越一切的既定目标——在线租赁影碟。

在华尔街分析人士和财经媒体看来，哈斯廷斯所追求的目标只是某种看似简单的商业模式（一个软件程序、大量仓库和一些DVD），以及大公司购买网飞的发明的意愿。他们的消极预测导致网飞的股票价格屡屡暴跌，而哈斯廷斯似乎不为所动。在市场压力面前，他的判断往往被证明是正确的，甚至称得上是远见卓识，这为我眼中美国最佳创业文化故事平添了一份魅力。

在2008年股市大崩盘之后，我开始考虑写出我心目中的华尔街神话，这个故事包括最好的想法、良好的资产负债表和富有创意的商业计划的完美执行，正是这些因素促使网飞这样的公司在干掉一两个傲慢的业界巨头之后脱颖而出。

我做到了，而且做到的不止这些。这一切始于我和另一位网飞创始人的谈话，那是在风清日朗的加州圣克鲁斯。

>

2010年8月，当我们在洛斯加托斯的一个早餐店初次见面时，我不知道会发生什么事情——此前没人能够告诉我，是什么原因导致马克·伦道夫离开了自己协助创办的这家公司。

径直走向露天餐桌的这个男人充满朝气，身上的羊毛套头衫和牛仔裤很合体，种种迹象表明，此人离开网飞之后的生活很是惬意。他坐下来，点了班尼迪克蛋，然后就娓娓道来，从而颠覆了此前我想当然的诸多认识——首先是哈斯廷斯的《阿波罗13号》影碟滞纳金一事使公司得以创立的故事。

"太扯了，"伦道夫告诉我，"根本不是这样的。"

他解释说，《阿波罗13号》影碟滞纳金一事最初是个"方便杜撰的故事"，用以描述网飞租赁模式的做法，但后来和它的起源混淆了，因为人们想要"极力排斥机械的故事"。

经过前后6个月的多次谈话，我说服伦道夫吐出了网飞的真正龙兴之地，那个地方距离圣克鲁斯市中心相当远。

在伦道夫的建议下，我从硅谷的"下坡路"那里出发，乘一辆通勤巴士上了17号公路，模拟他和哈斯廷斯每天从哈斯廷斯的Pure Atria软件公司上下班的行车路线。1997年初，他们在这段路途中琢磨出了一项新业务，当时Pure Atria正和它的最大对手Rational软件公司合并，伦道夫打算一旦离开Pure Atria就着手实施。

伦道夫时任公司营销主管，长期以来让他格外着迷的是，消费者是如何回应直邮广告（商品目录、返款报价、优惠券），以及包括哈斯廷斯在内的大多数人眼里的垃圾邮件的。伦道夫在互联网上看到一种快捷方法，可以监测消费者对此类销售宣传的反应，以此调整网上"店铺"使之更加吸引人，在理论上促进销售。"类固醇直邮。"他这么称呼它。

巴士穿越迷雾和森林，这条双车道山路让人神经紧张。当中途有人下车，巴士停下来时，我感觉自己仿佛置身一座古朴的阿尔卑斯山滑雪小镇。

伦道夫开着他那辆一尘不染的沃尔沃旅行车，来到斯科茨谷的小巴士站接我，这里是位于圣克鲁斯山山麓的一处富人居住区，他在这里生活了差不多15年。他的维多利亚式农舍坐落在一片方圆50英亩[①]的森林中，这里离哈斯廷斯的"故居"（距圣克鲁斯海边大约一个街区的黄色维多利亚式方形建筑）大约3英里[②]。

我们驶离17号公路，进入一个近乎空旷的仿地中海式办公园区。1998年4月14日，伦道夫和一支12人左右的包括营销专家、程序员和操作人员的团队在这里创办了网飞。

哈斯廷斯当时正在斯坦福大学攻读教育学硕士学位，同时

---

① 1英亩约为4 047平方米。——编者注
② 1英里约为1.6千米。——编者注

也是一个技术产业游说团体的负责人,他当天过来问候了他们。伦道夫的网飞在这个地方经营了将近两年,公司位于园区的后部,占据一个约 1 000 平方英尺[①]的房间。

接着,我们驶向南边 3 英里以外的圣克鲁斯。伦道夫驾车沿着海岸公路行驶,向我介绍俯瞰蒙特利湾的峭壁。那是一条宽阔、整洁的盘山路,有三五成群、意气风发的成年人在上面赶路,他们戴着棒球帽,穿着带有高科技公司标志的羊毛外套。

那些在我看来貌似几拨宅爸宅妈在伸胳膊伸腿的场景,实际上很可能是居无定所的高科技初创公司在开员工会议。伦道夫告诉我,许多商业计划和生意都是在这段路上敲定的。

圣克鲁斯对于规模扩张和高层建筑实施严格限制,尤其是在圣洛伦索河以西的富人居住区。他们甚至拓宽了 17 号公路,以便缩短通往硅谷的一小时车程。和其富人邻居一样,城市东区的居民也有一种孤立主义倾向,但没有严重到为了保持一种能让人回味 20 世纪 60 年代海滩派对电影的冲浪屋文化,而将俗不可耐的巨无霸豪宅建筑商拒之门外。

我们转往北边的市中心方向,不远处的太平洋海岸公路穿插内陆几个街区,穿越一个时尚的小型商业区,又折回加州海岸线。伦道夫将沃尔沃停在太平洋大道一个计费停车位上,然后我们开始步行,路过一家老式电影院、一些高档连锁店和几家

[①] 1 平方英尺约为 0.09 平方米。——编者注

本地时装店。

他指了指一家名叫 Lulu Carpenter's 的时尚咖啡馆,晨曦中,街边的咖啡桌已坐满了人。他和哈斯廷斯经常在这家咖啡馆见面,在这里探讨业务,还商定了网飞的推出计划。

有一天,他们的讨论集中在电影配送方式上,他们希望用户通过一个设想中的电子商务网站租借电影。他们决定,必须测试伦道夫听说的那种新 DVD 格式,看它能否在享受 I 类邮件待遇的情况下承受住发往美国各地的颠簸旅程,同时免遭大型邮件的挤压。

他们没能找到当时仅在几个试销市场上有售的 DVD。不过,就在几个街区之外,一家名为 Logos Books & Records 的旧书及音乐商店有压缩磁盘在售。我们开车去找的那天,规模庞大的博德斯书店正在清算股票准备关门,这是向势不可当的在线媒体传播转变的又一个牺牲品,其母公司的醒悟为时已晚。我想知道的是,在帮助网飞摧毁另一个庞大的娱乐连锁实体机构方面,Logos 的员工对于其标志性独立音乐门店在其中发挥的作用是否有过任何思考。

离唱片店不远的地方有一家礼品店,伦道夫和哈斯廷斯在那里买了一张贺卡。外附信封足够大的贺卡,能包住去掉包装的 CD。

他们丢掉了卡片,把 CD 塞进信封,寄往哈斯廷斯的家。然后,他们步行到圣克鲁斯中心邮局,支付了 I 类邮资,将 CD

送上近在咫尺却又意义重大的旅程。

后来,他们在与美国邮政署的密切合作中了解到,这个本地邮件在圣克鲁斯被人工撤下,并未通过邮政分拣机投送。伦道夫告诉我,这个事实差不多改变了他们那时的所有相关认知。

一两天后,他俩在前往森尼韦尔的早班通勤车上碰面了。

"邮件到了,"哈斯廷斯边说边钻进车里,"状况良好。"

"我当时想,'哈,这终究行得通'。"伦道夫在开车送我回巴士站的路上说,"如果说网飞的故事有一个'顿悟时刻',应该就是那一刻。"

01

《黑夜枪声》

A Shot in the Dark

（1997—1998）

硅谷黄金时代

就在马克·伦道夫发现自己面临失业的那一天，他想到的是："我要开始创业。"

他不知道要做什么，只想在万维网上卖点儿什么。他的新公司将是图书领域之外的 Amazon.com。确切地说，他并不肯定是什么领域。

这是 1997 年的早春时节，几个月后，伦道夫成为 Pure Atria 在加州森尼韦尔的企业营销主管。

1996 年年底，Pure Atria 收购了一家共有 9 名员工的软件初创公司，伦道夫是这家公司的产品营销主管。伦道夫原以为这次收购会让自己失业，但 Pure Atria 共同创始人兼首席执行官里德·哈斯廷斯请他留下，来推动公司的快速扩张。

伦道夫曾在软件巨头博兰德国际公司（Borland International）致力于建立直接面对消费者的市场化运作模式。7 年之后，他在几家初创公司打了好几份短工，度过了互联网时代的黎明时期。

他发现自己适合干的是那种创意勃发的工作，尤其是现在。随着公司被收购或是上市，他和其他管理人员纷纷离职，手头有可观的遣散费、大量股权和大把的时间。

这在20世纪90年代的硅谷是寻常事。硅谷是一片山间平地，这里郁郁葱葱、阳光明媚，东西两侧分别是旧金山湾和圣克鲁斯山向南延伸的部分。这里的初创公司有大量风投资本注入，创办一年左右就会被私人投资者或者资金雄厚的公司迅速吞并，这些大公司随时都在寻找下一个重大创新，可能是软件、生物医药工程、电信或是蓬勃发展的互联网等领域。这是新的淘金潮，在整个20世纪90年代，风险投资商们对硅谷初创公司的投入超过700亿美元。

情势变化如此迅速，资金如此充裕，以至于大多数企业家都没有盈利机会和任何盈利需求，甚至没有机会长期执掌自己的公司。

所有人都步履维艰，他们被寄予厚望。在几个月的时间里，他们要以最好的状态每天工作16个小时，直到羽翼未丰的公司呈现出一飞冲天或是就此沉沦的前景。钱不是问题，但是作为交换，企业家必须给风险投资商的初始投资带来几百倍的回报，至少是几十倍。

极端风险是这个方程式的一部分，也是被所有人（甚至业主和办公设备租赁公司）视为理所当然的一个因素。因为一旦出现盈利，人们会为之欣喜若狂；而一旦未能如愿，也没什么大不了的，只会耸耸肩，转而实践下一个好项目。

哈斯廷斯邀请伦道夫留在 Pure Atria。不过，鉴于自己可以腾出几个月的时间陪妻子洛兰旅游并带上三个子女闲逛，伦道夫有些犹豫。

在多个开发人员编写软件的情况下，计算机代码中往往会突然出现漏洞。Pure Atria 就从事漏洞检测软件的开发。Pure Atria 由哈斯廷斯和马克·博克斯（Mark Box）在 1991 年创办，它的客户是开发软件程序的其他公司。经过一系列收购，该公司迅速壮大，在欧洲和亚洲新设了办事处，市场营销部门将直接听命于伦道夫。

对于任由公司友好遣散的境况，伦道夫本来没有任何恐惧或者羞耻感——硅谷有大量的就业机会，而且，作为一系列红极一时的初创公司的共同创始人，伦道夫知道自己是猎头的目标。

相对于软件开发的忙碌日程、漫长的工作日和初创公司的混乱，留在 Pure Atria 的工作压力还是要小一些。Pure Atria 的工作时间比较正规，而且，如果伦道夫觉得平淡无奇的 Pure Atria 的营销任务对自己来说很轻松的话，这里还是很稳定的。他和哈斯廷斯见过几次面，他断定自己未来的老板充满激情，而且绝顶聪明。

伦道夫和哈斯廷斯的性格截然相反，不过他们还是有不少共同点。两人都出身于富裕的东海岸移民家庭，都曾就读于私立学院，都是经过多年徘徊才得以安顿下来，投身于自己至爱的事业。

他们两个都对蓬勃发展的硅谷高科技产业抱有极大热情,并且都是特立独行的强有力的领导者,他们鼓励下属以坚定的信念狂热地践行"天才"这个称谓。

网飞掌门人

小威尔莫特·里德·哈斯廷斯出身于美国贵族阶层,他能力卓越,表达观点时从容不迫、信心满满。他母亲所在的家族创办了《社交名人录》(Social Register),《纽约时报》的社会专栏记载着他们家族成员的出生、婚姻等历程。

哈斯廷斯的曾外祖父阿尔弗雷德·李·卢米斯(Alfred Lee Loomis)将自己的数学天赋用于投资,成为从1929年股灾中攫取丰厚利润的为数不多的华尔街成功人士之一。卢米斯被位尊而多金的同侪认为冷漠古怪,主要原因是他痴迷于利用物理学开发军械技术。卢米斯一掷千金,在位于纽约塔克西多公园的豪宅里布置了物理实验室,还邀请世界最杰出的科学家到实验室研究军事应用技术。他们的科学突破使得雷达、原子弹和全球定位系统得到发展。"二战"之后,联邦政府成立的DARPA(国防部高级研究计划局),基本上承袭了卢米斯实验室作为国防研究实验室的角色。DARPA的科学家们开发了一种技术,使得相距遥远的计算机能即时共享国家安全数据。

哈斯廷斯的母亲琼·艾默里·卢米斯(Joan Amory Loomis)

曾就读于韦尔斯利学院。他的父亲威尔·哈斯廷斯（Wil Hastings）则是哈佛大学的优秀毕业生。两人在 1956 年的波士顿沙龙舞会和纽约塔克西多舞会上相识。1958 年，两人在巴黎索邦大学学习一年后成婚。

哈斯廷斯出生于 1960 年，是家里三个孩子中的老大，他在开明、富裕、低调的波士顿郊区贝尔蒙长大，曾就读于私立学校，一改必进哈佛大学或是耶鲁大学的家族传统，选择了缅因州的一所文理学院——鲍登学院。

和曾外祖父卢米斯一样，哈斯廷斯迷恋上数学，并发现这是一个"完美而迷人"的追求。他从大二起屡获鲍登学院的最高数学荣誉，并在毕业后开始将目光投向全世界。

在斯威士兰完成为期三年的和平工作队派遣任务之后，哈斯廷斯希望参加麻省理工学院研究生的计算机科学项目，不过未获批准。他后来获得了斯坦福大学研究生学位，并发现自己身陷硅谷的技术热潮之中。他 30 岁时创办了自己的第一家公司 Pure Software。1995 年公司上市，两年后收购了波士顿软件公司 Atria and Integrity QA，伦道夫是这家公司的创始成员之一。

马克·伦道夫

伦道夫从哈斯廷斯身上看到了创业精神和进取心之类的特质，于是接受了营销职位，并在 1996 年年底搬到了 Pure Atria

总部。他们开始合作，共同参加各种演讲和产品发布会。在一起前往 Atria 的首次横跨美国商务飞行中，哈斯廷斯坐下来，扣紧安全带，然后面向伦道夫，开始描述公司的内部运作，以及关于 Atria 和 Pure 的一体化计划，在 6 个小时的行程中喋喋不休。

哈斯廷斯对这家新收购的子公司的掌控细致入微，他还断定其业务合并过程不会让 Pure 翻船，这给伦道夫留下了深刻的印象。

伦道夫热情、健谈，他最喜欢的就是和他人争论某个想法或观点。哈斯廷斯冷静、理性，有一种顽固的自信。不知怎么回事，这两人竟然很合拍。哈斯廷斯的超级计算机大脑可以对商业计划的逻辑、组织架构或产品加以完善，伦道夫则将它们推销出去，卖给客户、员工或是大众。

1997 年春季，伦道夫开始召集自己的 Pure Atria 营销人员。接到他第一通电话的有克里斯蒂娜·基什（Christina Kish），这位身材健美的 32 岁加州本地人是个干劲儿十足的产品经理，她的直销许可证是在大名鼎鼎的软件业公司 Software Publishing（软件发布）和 Intuit（财捷）获得的。她在总部位于山景城的桌面扫描仪制造商 Visioneer 公司（这家公司于 1994 年推出首款产品 PaperMax 扫描仪，此后不久就从辛苦打拼的无名小卒晋身为业界大佬）和伦道夫有过交谈，她喜欢他睿智、轻松的风格，并认定他应该成为自己的老板。

伦道夫风趣迷人，对于在男性主导的硅谷文化中很少出现的人选非常敏感。正如基什在信马由缰的 Visioneer 闲聊时了解到的,伦道夫还拥有作为一个公共关系战略家必备的无与伦比的能力。

他俩被残酷的企业政治惹恼,以至于都在短暂停留之后离开了Visioneer。基什很愿意和伦道夫共事,尤其欣赏他创造的工作氛围——专注、紧张而又能协作,如同他们在举办一个盛大舞会。所以,当伦道夫三年后打来电话,要给她提供一份为业已建立的软件公司建立客户数据库且压力相对较小的工作时,她跳了起来。她通知了拨号上网服务供应商Best Internet,然后和丈夫一起去意大利休假两周,打算在返回后加入Pure Atria。

接下来,伦道夫又"诱惑"特蕾泽·"特"·史密斯(Therese "Te" Smith)离开Starfish软件公司的营销部门。史密斯40岁,长着一张娃娃脸、一头卷曲的棕色长发,讲话带有浓重的波士顿"北岸"蓝领口音,她一直在向消费者推销由原属博兰德公司的下属部门Starfish开发的热门新产品——Sidekick个人信息管理软件。不过,听到伦道夫的召唤后,史密斯辞掉了工作,并计划在4月初投奔Pure Atria,以便能有几周时间休整。

就在伦道夫为他的新团队争取薪酬和福利时,Pure Atria和Rational软件公司董事会敲定了合并条款。这笔交易于1997年4月7日公布,所要求的股票交换价值约为8.5亿美元,这是硅谷历史上最大的并购案。

1996年年底,哈斯廷斯和Pure Atria董事会就曾仓促决定出售公司,那是在销售额意外跌出华尔街预期之后,公司当时有可能遭遇股价暴跌。Pure Atria 此前拒绝过 Rational 的合并提议，但这次哈斯廷斯和他的董事会决定接受。

尽管交易的最终价格跌到了 5.85 亿美元，哈斯廷斯还是一夜暴富，成为在这笔交易中致富的各位风险投资家心目中的英雄。

初创团队

克里斯蒂娜·基什 5 天时间就喜欢上了她的豪华办公室，这里还有非比寻常的福利，比如咖啡机和上门干洗服务。接下来的星期天，伦道夫在家里给她打电话说，一旦联邦反垄断监管机构批准此次合并，他俩都将失业。而伦道夫在史密斯上班的第一天就解雇了史密斯。

他们都有一个为期 4 个月的宽限期，在此期间，Pure Atria 仍然支付他们薪酬，这只是为了他们能在公司等待监管部门批准时出现在森尼韦尔的办公室。史密斯忙活过几次产品发布会。伦道夫和基什每天都上班，百无聊赖地坐在自己的办公室里。不过，伦道夫有一块大白板，用来记下实现快速互联网连接及创办一家公司的初步考虑。

加入 Pure Atria 之后，伦道夫开始和哈斯廷斯（偶尔也和公司其他高管）一道乘坐通勤车翻山进入森尼韦尔。这段在迂回、狭窄且时常塞车的 17 号公路上穿行的行程，单程需要一个小时。

在这样的行程中，他和哈斯廷斯开始谈论一旦合并完成并被遣散时他们该做什么。哈斯廷斯希望拿到教育学硕士学位，并从自己最近赚到的数百万美元中拿出一些钱支持教育慈善事业，从而尝试重振奄奄一息的加州公立学校体系。

伦道夫透露了他开公司的计划，他只是确定要通过互联网卖点儿什么。他越来越关注电子商务的发展，深知自己的整个职业生涯都指向了这个机会。

马克·伦道夫是家中长子，家境优越，在绿树成荫的纽约郊区查帕阔（Chappaqua）长大。他的父亲斯蒂芬出生于奥地利，曾是一名核工程师，后来成为投资顾问；母亲缪丽尔出生于布鲁克林的弗拉特布什街区，是一位房地产经纪人。令伦道夫引以为豪的是，他是精神分析学派创始人西格蒙德·弗洛伊德的外甥曾孙，但他很少提到另一个声名显赫的叔公爱德华·L.伯奈斯（Edward L. Bernays）。伯奈斯是现代公共关系之父，在为美国烟草公司、联合果品公司、美国政府等大客户开展的宣传活动中应用了弗洛伊德理论，但有时会导致破坏性后果。

伯奈斯的标志性成就是解放人的潜意识欲望，即爱、尊重和性，并将其应用于塑造美国现代消费者的行动中。马克·伦道夫和伯奈斯一样，痴迷于研究如何利用产品宣传来诱导消费者的特定行为方式。

伯奈斯和同时代的阿尔弗雷德·李·卢米斯之后的两代人

发动了两股当代最为强大的力量——美式消费主义和高科技，伦道夫和哈斯廷斯将把这两股力量融入一个冒险事业，从而展现以纯粹的科学应用来服务于消费者所能达到的高度和得到的惠益。

伦道夫十几岁时于暑期上过位于怀俄明州兰德市的美国户外教育学校，并成为该校最年轻的野外向导之一。远足带路人的经验让他格外成熟，他可以基于不完整的信息快速做出决定，即使在某条蹊径去向不明的情况下也能对局势保持掌控。结果证明，这些经历是高科技创业的理想培训过程。

伯奈斯学的是农艺专业，但跨界从事市场营销和公共关系工作。他的第一份工作是百老汇演出经纪人。伦道夫的路子和伯奈斯惊人地相似，伦道夫是在 Cherry Lane 音乐公司工作期间发现他的终生酷爱的，这份文职工作是他从纽约北部的汉密尔顿学院地质学专业毕业之后在父亲的帮助下谋得的。

尽管对市场营销和直邮广告一无所知，他还是受命负责 Cherry Lane 的邮购业务。这其中包括音乐节目单背面的小订单，客户可以返还此页，选购"更多精美的 Cherry Lane 歌曲目录"。伦道夫从寄来的邮件中收集订单，寄回订购歌本，记录哪些歌曲销量最大、是否有二次订单，等等。

他发现这个过程令人着迷，就开始摆弄订单的排版、色彩和尺寸，试图刺激销量。他获准创建一个目录，并进行了一些尝试性投递，但很快意识到自己需要对直邮加深了解。他参加各种研讨会，查阅找得到的最佳做法资料，将自己新学的知识带到 Cherry Lane 这个"实验室"里。

当台式电脑和盘点软件出现在市场上时，Cherry Lane 派伦道夫协助设计其邮购处理系统程序。后来，他为一个程序设计了规范，以便管理 Cherry Lane 的客户服务及公司新音乐杂志的发行数据。

这个软件为直接行销增加了一个新特点，即能够快速实现变更订单及续签订单的格式设计，并能跟踪发现哪种方法最能吸引和留住客户。

1984 年，他帮助创办了美国版《Mac 用户》(*Mac User*)，这份杂志由英国出版商费利克斯·丹尼斯（Felix Dennis）和色情杂志创办人彼得·戈弗雷（Peter Godfrey）引进，旨在利用消费者对个人电脑日益浓厚的兴趣。大约一年之后，戈弗雷派伦道夫创办一家新公司——计算机邮购企业 MacWarehouse & MicroWarehouse。伦道夫选择了产品组合，印刷了邮购目录，并建立起电话销售队伍。

伦道夫在这里认识到，出色的客户服务结合隔夜交付，可以转化为销售额的增加和用户留存率的提高。他和积极进取的隔夜托运商联邦快递公司达成合作，并把目标确定为零容忍发货错误。每天下班时，他的客服人员会因未发货向用户电话致歉。"永远不要失去你争取来的每一个用户"，这是伦道夫的口头禅。

直邮之于伦道夫的魅力，如同数学之于哈斯廷斯的魅力。伦道夫有天在乘车翻山的途中对哈斯廷斯说，在客户关系中不存在中间人，你要掌控这种关系，如果你希望它完美，你就可以做到让它完美。

伦道夫明白，他必须找到大量产品类型，这些产品要比较轻便，并与消费者有天会钟爱的某种网上行为相关，这或者是由于它便利，或者是由于它是更好的选择。他开始每天在上下班途中征求哈斯廷斯的意见。

每天早上，当他们在斯科茨谷诊所停车场碰面时，伦道夫都会开着自己的沃尔沃，或者坐进哈斯廷斯的丰田阿瓦隆轿车后座（有个学生担任哈斯廷斯的专职司机），然后说："好吧，我有了一个新主意。"在大部分车程里，他都会给哈斯廷斯描绘自己的计划，哈斯廷斯则会针对计划挑毛病。

起初，他们考虑并否决了价值126亿美元的视频租赁和零售类别业务，这在正常情况下相当于亚马逊在网上垄断的价值120亿美元的图书销售产业。对于有可能蚕食实体店收入的在线电影销售或租赁业务，两家最大的美国影碟租赁公司（百视达和好莱坞娱乐机构的好莱坞视频）看起来都不感兴趣。不过，一些更加财大气粗的公司（甚至包括亚马逊）无疑会马上决定在网上销售电影，而且利润空间的不断萎缩也会迫使大玩家以外的所有人出局。伦道夫知道，如果这能行的话，他必须采取行动，和在线"视频企业"划清界限。

"在操作层面上，我打赌我们可以做租赁业务。你往某处发货，然后那里有人再发回。"他说。他们最终否决了这个主意，因为VHS的库存成本是每盘磁带65~80美元，而且磁带很笨重，来回邮寄的成本太高。

伦道夫在他的研究中了解到一种被称为DVD的光学介质存储格式，电影制片厂和电子产品制造商正在几个市场上测试DVD，并计划在当年晚些时候推出。这种5英寸[①]磁盘看上去酷似压缩光盘。然后，他们往哈斯廷斯家试着邮寄了一张，光盘在一两天后就寄到了，而且毫发未损。

到了这个时候，伦道夫和哈斯廷斯开始和基什分享想法。一天，伦道夫把她叫到自己的办公室，基什进去后发现哈斯廷斯也在那儿等着。她坐下时大脑的警铃在响起，伦道夫还把门关上了。这是要做什么？她想。

他们告诉她，哈斯廷斯计划投入200万美元支持伦道夫的电子商务公司，他们需要人手，以研究可行性想法并营销这一新型在线业务。哈斯廷斯给他们6个月启动时间——她愿意加入吗？

在他们决定通过邮递方式对外租赁DVD后，基什就开始通过分析百视达和好莱坞视频的经营及财务状况，来研究家庭娱乐的经济模式。但无论她怎样进行数字建模，都无法搞清楚百

[①] 1英寸为2.54厘米。——编者注

视达是如何在去除门店租赁费和高昂存货成本之后实现盈利的。

他们花了几个小时在伦道夫的办公室里讨论如何说服百视达的客户放弃便利、熟悉的音像店，投奔仅仅存在于网络空间的店铺。此外，客户必须等待一周时间才能收到他们订购的影片。他们似乎难以想象可以通过巧妙地设置自己的模式来挑战百视达。不过，他们还是在审视亚马逊之后发现了自己的卖点：他们的公司将以 DVD 形式收集世界上最浩瀚的影片资源。

他们决定，用户界面必须融合亲切的视频租赁店铺布局和图文并茂的目录诱惑，从而让自己的商品看起来值得期待。

同时，订购流程必须足够简便，在线挑选 DVD 不能有过多步骤，要做到像在门店里取片和还片一样便利。

伦道夫敏锐地意识到打动用户情感的重要性，他希望网上购物能成为一种个人体验，如同用户打开一扇门，赫然发现一个专门为其创建的在线视频店铺。

1997 年夏初，哈斯廷斯敦促伦道夫和基什未雨绸缪，为 DVD 租赁公司制订商业计划，以免别人先下手为强。

这时 Pure Atria 和 Rational 已经合并，哈斯廷斯正式失业了，他承认自己有点儿郁闷，竟然被自己那么认同的公司扫地出门。他已经获准去斯坦福大学攻读硕士学位，并准备涉足政治领域，但他希望自己能在硅谷拥有一家科技公司。

哈斯廷斯推荐法国天才程序员埃里克·迈耶（Eric Meyer）做网站设计和建设，伦道夫又把"特"·史密斯拉过来应对公共关系和客户获取业务,因为她为 Sidekick 处理过 Lotus 1-2-3 软件事务。

公司最初在伍德赛德的巴克餐厅或是库比蒂诺的荷比餐厅开会,后来转到斯科茨谷贝斯特韦斯特酒店一个昏暗的会议室里。新团队首先要解决创建公司的细节问题——寻找办公场所,购买办公桌椅,确定福利、薪水和头衔。对于基什、伦道夫、迈耶和史密斯来说,事情突然变得激动人心又有些荒诞不经。这是一家可以测试自己梦想和创意的公司,他们悍然瞄准的正是美国最大娱乐公司的软肋。

租赁 vs. 票房

尽管一贯精于市场营销和软件开发,但是他们在电影租赁或娱乐业却没有任何经验。那个夏天,伦道夫为了寻求外部经验,去拉斯韦加斯参加了视频软件经销商协会的年度大会。这个盛大展销会展示了各种家庭娱乐产品,并向电影制片厂和它们的天敌——家庭视频零售商——发布 VHS。

制片厂很久以来就满怀怨恨地将视频零售商视为闯入者,这些零售商乘家庭娱乐类型迅速扩展之机,在不承担任何风险的情况下抽取电影制片业的利润。家庭视频销售和租赁始于 1977 年,Magnetic 视频公司的创始人安德烈·布莱(Andre Blay)当时曾说服 20 世纪福克斯授权他向消费者直接销售 50 部电影。

布莱在《电视指南》上发布了一个广告，通过他的美国视频俱乐部在家庭视频中提供首批院线影片。尽管每个 Betamax（磁带格式）和 VHS 电影拷贝要卖 50 美元，而且视频播放机的零售价是 1 000 美元，布莱还是得到了 1.3 万人次的响应。

昂贵的价格让大多数美国消费者承受不起，许多商家也对每售出一个视频需缴纳 7.5 美元许可费、大批量订单需要预付款项的条件望而却步。于是，夫妻店零售商们就从布莱那里买来昂贵的视频拷贝，开展他们自己的家庭视频租赁业务。随着播放机价格的下降，视频俱乐部在全美兴起，从而为电影爱好者提供了第一次在家里观看无商业广告的电影的机会，而这只需缴纳一笔会员年费和每天 10 美元的费用。

制片厂以提起诉讼相要挟，要求减少租赁业务，这导致商家于 1981 年组成视频软件经销商协会，旨在通过游说来反对迫使他们为每单视频销售或租赁业务支付许可费的企图。美国最高法院裁定，1908 年美国版权法中的"首次销售原则"（first sale doctrine）保护商家出售或租赁归其所有的影片的权利。

到 1988 年，视频租赁年收入首次超过了票房收入——51.5 亿美元对 44.6 亿美元。家庭影碟租赁终于成气候了。

米奇入队

在视频软件经销商协会的最后一天会期,伦道夫背着挎包在硕大的展厅里逛,他停下来听产品推销,尽可能地吸收信息。他在一个向零售店出售软件的摊位前停下,和一个留着长发、蓄着骑手风格八字胡的态度殷勤的家伙攀谈起来。

这个家伙叫米奇·洛,在加州北部的马林郡拥有一个名叫 Video Droid 的租赁连锁店,旗下有 10 家分店。他还刚刚开创了一个建站副业,为视频租赁店铺管理客户数据库。

44 岁的洛多年来站了 1.3 万个小时柜台,他目睹了蜂拥而至的客户,观察到了他们的兴趣所在、他们带回家的影碟、哪些影碟有可能满足需求,以及一盒 VHS 磁带要周转几次才能赚到利润。

洛对影碟租赁的深刻认识打动了伦道夫,他从柜台上取了一张名片问:"我能不能在某个时候打电话给你,讨教这个行当的问题?"

"当然,当然。"洛说。就在伦道夫转身离开时,洛突然心血来潮地抓住他的背包,把他拉了回来。

"你究竟要做什么?"洛问道。两人商定展览结束大约一周之后在伍德赛德的巴克餐厅见面,以分享想法和信息。当天晚些时候,伦道夫在翻阅展览名录时看到了洛的照片,才意识到自己的交谈对象是 VSDA(美国影像软件业者协会)主席。

洛为人温文尔雅，在业内深受喜爱和尊敬，从而能够在商家、制片厂、视频批发商的对立阵营夹缝中周旋，协助指导从VHS到DVD的转换工作。

巴克餐厅会面几乎成为他们每周一次的例行节目，其结果是形成了网飞的FlixFinder和FilmFacts概念。FlixFinder是一个通过片名、演员或者导演来定位电影的搜索引擎，FilmFacts则是指向梗概和收视率、演职人员名单和DVD影碟的一个链接。逛摊位能让购物者浏览围绕题材或主题分类的电影列表，或者键入一部喜爱的电影并看到类似标题——这通常是视频店的店员所承担的职能。

伦道夫经常带着基什，有时也带着哈斯廷斯。他不时催促洛加入他们的初创公司，洛却不为所动。首先，他的视频店已经让位于他新开创的网站建设项目和VSDA的业务；其次，他的妻子萨莫拉和三个孩子都认为，邮件租赁影碟的想法很失败。

然而，零售和技术的结合又让洛为之着迷。10年前，在受够了作怪的店员和高昂的门市开销之后，他开发了自己的影碟租赁自动售货机。洛在一家日本人开的医院里安装了这种售货机，尽管一直没能收回投资，但这个经历没能阻止他继续尝试。到了11月，洛意识到自己的软件公司已经无路可走，他终于同意加入伦道夫尚未命名的公司，担任视频租赁项目顾问和电影收购主管。

上线前

哈斯廷斯提供了天使基金，伦道夫的父母和 Integrity QA 的共同创始人史蒂夫·卡恩（Steve Kahn）又给予了增资，从而让这家小公司从一开始就有了难得一见的奢华办公场所、固定薪水、福利和完善的设备。创始团队现在有 8 名成员，另外还有程序员维塔·德鲁特曼和鲍里斯·德鲁特曼（迈耶聘请的一对乌克兰夫妇），以及运营及财务总监吉姆·库克（Jim Cook）。

在斯科茨谷 17 号公路旁的一个办公园区，伦道夫找到了一小块地方，此前这里是某银行的分支机构办公场所。办公室的绿色地毯熠熠生辉（他们开玩笑说，这正是他们所渴望的美钞颜色），尽头是一个带装甲门的奇特、狭长的房间，伦道夫猜测那里曾是一个金库。这里为存储 DVD 提供了一个完美空间。他在中间的大房间里安放了几排折叠桌和廉价办公椅，以放置迈耶采购回来的顶级电脑和昂贵的甲骨文软件。伦道夫要了边缘的一间小办公室，把史密斯和基什安排到另一间，第三间则指定为会议室。服务器安装在壁橱里。库克也有一间小办公室，但他主要在库房工作。德鲁特曼夫妇、迈耶使用折叠桌办公，桌上摆满了他们的台式电脑。

每个人都在两项任务上有发言权：建立一个网站，使其具有诱人、便利的用户界面和流畅的运行后端；将 DVD 快速、完整地交付到用户手中。

基什和迈耶开始创建网站。基什勾勒了一幅彩图，用不同色彩向迈耶和鲍里斯·德鲁特曼展现她所期待的用户访问历程，从用户抵达虚拟店铺、付款，直到带着尽快收到所购物品的承诺离开这个站点。

与此同时，维塔·德鲁特曼和吉姆·库克合作编程，以达成销售及租赁业务、维持库存、完成DVD接货和出货，并接受客户的信用卡支付。

鲍里斯和维塔可谓青梅竹马，在读大学时先后移民美国。维塔是政治难民。他们各自在两家公司担任程序员时，维塔在审计师和专业咨询公司毕马威（KPMG）的老同事迈耶请他俩一起来帮助这家新公司。娇小玲珑的维塔第一个加入，高高大大、逍遥自在的鲍里斯起初只是在夜间时段帮助建立新公司的内容管理系统。几个月后，他也入伙了。

最初，他们不太情愿放弃各自的稳定工作到同一家初创公司上班，但有机会一起工作（还是和迈耶一起工作）实在是太诱人了。此外，他们只有二十来岁（是最年轻的团队成员），和当时大多数硅谷程序员一样，他们总能接到猎头的电话。

将营销部门有关用户界面的各种想法、库存管理、运输乃至信用卡使用变成直观的用户友好型软件，这一构建过程令人满足，使得艰辛的编码工作就像一场游戏。营销和技术联手，这种和谐一致是年轻的技术员们从未经历的。

迈耶坚持自定义甲骨文程序，以便有一天能对付多达1 000万用户的搜索和履约操作。维塔·德鲁特曼认为这个数字有点儿可笑——大家都认为，能在第一个月拿到100份订单就算开业大吉了。迈耶还指示维塔和鲍里斯建立容纳后续功能的平台，此前由于时间和资金的限制，他们没能在推出之前加以完善。

功能清单包括一个根据用户此前选择提供建议的推荐引擎、一个检索用户此前访问片名的提醒功能，以及一个订阅计划。

最初的商业计划要求DVD的出售和租赁都要基于自选原则。公司将按VHS租赁的现行费率对视频店收取费用——4美元加上2美元的单张光盘运输费，每增加一张另加3美元。租片人可以保留影碟7天，然后以邮资已付的邮件归还。如果用户喜欢某部影碟，他们可以按零售价降价30%购买。这种诱惑是零售店无法提供的——林林总总的影片，几乎囊括了有史以来发行的所有DVD影碟。

1997年年底的电影数量不足为奇，只有500部DVD影碟，大多数是老电影。只有华纳家庭视频公司冒险发行了新片DVD，而这完全是因为其总裁沃伦·利伯法尔布（Warren Lieberfarb）正在力推DVD格式。

接手财务和运营事项之前，吉姆·库克就曾协助Intuit公司前同事基什审查伦道夫的商业计划。他高度怀疑该计划的可行性。

基于在购物网担任财务及运营副总裁的经验，库克几乎看到了视频租赁业务计划的全部问题：订单的履行成本过高，受损和遗失 DVD 的替换成本也无法预测。DVD 播放机仍然过于昂贵，影碟太少，无法吸引主流消费者。技术方面也存在问题——即便是复制工作室也难以提供标准化拷贝，从而让全部 DVD 在所有播放机上播放。

伦道夫和基什带着库克的看法离开，对他提出的每一种障碍因素进行合理修正，再把修订过的计划拿回来。

伦道夫直截了当地问他："吉姆，难道你不认为一旦我们解决所有这些假设问题，就会造成一个难以企及的高门槛，以至于其他人根本无法解决这种东西？因为这实在是很难做到。"库克此时终于下定决心，希望加入这个冒险事业。

库克先是花了三个月时间，到位于圣何塞市的一个普通邮局担任新业务主管，尽其所能地了解美国邮政系统。经济、快速、整体交付产品的能力决定着新公司的成败，因此，精通邮递业务至关重要。

史密斯负责设计邮件封套，她招募了一家外部设计公司，设计人员从他们的错误中学习，迅速完成了数十种可行性排版，并确定了相应的尺寸、油墨和纸张。

她催促库克、基什和洛征召他们在美国各个城市的朋友和家庭成员，协助每个版本的实地测试。他们用几周时间来回邮寄测试邮件，要求他们的测试者通过电子邮件报告信封和 DVD 的状况。当时很少人有 DVD 播放机，以至于他们往往要测试者将光盘送回，将其塞进办公室的播放机里，看光盘是否在邮寄过程中受损。

这个团队争论过是否从包装上抹掉公司的名字，以避免DVD失窃，他们还煞费苦心地考虑过放置明显条形码这样的细节问题，以使邮件封套绕开那些经常会撕开信封、弄坏光盘的高速滚筒分拣机。圣何塞邮局的官员甚至允许库克不厌其烦地往他们的分拣机里倾倒几托盘DVD，以观察分拣情况。

经过数十次重复，一个可行的履约操作规程逐渐成形。伦道夫发现了一种"跳跃发货"法，即按地域将邮件分装进27个袋子，从而绕过所有自动化操作程序，将它们直接交付邮局货运码头。一旦公司开始运营，库克将负责最后跑邮局的差事，他把邮包塞进自己的默克车里，在截止日当天晚上9点之前将这些邮包卸在货运码头。

他们的试验成果是一种包括三个独立部分、由硬而轻的卡纸制成的邮件封套，它能装三张DVD，还能在撕去原有地址之后再次使用。

库克还测试了那间小DVD仓库的布局并为工人们计时，看他们要花费多久找到影碟，将其包装、标记并分装进邮包。结果证明，最有效的配置是某个百视达门店的微缩版本。覆盖四壁的钉板和屋子中间安放的成排货架上挂着玻璃纸信封，DVD就放在里面。通道很窄，一次只能容一个人通过。这可能不符合职业安全与健康管理标准，但库克认为，随着订单逐渐增多，他们有足够的时间来完善履约操作。

公司的命名过程拖了几个星期。伦道夫给出的名字是"Kibble",以支持他们的一个首要观点:是"狗"都得吃"kibble"(狗粮)。搬到斯科茨谷办公室之后,伦道夫、基什及基什的丈夫科比很快在头脑风暴会议上提出了一个可用名清单。

他们决定,公司名称应由两个音节组成——一个与互联网有关,一个与电影有关。一个下午,他们在伦道夫办公室的白板上胡乱写下几排电影术语和互联网俚语,然后将它们匹配起来。

伦道夫把清单留在白板上,鼓励团队成员进行扩充。他自己最喜欢的是Replay.com,但Directpix.com、NowShowing.com、Netflix.com、eFlix.com和CinemaCenter.com也有竞争力。德鲁特曼夫妇和迈耶喜欢的是Luna,这是每天陪伴伦道夫上班的黑色拉布拉多猎犬的名字,同时也反映了冒险事业的疯狂性。

鉴于为公关和推广事宜设计并印制新标识的时间所剩不多,史密斯催促他们做出决定。大多数团队成员已经心有所属,于是他们在某天不声不响地做出了决定:"我们是网飞(Netflix)。"他们给这个新名字搭配了一个描绘非卷盘胶片的紫、白双色标识——用大写字母F强调和电影的关系。

1998年1月,伦道夫和史密斯开始在科里·布里奇斯(Corey Bridges)的协助下制定发布及客户收购战略。29岁的布里奇斯是个活泼好动的产品经理,是他们在博兰德公司的同事。布里奇斯正要摆脱网景通信公司(Netscape Communications)的繁重工作，他曾在那里帮助推出了该公司的标志性互联网浏览器。他的特长是开发博客前身 Usenet[①] 新闻组和讨论组，以便在早期技术采用者中传播新产品的相关信息。

伦道夫和史密斯不得不努力说服布里奇斯推迟成为好莱坞编剧的计划，转而帮助营销网飞。距离计划启动还有不到两个月时，布里奇斯让步了，主要原因是他钦佩伦道夫，也很享受在博兰德和从容能干的史密斯共事。"我每周只工作 50 个小时，最多 60 个小时。"他警告说。

布里奇斯在加州大学伯克利分校的工程师室友激发了他对 Usenet 的兴趣，Usenet 有高度集中的新闻组，其讨论的主题从深奥的科学理论到纯种小狗，无所不包。随着互联网的发展，那些稀奇古怪的在线社区是如何形成的，它们是如何像在现实世界里那样，成就自己的弄潮儿、大恶霸和小喽啰的，布里奇斯痴迷于充满活力的虚拟社会，并认真进行了研究。

DVD 播放机拥有者是理想的测试市场：他们属于最挑剔的早期技术使用者，而且已经在网上讨论他们的最新玩具了。

布里奇斯打算对这些影响者施加影响——他将以评论用户的身份潜入讨论组，然后秘密联系那些重量级人物说："我在做一些有趣的事情，我想你会喜欢的。"

---

① Usenet，世界新闻组网络，是世界范围内的新闻组网络系统，囊括了整个互联网上的电子论坛信息。——编者注

一旦他吸引到几十位有影响力的人物，就招募这些人参与封闭的网站 β 测试，并承诺如果给网飞反馈信息，他们就可以在推出日当天首批发布消息。

所有人都表示同意。"就像瓮中捉鳖，"布里奇斯兴高采烈地告诉史密斯和伦道夫，"我可以发布网飞潜在用户几乎都会看到的东西。"

到了早春时节，网站及允许用户搜索影片库存并予订购的后端系统已经就绪。按照后来的标准衡量，这些只是起步：大片的白色区域内是每部电影的微缩图片和简短评论。后来制片厂不允许网飞在其网站上使用电影截图或进行复制，他们不得不和总部位于密歇根州安阿伯市的影迷网站 allmovie.com 达成协议，使用它所生成的影片描述。网飞团队决定不管那么多，先从电影中扫描输入图片和片名再说，然后坐等叫停函。

员工队伍壮大了，放置折叠桌的办公区间挤满了新来的程序员，市场营销雇员则与基什共用狭小的办公室。员工的着装也越发随意。伦道夫有时会穿着牛仔裤和 T 恤衫露面，上床之前把它们丢在地板上，短短数小时的睡眠之后，一大早再重新穿上。基什越来越频繁地在办公室过夜，她往往工作到很晚，无法驱车赶回位于红木海岸的家。

太多人挤在一个狭小空间，再加上通风系统不畅，导致一种令人心烦意乱的恐怖景象。随着 DVD 库存增加和库房投入使用，一个角落里丢弃的 DVD 包装盒慢慢堆积如山。

他们都有要紧事做，开始只是争论，后来往往升级到大吵大嚷。他们并非初出茅庐的大学生——那种通常意义上的初创公司的小兵，他们大多有大软件公司的工作经历，而且全部接受了网飞的大幅度减薪。他们义无反顾，乐于实现一个共同的梦想：创建一家反映其理想、承载其智慧DNA、以消费者为导向的公司。

上线日

1998年3月，就在推出日临近之时，维塔·德鲁特曼认识到这家公司更像是一个家庭，因为身在其中的人对每一个决定都表示热烈支持。1998年4月14日，在写下第一行代码6个月之后，他们做好了准备。网飞上线了。

正在攻读斯坦福大学研究生教育第二期课程的哈斯廷斯前来观看发布会，不过他此行保持了低调。在过去的6个月里，他和伦道夫有过频繁的商讨，但他很少在办公室现身，以至于很多新员工几乎不认识他。

那天早上，伦道夫和史密斯一直坐着，通过电话召开了两场新闻发布会，获邀记者写满了花名册，他们来自《圣何塞水星报》(San Jose Mercury News)等主流报纸，《红鲱鱼》(Red Herring)、《上面》(Upside)等风投杂志及CNET[①]科技网站。

[①] CNET Networks，美国著名科技网站之一。——编者注

迈耶推出了网站，布里奇斯则发挥了其新闻组的影响力。好奇的网友鱼贯进入虚拟商店。网站完全按计划运行。随着访问数量攀升，迈耶变得越发紧张了。

服务器在推出大约90分钟之后达到了容量上限，继而崩溃了。迈耶派鲍里斯·德鲁特曼乘坐公司审计员格雷格·朱利安（Greg Julian）破旧的丰田皮卡车去买10台新电脑以扩充容量，他自己则忙于修理，试图恢复网站的运行。

库房里的激光打印机卡住了，无法处理大量涌入的订单。钉板上已经乱了阵脚，完成了一半的订单堆在长凳上，工人们挤过狭窄的过道，试图跟上节奏。

每次网站恢复都会有订单涌入，除了解决容量问题的人，其他人全都投入到处理订单中。到了傍晚，他们收到了超过100份订单，光盘发货要求超过500个，而迈耶仍在努力确保网站在线。

"我们必须在网站上发布一项内容，可以写上'店铺太挤，稍后回来'。"哈斯廷斯告诉他们。

这很滑稽，史密斯想，这是互联网。它不会太拥挤。直到这一刻她才意识到，互联网店铺永远不会关门。

02

《好事、坏事及丑事》

The Good, The Bad, and The Ugly

（1998—1999）

业务定位

网飞的建立一直是个抽象概念：这些人要在一年之内，完成概念形成到转化为商业计划的工作，直至将其推出。网飞团队打算挑战一个既有产业，因此发布一结束，他们就遇到了这个希望所带来的现实问题。

对于在推出日所取得的成功及所得到的关注，这个团队始料未及，他们很快就意识到了自己的责任，那就是不能把事情搞砸。所以在基什看来，这简直是骑虎难下。

洛在推出日当晚回家告诉妻子说，在全力以赴推出网飞之后，他并不确定下一步该怎么办。"这就像是生孩子，"妻子告诉他，"现在已经生下来了，问题是怎么养活他。"

网飞像个真正的婴儿那样让人费神，这让它的看护者度过了很多不眠之夜。而且，网飞在首发之年就打破了VHS格式和实体租赁两种商业模式，这使得这家初创公司也陷入了与之相关的成长的烦恼。

《视频周刊》(*Audio Week*)在网飞发布一周之后写道:"我们上周在使用网飞时出现了麻烦,而这显然不是孤立事件。网站发布了如下消息:'抱歉,由于发布当周的极端需求,网飞店铺的速度有可能变慢。'发言人声称网站自 4 月 14 日推出至今已有'庞大的'访问数量,但无法提供点击细节。不过,她表示公司已将网站容量扩充至最初的 3 倍以适应需求。截至周末,我们也注意到情况的确有所改善。"

到了推出日,DVD 播放机的销售速度远远超过了录像机。1997 年 3 月,光学模式 DVD 播放机在美国推出,随后在 6 个月内售出了 40 万台。与之相比,当年 VHS 进入半数家庭却花了整整两年时间。与此同时,DVD 播放机的价格迅速下跌,到 1998 年 4 月,平均价格已从一年前的 1 100 美元降至 580 美元。

电影制片厂起初很谨慎,后来也接受了这种新格式,并以每月 100 部的速度发行 DVD 影碟。到了 8 月,网飞库房里的影碟数量攀升至 1 500 张。百视达和好莱坞视频理所当然地将新格式视为威胁,拒绝在门店供货。在整个 1998 年夏季,这个领域被拱手送给了网飞。本来有可能阻碍网飞的所有因素都变成了有利条件。

"一定要把 Netflix.com 标注成访问书签,因为它能提供热门影片。"那个夏天,CNN(美国有线电视新闻网)记者丹尼斯·迈克尔(Dennis Michael)呼吁观众说。

越来越多的消费者接纳了 DVD 格式,网飞团队发现自己为此手忙脚乱。在前4个月里，库房寄出并收回了2万张租赁DVD，网飞的月收入达到10万美元，成为一家理论上的百万资产公司。

网飞网站的推出日崩溃指明了伦道夫和他的团队在接下来几个月内亟待完成的工作。伦道夫、基什和迈耶已经做了权衡，要在哈斯廷斯提供资助时就已指定的期限内启动并运行网站。在发布前的头脑风暴会议上，他们勾勒出了让网站引人注目、便于使用的一系列重要功能，不过尚未付诸实施。

基什和迈耶需要一项功能来提醒用户观看他们心仪的电影，这是受基什的启发，她往往去书店搜寻新书，然后从图书馆借阅。

在内部备忘录中，他们把这个功能称作"列表"（The List），不过等迈耶一年后完成创建时，该功能的名称变成了"队列"（Queue）。创建过程应该很困难，因为它包含"智能性"功能，从而允许用户在个人账户中进行目录分类和优先处理。在添加更重要的功能之前，迈耶还不想在这上面花费时间。

在这个位置上，迈耶和基什设置了一个"提醒我"（Remind Me）图标——竖起的食指，上面还打着红色蝴蝶结——来让用户标注他们感兴趣的影片。程序员不喜欢这样的幼稚图形，他们开基什的玩笑，给它起绰号叫"染血的指头"。

洛希望建立一个数字购物助手，这是基于他对Video Droid连锁店顾客的观察。那些顾客往往不征求他对电影的评论，而是直接询问和他们爱好相同的店员。

在理想状态下，数字购物助理会是一个带有头像的虚拟人物，能引导用户在网飞（未来）的浩瀚宝藏里找到他们喜欢的影片。网飞团队没能为发布创建购物助理，不过这个想法成了同样出现在早期绘图板上的某种推荐引擎的基础。

洛的另一句格言——永远不要像百视达那样用在货架上放VHS空盒子的方法去吊用户的胃口——则演变为某种搜索引擎奇想，即带领用户深入了解目录并远离新发行影片。迈耶对它进行了编程，以引导人们访问库存电影，而不是向他们展示所有可供应的片源。

削弱新影片重要性的决定还源自洛在DVD降价谈判中遇到的问题，谈判旨在削减不断飙升的网飞库存创建成本。

当他代表网飞参与磋商时，他所得到的制片方的典型回应是："好吧，这是一个有趣的想法，不过这绝对行不通。我们会卖给你们一些影片，但别指望有任何的价格折扣。"

鉴于制片厂不愿放弃15美元的DVD批发价，网飞学会了审慎考虑如何引起关注，以及将哪种影片类型作为网站特色。其影片宣传并非突出最新鲜或最热门的DVD发布，而是侧重于老电影列表，其灵感来自假日、当红演员及新闻事件。

为了增加作为早期库存主体的老电影和不知名电影的租赁业务，他们实施了一种将用户归入各个"导师组"（mentor groups）的电影评分系统，从而引导用户找到他们可能从未考虑过的电影。这被称为"协同筛选"（collaborative filtering），其运作前提是，如果两个用户对 10 部影片的打分方式相同，他们就有可能喜欢各自评出的高分电影。

洛发现许多服务的早期用户几乎都是印度裔学生和技术移民，他们对宝莱坞电影的选择局限于在印度本地市场搜寻，这让网飞更加关注小众和外国电影。在洛的要求下，网站开始进行用户调查，并发现了观众对北印度语电影的浓厚兴趣。这是一个很好的经验，网飞也很快在其他移民社区和影迷中声名鹊起，成为日本动漫和中国功夫片的最佳来源。其库存电影最初包括隐晦的色情片，但都没达到 X 级——这不是因为任何道德异议，而是伦道夫想等联邦贸易法对淫秽法做出明确补充。

"我们最不希望被拖上法庭接受某种淫秽行为的指控，而起因不过是某个小镇的地方检察官在民意调查中落后，他们想以此作为由头。"他说。

到了 7 月，斯科茨谷办公室已经无法容纳业务的发展，伦道夫开始寻找一处更大的空间。布里奇斯的新闻组大佬们仍在吸引网站流量，不过他和史密斯已经开始思考新方法，想利用他们捉襟见肘的广告预算吸引主流客户。

史密斯在网飞发布之后启动了一个模仿亚马逊的联营计划，酬谢给网飞输送粉丝的新闻组时尚创造者。她和布里奇斯说服伦道夫向哈里·诺尔斯（Harry Knowles）的 aintitcool.com（由诺尔斯的新闻组贴吧演变而来）、比尔·亨特（Bill Hunt）的 digitalbits.com 等几家重要网站付费，作为交换，诺尔斯和亨特会向其年轻的铁杆影迷频繁提及网飞。

起初,他们很难找到有效方法来影响那些既有 DVD 播放机又在网上购物的用户。据伦道夫判断,在 1 000 个条幅广告中,或许只有一个会影响到某个目标消费者。此外,哈斯廷斯往往看不上那些还没有东西可卖就大举宣传的初创公司。

当时,在线商务占美国零售业的份额不到 1%。伦道夫明白,他必须利用常规手段找到更多主流客户。在网飞发布之前,伦道夫、史密斯和基什设计了一个在 DVD 播放机盒子里放优惠券的计划,并将其外销给以日本电子公司为主的制造商。

伦道夫说服了正在一家 DVD 播放机微处理器制造公司工作的科比·基什(Kirby Kish),想利用他在美国 DVD 制造商中的社会关系。

1998 年 1 月,科比在拉斯韦加斯消费电子展——首届美国硬件展上接触了索尼、东芝、先锋、松下和飞利浦的代表,把他们堵在走廊上,进行了短短 5 分钟的快速游说。

由于没有网站,甚至也没有截屏资料,基什在阐述网飞的新租赁计划时陷入了被质疑的困境。制造商代表们倒是没有马上打断他,但他们对网飞商业模式的抗拒令人沮丧。有个代表问他:"你凭什么认为你们可以和百视达抗衡?"另一个代表一边摆手让他走开一边说:"我不明白这个概念,这和人们对 VHS 磁带的理解不是一码事儿。"

最后,基什说服他的东芝联络人和伦道夫在东芝的新泽西办事处会面。伦道夫向东芝的美国代表保证，这个提议将让东芝领先市场领导者索尼一步（索尼甚至连他的电话都不接）。与东芝的协议后来又给惠普和苹果提供了机会，它们的新款互联网连接型 HP Pavilion 和 Apple PowerBook 突出了 DVD-ROM 驱动器特色。直到几个月后交易公开，索尼才同意见面一叙。

制造商很快发现，网飞提供了一条走出销售不振悖论的途径。这里的悖论是：消费者不愿购买 DVD 播放机，因为商店普遍没有提供 DVD；零售商不愿储存 DVD，因为人们没有 DVD 播放机。

DVD 播放机制造商可以通过在包装盒里放网飞优惠券的方式向消费者做出承诺，保证他们有机会使用超过 1 000 部影片的电影库。

他们第一年的大部分时间都花在将优惠券夹进令人垂涎的产品装箱（BOM），但到了 1998 年年底，客户们已经开始要求 DVD 播放机搭配免费租赁服务。

已经接手电子产品厂商谈判的洛现在开始代表网飞求助他的娱乐界关系网。1998 年 6 月，他说服数字娱乐集团（一家新组建的非营利家庭娱乐游说组织）的总裁戴维·毕晓普（David Bishop）在一次面向媒体和业界的拉斯韦加斯演说中提及网飞。

那次简要的提及——涉及网飞的 DVD 宣传——足以引发关注。会议大厅内川流不息的业内高管们停下脚步，上前跟洛谈论他的新公司。洛一点点地把网飞打造成新兴数字娱乐生态系统的参与者。

洛从华纳公司（其家庭视频公司总裁沃伦·利伯法尔布后来被标榜为"DVD之父"）那里获得了一次联合推广机会，共同发布华纳影片《洛城机密》（*LA Confidential*）和《不羁夜》（*Boogie Nights*），还花了 2.5 万美元在《旧金山纪事报》（*San Francisco Chronicle*）上刊登了一则整版广告。

利伯法尔布打算削弱视频租赁业务，他以低至 25 美元的价格零售新数字格式电影，从而让制片厂重新夺回家庭娱乐市场。他曾积极支持 DVD，使华纳率先发行了新格式电影，并在 2000 年终止制片厂采用 VHS 格式。

尽管利伯法尔布采取铁腕策略强制推行 DVD 通用标准，但他起初还是难以说服业界支持新格式并放弃一项竞争性技术——电路城和一家代表敌对制片厂的娱乐业律师事务所支持的 DIVX（数字多媒体压缩技术）技术。具有讽刺意味的是，利伯法尔布要击退 DIVX 的话，就必须向包括网飞在内的电影租赁公司提供宣传套装，其中包含 DVD 播放机和免费租赁机会，从而让消费者了解 DVD 技术。

消费者花 4 美元可以租到 DIVX 磁盘，将它们在兼容的播放机上激活之后，消费者可以观看 48 小时，然后磁盘会无法播放，除非消费者额外付费。播放机必须连接至调制解调器，以保证经过严格加密的磁盘可以播放。

电路城曾斥资1亿美元支持这个格式，包括支付给制片厂和零售商"市场开拓资金"，并拟于1998年9月中旬推出DIVX。

尽管伦道夫将华纳家庭视频公司视为主要支持者，但据判断，他起初对DVD和DIVX格式之战并无胜算的把握。

科里·布里奇斯极力反对支持DIVX，特别是考虑到网飞的预算吃紧。他将这个格式列入令人不快的消费产品之首。"你为它付费，它却不是你的。"他抱怨道。

布里奇斯相信网飞无法在格式战中幸免于难，他自己想出了一个消灭DIVX的"黑暗行动"计划。

他创建过一个庞大的化名（即"马甲"）清单，用于在新闻组发帖，偶尔用来将讨论引到特定话题或观点上。现在他求助这些像在某个外国政府内部安插间谍般精心培植的"马甲"，挑起精心策划的争论，旨在抹黑、中伤DIVX，并将真正的消费者拉入争斗。让布里奇斯高兴的是，消费者很快就转向反对DIVX这个封闭性系统。

伦道夫确实没有给予鼓励，但也没有加以阻止，他甚至悄悄示意，建议他的"人"到网上论坛传播其他信息。

到1998年年底，伦道夫已经改变了做法，他坚信网飞会迎来DVD的繁荣时代，主要原因是同时保有这两种格式的库存成本过于庞大。

哈斯廷斯继初始投资之后，和伦道夫又利用了自己在风险投资界的社会关系，从几个天使投资人那里获得了运营资金。

8月，网飞成功获得机构风险合伙公司的600万美元投资，不过，这笔资金只能让公司勉强维持到1998年年底。

网飞的每一笔交易都在赔钱，这主要是因为免费租赁优惠券计划和作为劳动密集型业务的邮寄服务成本很高。而且，伦道夫从他和基什通过网站进行的持续市场研究中发现了一个令人不安的趋势：大多数用户在用完他们的免租机会之后就不再租赁网飞的影片。

他们最强劲的收入增长来自DVD销售——一旦亚马逊、沃尔玛等大型零售商开始支持这个格式，DVD业务的命运就将注定。他和基什对计划进行逐一测试，目的是留住用户——购买打孔卡片、一次租赁10部片子、两周内租赁、日租金99美分，但毫无效果。

一天晚上，伦道夫站在斯科茨谷办公室里，望着窗外的停车场，此时，负责公司诸多人车贷、按揭和生活开支来源的深深的责任感几乎吞噬了他。

据互联网唱片业媒体协会预计，1998年北美将销售80万台DVD播放机，同时首批使用者将购买15~20部DVD电影；到2002年，DVD播放机的安装基数将达到860万台。为什么网飞就不能找到一个可行的商业模式？他很是疑惑。

伦道夫后来在写给其追随者、后来创办Speaker Text并成为首席执行官的马特·米雷莱斯（Matt Mireles）的信中回忆说，他"为网飞的生存付出了多年心血，而我们发现它是一坨狗屎——和这座山谷中所有成功企业家的所作所为不幸雷同"。

那个秋天,他们在几番自讨苦吃之后意识到,试图借助一种未经验证的技术进入某个在线商务处女地,有可能超出了他们的能力范围。

低级错误

9月,洛和伦道夫决定,将克林顿总统在莫妮卡·莱温斯基事件中的大陪审团证词刻录成DVD拷贝并在网飞网站上出售。当DVD复制工作室因为其他订单分身乏术时,洛同意不再添加DVD标签,以便加快交付网上已售光盘。

网飞获得了超过1 000份克林顿DVD的订单,《华盛顿邮报》和《纽约时报》就此事件的新闻报道也发挥了一定的作用。伦道夫和洛认为这次推广是一次重大成功,直到多年之后他们才得知,由于配音室出错,有几百个客户收到的DVD内容是火爆的色情片,而不是克林顿的证词。

另一个低级错误也让他们尴尬不已:网飞在制订快速增长计划时未给每台DVD播放机优惠券分配唯一的编号,以避免欺诈和复制。因为这家公司的数据库无法对那么大的矩阵进行处理。

他们预计会有少量免费租赁窃取事件发生,库房工人发现他们向某个特定地址发送了数十张免费DVD,但对发货数据库的审查表明,一些用户只是反复使用了代码。优惠券欺诈在运输费用中导致的成本增加不得而知，但除了不公平地对待诚实用户外，他们实在很难阻止这种情形发生。

几乎在同一时间，哈斯廷斯开始更多地在斯科茨谷办公室露面，他承认已经不再羡慕自己的同班同学，他们似乎对硕士学位带来的大幅度加薪更感兴趣，而不注重解决教育领域的重大问题。

此外，哈斯廷斯向政治激进主义的进军也变得更加耐人寻味。他帮助组建了以帕洛奥图为基地的"技术网络"（TechNet）游说团体，并成为其首任负责人。"技术网络"有一个简短议程：制约股东针对科技公司股票波动提起的诉讼；增加高科技员工的外国签证配额；实施教育改革，提升学生的数学和科学技能。

哈斯廷斯还协助起草了增加州内特许学校数量的加州表决提案，并动用"技术网络"的力量提供支持。此举激怒了强大的加州教师协会。不过，财力雄厚的硅谷政客提出了一项威胁性倡议，打破了围绕特许学校持续一年之久的僵局，并促成了一个妥协方案，该方案在网飞推出几周之后的 4 月下旬获得了加州立法机关的批准。

在哈斯廷斯的领导下，"技术网络"批准并筹集了数百万美元支持高调的民主党人，包括四面楚歌的比尔·克林顿总统。到 1998 年年底，哈斯廷斯已经可以断言"技术网络"议程的实质性胜利了，其中包括解决证券诉讼和签证问题的提案以进入国会立法程序，不过这也付出了一定代价。这个稚嫩组织中的保守派们对哈斯廷斯给这个团体带来的自由派倾向的鲜明政治议程极为愤慨。

鉴于"技术网络"的一些人鼓动他下台，哈斯廷斯的兴趣再次转向了网飞，此时这家公司得到的媒体关注几乎和"技术网络"不相上下。1999年1月，他宣布从"技术网络"辞职，声称他的新公司需要更多的关注。

哈斯廷斯在斯科茨谷加入的初创公司有一种疯狂科学家实验室的气氛——一个洋溢着创造性的杂乱无章的工作空间，还摆放着工作台。这里没有设定工作时间或会议日程，员工们在确有必要时才现身，直到完成某个项目之后才离去。这里只有在一致同意的情况下才会召开会议，会议通常会提前一两个小时安排。每个人对正在进行中的每个项目都有发言权，因为他们都能耳闻目睹其他人正在开展的工作。

伦道夫此前一直和所有高级经理们一道工作，并相信他们能以自己的方式实现共同目标。他并不会扮演对唯唯诺诺的下属颐指气使的角色，而更愿意为公司确定方向和基调，偶尔还会亲临一线，协调不同部门的工作。

伦道夫认为这是一段极富创造力的时间，因为员工和管理人员之间可以无拘无束地沟通。伦道夫认为他和哈斯廷斯之间的化学反应很给力——他们代表着直觉和理性阴阳两极。伴随员工会议的许多讨论可谓天马行空，有时甚至无从捉摸，这种充满激励和活力的气氛可以提供最好的想法。

对于哈斯廷斯来说，争斗是于事无补和令人不快的。他并非一个容易情绪失控的人，但显然也不想被人反对。在之后几年里，那些过分的反对者发现他们的个人资产在逐渐减少，他们自己在网飞也慢慢被边缘化。

哈斯廷斯来到公司后不久，就在一次行政人员会议上开门见山地宣布：他想要运营网飞，他和伦道夫将担任联合首席执行官。会议室里的一些人从伦道夫毫无血色的面部表情中看出，哈斯廷斯既没有和他讨论过，也没有在会前向他提及这个想法。

然后，哈斯廷斯转向伦道夫最近从博兰德聘请过来的人力资源经理莉萨·巴塔利亚·赖斯（Lisa Battaglia Reiss），当着瞠目结舌的同事的面解雇了她，并说他想从 Pure Atria 引进和自己长期合作过的人事经理帕蒂·麦科德（Patty McCord）。麦科德曾在 Pure Atria 设法平息他的严重失态，了解哈斯廷斯的人都认为，她就像某种温情脉脉的感觉器官，使哈斯廷斯避免疏远那些在直率评论和尖锐批评面前不知所措的员工，尤其是非技术类人员。

多年之后，哈斯廷斯经常在接受采访时说，能够有机会在网飞弥补他作为年轻的 Pure Atria 首席执行官时所犯下的错误，这实在是他的造化。这些经验教训包括无情淘汰妨碍灵活性的官僚陋习，以及专注于一两种核心竞争力，但这显然不包括更温情地对待自己的员工。

不过，哈斯廷斯根本不是心胸狭窄之人。他坚定不移地要求自己的员工做到最好,并以公司利益为重,赢得了员工的赞赏和拥护。这简直就像包括人际关系在内的所有事情都可以被分解成一个数学方程式。如果开除某名员工的代价过大,哈斯廷斯会留用这个对其提出质疑或令其头痛的员工。

伦道夫不喜欢拉下脸要求他的经理们去完成未达到的预算目标和项目限期,更不用说解雇老员工。与伦道夫的和蔼可亲相反,哈斯廷斯似乎缺乏一种同情基因。

网飞的同事注意到,伴随哈斯廷斯的才华横溢和公司急需的决断能力而来的,还有他在某种程度上带来的让人不自在的程序和形式,从而开始危及这家小公司的自发创造力和令人舒畅的自由状态。

一旦由"左脑"操纵的思维定式开始在网飞占据主导地位,公司在客户面前的语气和态度就发生了变化,这让伦道夫聘来担任产品经理的纽约大学电影学院研究生克里斯·达尔纳(Chris Darner)备受折磨。

"网飞的出发点是一个未来主义的乌托邦,那里的人们在山上吹着长笛,因为他们断定在山上吹长笛是很重要的一件事,(我们说)'里德,在山上放一些长笛不是很棒的主意吗,还要有些独角兽?'"达尔纳后来回忆说,"而里德说,'让我们在那儿放一个扬声器和一个独角兽模样的断电器吧'。在他心目中,这和使用真家伙没什么两样。"

不过,对于不断壮大的软件工程师队伍来说,哈斯廷斯是一个摇滚明星，一个充满魅力的、可以将他找来的绝顶聪明的人凝聚在一起，一个让他们开展富有成效的相互竞争的老板。和团结在伦道夫身边的创意家族不同，哈斯廷斯把公司比作一个专业球队，球员只能靠工作业绩赢得上场时间。一些人认为这个比喻鼓舞人心，其他人则感到窒息。

"一山二虎"的联合首席执行官模式要求哈斯廷斯接管公司的技术工作，包括网站和后端基础设施，以及履约机制；伦道夫则负责监督网站设计、客户服务和内容采集。

伦道夫起初难以割舍对网飞的控制权，但当创始团队抱怨哈斯廷斯排挤网飞的合法领导人时，伦道夫便对此安排尽量表现出豁达。他有能力构想并推出网飞，但下一步——无情的优化和冷酷的增长——并非他的强项。

网飞急需大笔现金，也急需就自己的发展方向做出某些艰难的决定，哈斯廷斯可以更好地处理这两项任务。

1998年，风险投资界向硅谷初创公司投入了当时创纪录的54亿美元，人们对网络公司的兴趣日益浓厚。与此同时，投资者开始担心这类公司没有明确的偿款和盈利途径。

不过，一旦哈斯廷斯开始穿梭于风险投资界，他就会发现鉴于自己在Pure Atria取得的成功，人们都等着给他开支票。他还考虑过趁机卖掉网飞，不过那些出价不足以弥补他和其他人的投入。

他们必须快速解决自己的历史问题，抢在大零售商介入并打垮他们之前摆脱DVD销售。哈斯廷斯明确要求网飞的管理团队放弃DVD销售业务，尽管这是公司唯一的利润来源。他们接到通知，他们必须找到一种达成租赁业务的途径，不然公司就会一蹶不振。

伦道夫和哈斯廷斯飞往西雅图会见亚马逊网站的创始人杰夫·贝佐斯（Jeff Bezos），贝佐斯曾表示希望和网飞达成某种合作。两位首席执行官愿意用他们的DVD零售业务换取机会，尝试向亚马逊的用户提供在线DVD租赁。哈斯廷斯还希望讨论将网飞出售给亚马逊的事宜，如果价格合适的话。

尽管伦道夫和贝佐斯一拍即合，还分享了各自的推出日故事，但哈斯廷斯仍然对亚马逊的1 200万美元出价毫不动心。相反，双方商定进行交叉推广，网飞将把有意购买DVD的用户引向亚马逊，从而换取在亚马逊网站投放网飞广告并抽取推荐提成。

这个协定在网飞遇到了麻烦，一些团队成员认为哈斯廷斯将DVD销售业务过早地让给了贝佐斯。负责用户留存的基什强烈反对这个计划。向竞争对手的网站输送用户，这个想法损害了她正在付出的一切努力，而且违背了所有营销原则。

继11月宣布亚马逊交易之后，伦道夫又向好莱坞视频的创始人、首席执行官马克·沃特尔斯（Mark Wattles）开出了同样的价码。两人在拉斯韦加斯贸易展期间会面，在咖啡馆讨论合作意向。当沃特尔斯询问收购网飞事宜时，伦道夫回答说："我不确定你是否愿意支付我们认定的合理价格。"

几天之后，好莱坞视频宣布它已收购斯图尔特·斯科曼（Stuart Skorman）名下的Reel.com，这是一家总部设在加州大学伯克利分校的视频租赁店的网上店铺。

Reel.com当时拥有8.5万部VHS影片，网络流量大约为每月2万用户，好莱坞视频以1亿美元将其收购。斯科曼把在线租赁看作不怎么赚钱的"琐碎业务"，不过，让消费者习惯订购网上娱乐服务是至关重要的。斯科曼想到的不只是VHS或DVD，还有视频点播，有线电视公司正想提供这个电影租赁选择。和哈斯廷斯和伦道夫一样，斯科曼已经初步意识到，消费者有天会首选在网上购买娱乐服务，而他们现在选择的门户网站将具备巨大优势。

收购的结果是，Reel.com有机会利用好莱坞视频的2 500万用户，还将它自己的在线访问者引导至新伙伴的1 000家美国门店，从而成为网飞的强大对手。1998年7月31日交易公布之后，Reel.com的流量跃升至每月20万人次。

洛和哈斯廷斯在这次合并之后立即会见沃特尔斯，探讨有关在线DVD租赁的交叉推广事宜。他们解释说，和网飞的合作能让好莱坞视频避免将其门店库存转化为新DVD格式产生的各种成本和风险。门店可以随着格式的普及逐渐建立DVD库存，把重点放在构成其业务主体的新发行上。与此同时，网飞将以邮件方式满足用户对往期目录影片的需求。

沃特尔斯断然拒绝了他们，他坚持认为自己能利用 Reel.com 建立起 DVD 租赁服务。他们和维亚康姆旗下的百视达公司的接触也没有下文，这个租赁业巨头的高管们指出，VCR（盒式磁带录像）每年仍有 1 300 万盒的销量。

对于安排与百视达和好莱坞视频会谈的洛来说，这些拒绝表明了一种越来越强烈的倾向，那就是很难找到出路——网飞没有侠肝义胆的大救星。他们真的要靠自己来解决公司的资金和用户问题。

这个圣诞节可谓喜忧参半。随着一年走到年尾，一台 DVD 播放机的价格降至 200 美元以下，成为史上销售最快的电子产品。塞进数百万个 DVD 播放机包装盒的是网飞的免费券，就如微型引燃装置，烧尽了公司日益缩水的现金，让一切灰飞烟灭，除非他们能找到一种途径开始赚钱。

03
《淘金记》
The Gold Rush
（1999—2000）

新功能上线

虽然哈斯廷斯和某些新员工之间的关系可能存在问题,但他在投资界却拥有众多拥护者,这也是他在1999年年初谋求的援助来源。网飞公布的1998年度亏损额为1 100万美元——对于一家初创公司来说,这不算出乎意料,也不是特别庞大。不过,公司的烧钱速度却令人既难忘又震惊。

由于决定将DVD销售业务让给亚马逊,网飞自身存在的现金流问题加剧。它需要资金——很多资金——来兑现因为圣诞节DVD播放机销售上涨而要提供的免费租赁优惠券。公司目前最迫切的需要是建立DVD库存并雇用更多的程序员,以便跟上呈指数增长的网站访问量。

截至1999年1月,已有110万台DVD播放机被售出,随后销售态势保持正常,年底达到400万台。网飞建立DVD库的成本随着普及率的增长而提高。

伦道夫开始设计并安排测试各种新功能和商业模式,希望向潜在投资者展示他们在解决用户留存问题方面取得的某些进步。

伦道夫和迈耶设计的网站可以同时扮演市场研究平台的角色，它可以显示多个页面或功能版本，以测试用户群并就其反应和偏好采集详细数据。

一个典型的 A-B 测试包括对比测量红色标识（选择 A）和蓝色标识（选择 B）的效果，涉及用户所得及其终身价值，以及影片的保留率和使用率。伦道夫尤其喜欢和网站工程师一道设计市场测试，并强调认真开展测试，每次使用一个变量，以避免混淆结果。

不断进行的测试、用户意见收集和网站后续调整，构成了网飞及其用户之间的持续对话，这将在与门店租赁者的未来竞争中提供某种关键优势。尽管哈斯廷斯、伦道夫和营销团队都在推动测试，但得出答案的速度之慢令人沮丧，他们变得有些不耐烦。

伦道夫和基什从冷酷无情的网站重点群体及 A-B 测试中认识到，用户喜欢访问网飞，也知道如何使用这个网站。不过，他们的主要用户——挥舞着优惠券的 DVD 播放机购买者——一旦看完免费电影，往往不会真的为租赁影片刷卡买单。无法将优惠券吸引来的用户变成租赁者让网飞难以为继，而这个问题似乎无法解决。

随着网飞的第一个生日临近，营销团队测试了新软件，这种软件允许他们向用户发出个性化电子邮件，鼓励他们返回网站并就其刚刚租赁的电影发表评论，或者基于此前的租赁情况提出可能喜欢的看片建议。

互联网行业的普遍信条是，内容丰富的网站才能吸引回头客。所以，伦道夫雇用了NBC（美国全国广播公司）《今夜娱乐》栏目备受欢迎的影评人兼史学家伦纳德·马尔蒂（Leonard Maltin），请他每个月在网上就新DVD发行事宜为网飞撰写专栏。公司还和山姆·谷迪音乐CD连锁店（Sam Goody/Musicland）、百思买（Best Buy）签订了交叉推广协议。

高级主管团队改组

哈斯廷斯和伦道夫再一次穿梭于各个风投基金公司。到1999年年初，这些基金公司已经随着经济降温放慢了他们投资网络初创公司的创纪录速度。一年前，哈斯廷斯会在类似的会谈中介绍公司的情况，然后旁听伦道夫的慷慨陈词，但现在哈斯廷斯开始接手推销网飞。

伦道夫注意到风险投资商对哈斯廷斯抱有浓厚兴趣，毫无疑问，这是因为他们回想起了哈斯廷斯在两年前进行创纪录的Pure Atria合并为他们带来的可观回报。伦道夫明白，作为一个未经"检验"的首席执行官，自己在"赌骑手而不赌赛马"的硅谷文化氛围中名望不足。对于哈斯廷斯的影响力，他心存感激。

伦道夫逐渐丧失对网飞的控制权。那年春天，当他坐在投资商办公室时，他明白自己几乎无法阻止这种情况发生。1998年年底，联合首席执行官试行结束，结果是伦道夫被降为总裁，并在次年被降为执行制作人。从表面上看，这是为了增强投资人的信心：掌舵网飞的是一个成熟的首席执行官。

哈斯廷斯成为董事长、首席执行官兼总裁，并在辞去"技术网络"总裁职务之后成了代表网飞的公众形象。他们曾经争论过，伦道夫是否应该参与新成立的董事会。哈斯廷斯想把这个席位送给某个投资人，但伦道夫坚持留给自己。

伦道夫组建的创始团队逐渐凋零，他们或者士气低落，或者被哈斯廷斯和麦科德逐一拿下，取而代之的是哈斯廷斯选拔的对他忠心耿耿的员工。到1999年年中，公司人数过百，鉴于麦科德难以说服程序员们翻山越岭到斯科茨谷工作，网飞开始寻找靠近硅谷中心的更大的办公场所。

在最后的投降书中，伦道夫放弃了差不多可以从家里步行上班的梦想，将业务部门迁到位于洛斯加托斯大学路的一栋难以名状的低矮建筑里，这里是硅谷最南端的一个小镇。

创始团队的其他成员怀着复杂的心情看着伦道夫被排挤。在两年的时间里，他们拿着他们以往正常工资的很少一部分，却殚精竭虑地让梦想中的公司变成现实。他们希望看到它取得成功。然而，创始人往往要靠边站，才能让"长大的"公司生儿育女——这正是硅谷之道。而伦道夫似乎处之泰然，按部就班地投身于全方位的消费者测试，同时像他在员工会议上经常做的那样，和哈斯廷斯的不留情面做斗争。

两位关键人物

1999年年初，法国奢侈品巨头伯纳德·阿尔诺接触了TCV（Technology Crossover Ventures）的共同创始人杰伊·霍格（Jay Hoag），寻求关于投资网络公司的建议。霍格曾是一位基金经理人，最早的投资对象包括Pure Software，他推荐了哈斯廷斯的最新企业，并为阿尔诺安排在其办公室与哈斯廷斯和伦道夫见面磋商。7月，阿尔诺的控股公司向网飞投资3 000万美元——在网飞就要弹尽粮绝时成为其最大投资人。在接下来的18个月里，哈斯廷斯从风险资本和天使投资人那里筹集的资金超过1亿美元，其中包括TCV、Foundation Capital和Redpoint Ventures。不可否认，即使作为一个成熟的企业家，伦道夫对于这样的业绩也是望尘莫及的。

哈斯廷斯现在把网飞的缰绳紧紧攥在手中，风投资金赋予了他转变公司文化的力量，他着手把伦道夫的创始人家族改造成一个上下级组织，由拥有成熟公司从业背景，甚至拥有强大技术和数学背景的高管们实施管理。

有麦科德在一旁为自己招兵买马、清除异己，哈斯廷斯和阿尔诺集团交易结束就开始更换网飞的行政人员。创始团队很快就意识到，那些领导职位的通道不向他们开放了。

吉姆·库克曾经应聘网飞的第一任首席财务官，他在哈斯廷斯要求他接任运营副总裁之后离开了。史密斯很快随之离去，布里奇斯也想逃离他眼里那种"洗洗涮涮"的例行公事。基什被两年来每天持续16~20小时的工作搞得精疲力竭，对公司目前的发展方向也完全不看好，于是以治疗慢性病为由请了长期病假，再也不回来做全职工作了。

1999年4月19日，哈斯廷斯聘请45岁的前投资银行家兼有线及卫星电视音乐编程服务商Music Choice的首席财务官小W.巴里·麦卡锡担任网飞的首席执行官。麦卡锡住在新泽西州的普林斯顿，在一次滑雪度假时，他从一家猎头公司的来电中第一次听说了网飞和哈斯廷斯。哈斯廷斯的资历和给予他自由的承诺给他留下了深刻印象，他在一周之后就接受了邀请，年薪是相对较低的17万美元，如果干得好，有望拿到2万美元的奖金。

麦卡锡聪明、做事态度强硬，还养成了不能容忍自己或其他任何人犯愚蠢错误的习惯。他通常处于克制的平静状态，但脾气会随时爆发，连篇脏话也会脱口而出。他被视为冷面哈斯廷斯的完美衬托。看起来哈斯廷斯很尊重麦卡锡在市场问题上的敏锐目光，以及他斩钉截铁说"不"的能力。

尽管麦卡锡颇具野心，但仍保留着某种传统的忠诚，有泾渭分明的等级意识。他尊重哈斯廷斯和伦道夫（他称之为"创始人先生"），同时内心保留着对公司透明、长期运营的看法。

麦科德在不知情的情况下聘请了来自希捷科技公司的前同事汤姆·狄龙（Tom Dillon），让狄龙几乎和库克同时运营履约业务。当麦科德打来电话请狄龙推荐改造网飞业务的人选时，狄龙还在纯平显示器制造商 Candescent Technologies 担任首席信息官。他当天就发来了自己的简历传真。

狄龙立即和哈斯廷斯取得了联系。狄龙是一个无师自通的程序员，在漫长的仓库管理职业生涯中，他经常会侵入仓库机器的操作系统进行用户化处理。他喜欢哈斯廷斯对数学方法的应用——总能以最合乎逻辑的方式来解决业务问题，他也喜欢哈斯廷斯的好恶分明，反感个人英雄主义。狄龙高大魁梧，头发雪白，拙朴的举止掩盖着他顽童般的幽默感。

伦道夫和哈斯廷斯最初雇用狄龙时有些犹豫，既担心薪水不合其预期，又担心曾在希捷操作国际业务的狄龙没有动手能力，不适应缺少自动化设备和人手的网飞库房。

时年55岁的狄龙向他们保证，他愿意和好玩又有趣的聪明人一起共事，而网飞看起来是个完美的机会。为了表示诚意，他签了一份相当于其正常薪资水平1/3的合同，并和麦卡锡同一天正式受聘。

狄龙在开始工作之前打电话给一位希捷老同事，对方做过网飞的合同配送商。"这事儿没谱，"那个人告诉狄龙，"他们现在每天发送2 000部影片，而每天必须发送10万部才能保本。这种情况不可能发生。"

"好吧，它是有可能灰飞烟灭，但你永远搞不懂。"狄龙想。

最拖累网飞盈亏底线的因素之一是公司组合并发送订单的方式，在这个过程中，每份订单的劳动力、运输和邮寄成本达到了6美元。狄龙的第一个任务是将这一成本削减到2美元（这是他们现在的实际运费）以下。

大多数用户都是一次订购3张光盘，不过结果证明，以单个邮件集中并逐个发送订单很耗费时间，以至于狄龙的分析表明，在可能的情况下，分别发送单张光盘而不是等着凑齐完整订单会更便宜些。

狄龙对库克和迈耶的软件程序加以改进，给每个订单分配了一个基于其扩展邮政编码的编号邮袋，以便在不动用价格昂贵的自动邮件分拣机的情况下加快订单分配的速度。仓库工作人员当时编了大约20个号，使用手持式超市扫描仪读取订单上的条形码，然后将邮件丢进相应的袋子里。这个系统不够成熟，不过它很快就将单张光盘的交付总成本降到了狄龙的2美元目标以下。

尽管网飞在继续收集用户行为信息，但对此类数据的错误分析几乎导致相关操作忽略了交付时间和用户取得率之间的重要关联。伦道夫曾设想隔夜交付能促进用户留存率，但一次又一次的测试表明二者之间并没有任何关系。

鉴于快速交付似乎无关紧要，狄龙设计了一个以独立、大型、全自动枢纽为基础的配送系统，该配送系统位于圣何塞市。但就在他将租赁业务锁定在这个超大空间之前，营销团队发现旧金山湾区隔夜交付与新用户注册率之间存在着不可否认的相关性。隔夜交付似乎充满魔力，人们奔走相告。2000年，为了在新市场上测试次日理论，他们在萨克拉门托建立了一个"枢纽"，每天从圣何塞配送中心来回发送邮件，其结果是注册率显著回升。

这个发现从根本上改变了网飞的配送及营销计划。吸引新用户的成本下降了，因为处于隔夜交付区的用户会向他们的朋友推荐此项服务。狄龙不得不重新考虑他的配送计划。

狄龙侵入一张包含全美邮政编码交付数据的邮局压缩磁盘，利用其数据为网飞配送中心设计了一个确定最佳位置的软件程序。在这个程序输入用户地址，可以将它们通通安排在距离邮局最近的隔夜交付半径内。接着狄龙为配送中心选址，使之尽可能靠近邮局的区域配送中心，方便对标注不同邮政编码的邮件进行分拣和投送。

据狄龙计算，至少需要1.5万名网飞用户才能支持一个配送中心。他开发了一个可以在次日交付区以外实现更快交付的"卫星枢纽"系统，由卡车将来自配送中心的DVD投递给偏远邮局，并于次日由人工送达用户家中。

狄龙的方案的价值在于，随着网飞用户群的增长和变动，会不断评估并调整配送中心的最佳位置。该方案要求用户透露他们投递或收悉网飞邮件的时间，从而密切跟踪邮递员的每日行程，以此让网飞和邮政部门之间进行密切协作。

狄龙最初和邮政检查员分享自己的数据是希望增加交付次数，并追踪偶尔冒出的DVD失窃事件。后来，这种关系扩展到帮助邮政检查员捉拿企图扒窃礼品卡和支票的盗贼。鉴于配送系统的高效率，伴随其快速增长而出现的密集编程要求偶尔会导致故障：狄龙有次不小心使系统同时交付用户队列中的所有光盘，一些用户在几天时间内收到了300多张光盘，这让他们欣喜若狂。

2000年年初，哈斯廷斯在一次行政人员会议上透露了他将在加州教育委员会任职的消息。此后，在狄龙的策划下，网飞突然退出了隐晦色情业。哈斯廷斯认为传播成人电影可能成为一种政治不利因素，他告诉狄龙，色情电影不除，他就无法到教育委员会任职。狄龙和工程师们当天就从用户的电影列表和库存清单中删除了所有令人反感的影片。

培养用户习惯

1999年7月，伦道夫的营销团队安排了几次概念测试，旨在吸引用户产生多次"租赁行为"，试图影响他们的在线租赁习惯。其中包括一个他们称之为"家庭租赁库"的订阅方案概念，还有一个他们所谓的"连续交付"的概念，它允许用户自动获得影碟，只要他们归还此前租赁的影碟，并用信用卡向公司付费。

按照最初的设想，家庭租赁库允许用户在每月付费20美元的情况下一次租用多达6张影碟，并且可以在不支付滞纳金的情况下无限期保留影碟。一旦他们归还所有影碟，就能额外得到6张光盘。

连续交付以菜单价格为特色，不过给每个用户都分配了一个网飞网站账户，用户可以在账户里存储一个想看的DVD列表。他们并不要求用户在每次租片时单纯指定若干特定片名，而是决定建立基什和迈耶早在推出前就设想过的可以分类和搜索的想看的电影列表。这是伦道夫在那年夏天测试的第三个连续交付功能，它被命名为"队列"。

尽管伦道夫和基什希望单独测试这三个功能，但哈斯廷斯却坚持同时对其实施评估。将这三个特定概念——家庭租赁库、连续交付和队列——排列在一起进行实际测试的机缘巧合，最终拯救了网飞。

焦点小组在那年夏天得出的结论表明，无论是无到期日或滞纳金的家庭租赁库自助租赁订阅功能、队列功能，还是连续交付的DVD无忧调换功能，用户对每个方案都很喜欢，于是伦道夫将它们合并为一揽子服务。

8月的一个晚上，再有大约一周时间就要正式加入网飞并担任市场研究及分析新总监的乔尔·迈尔（Joel Mier）顺便去旧金山萨特街的一个市场测试设施区域看望正在工作的焦点小组。

此时，伦道夫、麦卡锡和哈斯廷斯正在一块单向透明玻璃镜子背后目不转睛地观察用户的访问情况。

如果某个测试对象拒绝合并计划，哈斯廷斯就会给房间内传递一张纸条，指示接见人员降低价格或是增加每月允许的租片数量，然后再次询问。一旁观察的麦卡锡看到盈利能力一再回落时，双手抱住了脑袋。

1999年9月17日，网飞试验性推出合并计划，为用户提供以每月15.95美元选择并接收4部影片的机会。只有一小部分访问网飞的用户看到了此项服务，不过，新计划的订阅率和参与情况让伦道夫和哈斯廷斯明白他们有了胜算。

大约一周后，网飞面向所有用户公开推出了该合并计划，即"天幕"（Marquee Program），作为菜单租赁的备选服务。公司同时运营这两个方案，并越来越欣喜地看到，"天幕"的订阅用户在短短3个月内就使网站业务量增长了300%，达到每周10万张光盘的出货量。

哈斯廷斯在一次新闻发布会上称赞这个新方案是"准DVD点播服务"，是公司对百视达开战的手段之一。"租片人受够了到期日和滞纳金，"哈斯廷斯说，"Netflix.com的'天幕'方案把快乐带回了电影租赁市场。由于不再有到期日，我们的用户可以储备租赁影片，他们总能在电视机顶上放几张片子，以便在心血来潮时观看。"

>

1999年年底,娱乐业分析人士预测DVD市场将迎来巨大收益,包括可在来年销售600万部播放机和2 500万部电影。电影租赁店还在犹豫要不要接受这种刚出现18个月的电影格式,因此,发誓提供全面选择的小公司网飞似乎处在最佳状态。"它可以彻底变革即将迎来爆炸式增长的DVD租赁市场,据我们估计,这个市场的销售额到2002年可达10亿美元。"媒体分析人士汤姆·亚当斯(Tom Adams)告诉投资者说。

不过,鉴于棘手的物流问题和让人头疼的库存成本,尽管网飞的人气不断飙升,但过渡到新数字格式并不可靠,一些资金雄厚的对手很快就意识到了这一点。

电路城已于当年早些时候叫停了DIVX格式,由此导致了2亿美元的损失。2000年年初,Reel.com的租赁业务被高昂的间接成本压得不堪重负,其母公司好莱坞视频被迫退出并蒙受了4 850万美元的损失。这对于网飞来说是发人深省的教训,它在1999财年结束时的亏损额为2 980万美元。

短暂的格式之战的结果,是为2000年的录制DVD发行扫清了障碍,六大制片厂终于接受了这个幸免于难的格式及其承诺的丰厚利润。尽管制片厂仍在千方百计以低廉的DVD销售价格暗中破坏电影租赁业务,但他们也承认,网飞为用户提供了测试新格式的最佳途径。

这些制片厂的家庭娱乐部门早就厌恶了百视达强加给库存电影的苛刻条件，尤其是百视达粗俗不堪的法律总顾问埃德·斯特德（Ed Stead），他似乎在发动一场运动，要求对规模庞大、实力雄厚的连锁机构做出越来越大的让步。鉴于家庭娱乐业务转向有利可图的 DVD 销售有可能带来巨额回报，因此对于这些制片厂而言，通过联合推广来帮助网飞宣传 DVD 格式的风险并不大，而且它还提供了竞争红利。

洛还希望制片厂接受他们效仿百视达的收入分成协议，百视达新任首席执行官约翰·安蒂奥科曾经出于削减店铺库存成本的考虑叫停了相关交易。随着订阅计划的进展，注册用户可以随心所欲地保留磁盘，这个事实导致并加剧了网飞的库存短缺问题。

购买足够的 DVD 来满足日益壮大的用户群体，其成本之大将最终压垮公司，除非洛能说服制片厂大幅降低 DVD 价格，并以此换取租赁收入分成。

与此同时，网飞的工程师一直在努力工作，他们不久就推出了一个推荐引擎。该引擎是解决 DVD 短缺问题的一个内部解决方案，该方案能引导用户避开最热门电影而转向他们可能同样喜欢的没那么有名的电影，从而在理论上提高留存率，并将公司目录中的更多影片投入流通。

其结果是推荐引擎代替了编辑团队，它的任务是借助机器逻辑而不是人类直觉来确定在特定主题网页上显示哪些特色影片。

当考虑向用户推荐哪些影片时，这个方案要贯穿若干标准：我们有多少库存拷贝？哪些影片的财务条款最有利？它是新发行影片吗？

他们最终决定，其算法应选择用户本人可能最喜欢的影片，并将它们显示在伦道夫所预想的个性化页面上。他们很快意识到，网飞越能预测用户需求，他们就越能完善库存管理。

结果证明，进行准确的预测是极为复杂的，因为工程师们起初无法找到相关的数学方法，从而无法判定人们为何喜欢某个导演或演员的电影，而不喜欢同一批演职人员参演的类似影片。包括哈斯廷斯在内的一些内部工程师从不同角度出发，致力于解决这个问题。最后，哈斯廷斯引入了几位数学家，来帮助构想基本算法。

他们将这一推荐系统命名为 Cinematch，并于 2000 年 1 月推出。他们在名为"两人电影"的促销活动中承诺帮助情侣发现其选择电影的共同点。Cinematch 没有使用他们给每部影片定性并试图匹配同类电影的原始方法，而是创建了客户群组，即那些给电影打出类似分数的人。

Cinematch 通过一个五星评分系统标注某些订阅用户的共同爱好，然后将群组成员评出的高分电影推荐给同一群组中未租用或评价过网飞影片的其他成员。

推荐引擎每隔一小时就搜索一次网飞库存，旨在考虑它此前推荐的电影分别有多少拷贝。一个"不感兴趣"的评级结果会迅速剔除反常情形：例如，用户偶尔替自己的孙子租儿童电影，或者学校的家庭作业要求学生观看某部动漫电影。

事实上，Cinematch的基础是命运多舛的Reel.com首创的一个电子匹配概念。在这个概念中，用户可以输入喜爱的演员名字或者电影名称，然后会得到一个相关电影列表。Reel.com的在线目录纳入了8.5万部VHS电影，除了影片对比，还包括：梗概，色情、暴力和摄制技术评级，扼要评论，影星和导演的全部电影目录。制片经理们预言它是必将推动电影销售的"一个完美的电子音像店"。网飞希望自己在在线DVD租赁领域发挥同样的作用。

2000年，网飞董事会断定首募的时机已经成熟。哈斯廷斯和麦卡锡开始起程，就公司作为一个出租DVD、营销院线发行乃至销售电影票的电影门户网站的可行性游说投资银行。他们希望的是，对网飞的广泛业务策略的陈述可以说服目前不看好网络公司的投资人，让他们忽略那些接二连三的损失，为金额达8 600万美元的市场营销及用户增长计划提供资金。

到4月公司向联邦证券监管机构提交招股说明书时，网飞的用户群已经发展到12万人，其圣何塞仓库的DVD月出货量也达到了80万张。它的亏损额已经从1998年的1 110万美元（当年收入为140万美元）激增到1999年的2 980万美元（当年收入为500万美元）。

为了抢在首募之前改善网飞的财务状况，哈斯廷斯致力于

"天幕"方案,并以此作为实现稳定收入来源和最终利润的最佳选项。他坚持认为,同时支持订阅和菜单租赁造成了人力和资源浪费,也给消费者造成了不必要的困惑。2000年前后,他在一次气氛紧张的公司行政及技术团队会议上极力主张放弃菜单租赁业务。对于订阅服务的注册率能否弥补菜单租赁业务的损失,这两个团队的某些成员表示严重怀疑。基什和伦道夫担心这种变动会激怒电子产品制造商,因为这些制造商仍在宣传其DVD播放机盒内有网飞优惠券。新用户将不再获得制造商宣传的10次免费租赁机会,而必须交出他们的信用卡号码,从而获得为期一个月的免费试订权限。伦道夫希望,消费者和制造商不会把这种变化看作诱捕策略。

"这似乎是一个重大的冒险步骤,而且没人知道它是否管用。"鲍里斯·德鲁特曼后来说,表达了反对者的担忧。

哈斯廷斯力排众议。为了生存,网飞需要把资源集中在行得通的模式上,即使这意味着把公司的赌注押在不完整的数据和直觉上。

2000年情人节,网飞放弃了菜单租赁业务,将"天幕"更名为"无限电影租赁"服务,并将每月费用提高到19.95美元。为了测试方案,用户可以得到为期一个月的免费服务,现在他们能以每次租4部影片的速度在一个月内尽情观看影片。哈斯廷斯告诉媒体,他相信大多数用户都能按月付费。"事实上,用户群的风险系数仅为3%,所以值得去做。"他说,并轻描淡写地做了补充：一旦技术成熟，网飞有望提供视频下载服务。

品牌计划

2000年春，哈斯廷斯聘用的最后一个高级主管团队是莱斯莉·基尔戈（Leslie Kilgore）团队。基尔戈时年33岁，曾任宝洁和亚马逊的营销主管，她接管了伦道夫的许多营销职责。她信赖市场研究，在上任之初就先于公司的首次大规模宣传重新设计了网飞的标识和图案。

基尔戈是个魅力四射的女人，她似乎把全部的精力和注意力都投入到工作中，像哈斯廷斯那样。尽管两人同样都不善交际，都不精于人情世故，不过在一些人看来，基尔戈的光芒还是盖过了哈斯廷斯。

哈斯廷斯对基尔戈的青睐有加为麦卡锡树立了一个敌人，麦卡锡理所当然地将基尔戈视为进入网飞高层的竞争对手。在一次董事会上，哈斯廷斯在一脸惊讶的伦道夫和麦卡锡面前回答了一位董事提出的继任者的问题，他说他心目中的继任者是基尔戈，这次直言不讳的发言使公司管理层的局势变得更加紧张。

每当基尔戈要求从公司的紧张预算中拨款用于市场营销和"商业情报"方案，哈斯廷斯似乎总是给予支持。他还允许基尔戈牢牢控制营销和公关部门，在网飞内部建立了一个在10多年时间里无人与之争锋的"独立王国"。

基尔戈忠诚的副手是宾夕法尼亚大学沃顿商学院和斯坦福大学商学院的校友杰西·贝克尔（Jessie Becker），贝克尔对基尔戈言听计从，就像麦科德对哈斯廷斯那样。

基尔戈在职业操守方面富有传奇色彩，她希望营销团队的每个成员都有同样的牺牲精神。她得知百视达制定了店内订阅方案之后，认为这是对网飞的正面攻击，于是她下班后花了好几个晚上去自己住处附近的百视达连锁店，和从店里出来的购物者交谈，以评估用户对该方案感兴趣的程度。

一位营销团队成员回忆起曾应基尔戈的迫切要求待在价格不菲的酒店房间里，把参加朋友婚礼的大部分时间用来完成预测任务。基尔戈仅扫一眼就能发现几页电子表格中的瑕疵，这种能力让下属惊叹不已。在她手下，因为工作压力而寻求心理咨询的不止一人。

基尔戈对首募带来的现金流充满期待，她规划了一个多渠道营销及广告活动，目的是让网飞的实体竞争对手难以望其项背。她吸取自己在宝洁公司担任品牌经理的经验，规划了一次全方位宣传——网络、电台和电视广告，以及直邮和零售合作，以便将网飞的影响范围从早期使用者扩大到美国中产阶层这个主流群体。

基尔戈意识到在网飞邮件里做实物广告的价值，于是着手让自己的邮件变得尽可能抢眼。她没有听从自己的直觉，而是在一家外部广告代理商的帮助下，重新设计了标识和配色方案，并调查了订阅用户和潜在订阅用户，以确定最能引发共鸣的品牌计划。测试有了显而易见的胜出者：一个凸显公司名称并以小写字母 f 保持对称的拱形黑白透视图，其背景是一块银幕红幕布。这种外观能让人联想起那些 20 世纪 30 年代的电影院。而且，对于一个品牌知名度很低的公司而言，这个标识出现在邮箱、订阅用户的电视画面顶部、同事的发件箱时，会非常引人注目。

>

网飞做好了在全美亮相的准备，但 2000 年春季开始的网络公司危机中断了已经就绪的广告策划。华尔街开始回避前缀为 e 或者后缀为 .com 的公司，哈斯廷斯和麦卡锡被迫取消了首次公开发行的计划。

幸运的是，网飞的现有投资人已经先于原计划的首募时间为其追加了资本；他们购买股份并希望在网飞上市时出现股价暴涨。这笔现金尚能在网飞目前最困难的岁月维持运营，因为哈斯廷斯和麦卡锡在亏损不断增加、新资金希望渺茫的两难境地中找到了某种盈利途径。快到年底时，他们在库存成本方面有了迫切需要的突破：洛向制片厂提出的建议取得了成果，华纳家庭视频和哥伦比亚三星家庭视频认可了第一批在线 DVD 收入分成协议。

这些交易将网飞的 DVD 采购成本削减至每张 3~8 美元，而且随着 DVD 播放机的普及面陡然扩展至 1 300 万个美国家庭，公司仓库又补充了原有数量的两三倍的产品。

2000 年，网飞 5 740 万美元的亏损额已经隐约可见，在这种情况下，哈斯廷斯和麦卡锡决定再次接触百视达并谋求与之结盟，从而使网飞获得一个现成的客户源，并和这个成熟的租赁品牌建立联系。麦卡锡认为这事儿有点牵强，但他钦佩哈斯廷斯有勇气游说他们眼里的头号竞争对手。

哈斯廷斯在人造荷兰小镇索夫昂的一次员工静修会上接到电话，说埃德·斯特德有空见他。第二天一早，他就在麦卡锡和伦道夫的陪同下租了一架私人飞机（属于游戏节目前女主持人万娜·怀特）飞往达拉斯。

这次会面出乎意料，他们都没带商务装参加静修会。在达拉斯市中心的玻璃钢结构复兴大厦里，约翰·安蒂奥科进来待了一会儿，和他们握了握手，还不忘取笑麦卡锡的夏威夷衫和牛仔裤。麦卡锡仍然恪守东海岸的银行业礼仪，因此不禁感到一丝羞愧。

哈斯廷斯阐述了他的提议：何不把网飞变成百视达在网上的左膀右臂？在他看来，双赢结果将是百视达省出将其浩瀚的 VHS 库存转化为 DVD 的开支，而网飞将有权利用百视达店铺的 2 000 万活跃用户，并支付一定的特许费用。

网飞将专注于老电影和小众电影，而将占业务量 80% 的新发行业务留给百视达。哈斯廷斯设想把网飞的宣传材料和注册电脑放到每一家百视达连锁店里。

安蒂奥科对互联网公司的生存能力表示怀疑，还抱怨说市场严重高估了未经检验的商业模式，麦卡锡私下也认同这个观点。当斯特德全然嘲笑哈斯廷斯的替代建议，即百视达以5 000万美元收购网飞时，他们并不感到惊讶。

网飞高管飞回加州的途中，谈话有点虚张声势：百视达犯了一个错误，它很快就会后悔。如果安蒂奥科认为百视达可以复制网飞的技术创新，那他就太天真了。伦道夫发誓说，他们现在别无选择，只能对百视达还以颜色了。

04

《世界之战》

War of the Worlds

(2001—2003)

网络公司泡沫破裂是硅谷版本的沙尘暴来袭。年轻的软件工程师们拿着现在一文不值的股票期权当报酬，出没于已经废弃的办公园区，徒劳无获地寻找工作，然后许多人会重返校园，谋求成为律师或者会计师。股票市场的资产价值损失高达50亿美元，许多人把缺乏经验、挥金如土的互联网创业者和投资者的"非理性繁荣"归咎于经济衰退。相比投机热的20世纪90年代末，随着"快速扩张、不求盈利"的新经济咒语被否定，新网站的涌现速度降低了一多半。

哈斯廷斯现在肩负的使命，是向华尔街证明网飞从网络公司崩盘浪潮中幸免于难不只是出于侥幸。他在2001年年初的采访中充满自信地预言，网飞将在2001年年底实现拥有50万付费用户和正向现金流。基尔戈营销部门收集的数据显示，用户留存最终步入了正轨。

高管团队也不断接受娱乐、金融媒体的采访，并放出其他预言：基尔戈和哈斯廷斯在2001年3月告诉《公告牌》(*Billboard*)说，网飞到2004年有望拥有1 000万规模的用户群，10年内有望向主流用户提供一个强大的流媒体在线视频目录。哈斯廷斯补充说，一旦公司的订阅用户达到 100 万，独立制片人就有可能绕过制片厂，通过网飞发行他们的电影。等这种情况发生时，美国人应该已经习惯了在线租赁——通过网飞。

哈斯廷斯只字未提的是，基尔戈的营销数据还表明，网飞仍然没和普通美国人搭上线——80% 的用户仍是那些计算机技能优于常人的高收入年轻男性，即极客。在他们致力于另一轮首募尝试之前，网飞必须增强其对主流用户的吸引力。

大卫-歌利亚

对于网飞，乔尔·迈尔最喜欢的是它每天都会提供数据，告诉他哪些是自己的用户、他们居住在哪里、他们在网飞购物的次数和时间、他们点击的页面和时长，以及他们所租赁的影碟。

他必须切中要害，终结用户在百视达租赁影碟的习惯。迈尔和他的下属经常打电话给洛斯加托斯周边的新用户，询问他们使用网站的情况：他们为何点击某个特定对象；他们为何在某一天而不是前一天或前一周注册。

如果谈话进行得很顺利，迈尔或他的调查人员会问："嘿，我们能否登门拜访，看看你在做什么？"用户在吃惊之余多半会同意。然后一个调查人员会带着星巴克外卖赶过去，观察用户如何在网飞上搜索电影。身高足有 6 英尺[①]5 英寸的迈尔通常会选择拜访下属,以免吓到他的用户。

他们意识到网飞是在"传播福音",而且这种状况不一定能很快改变。对于网飞应该怎样改善自己的网站,那些受过良好教育、家境富裕的男性用户有很多想法。迈尔若有所思地说,关于如何吸引技术不够娴熟的用户,可以用 Usenet 笑话进行滔滔不绝的现场解说。

"如果单以 Usenet 帖子判断网飞,得出的结论将是,此项服务不值得大举投资。"来自辛辛那提的发帖人马克·V.(Mark V.)在 2001 年写道。

> 不过,就我过去 10 个月的个人体验而言,他们总体上是值得肯定的,尤其是现在,他们已经改善了归还光盘的周转时间。我相信真正的影迷对他们的服务会非常满意。

另一个用户取消了订阅,因为该用户队列中的 35 部电影全被标明无法提供。

> 其中之一是在我的队(原文如此)里待了 3 个月的

[①] 1 英尺约为 0.3 米。——编者注

《圣诗复仇》(Titus)。这是完全荒谬和无法原谅的。如果我从 Usenet 中看到网飞已经奋力冲出了困境，我肯定会回来的，但迄今为止我没有看到这一点。

迈尔瞄准的目标虽小，但增长迅速。美国人口普查局的数据显示，截至 2001 年，大约 60% 的美国家庭——主要是高等和中等收入者——拥有家用电脑，再少一些的美国家庭则有互联网接入。

许多美国上网家庭将其网上冲浪局限于美国在线的审核领域，尽管和网飞于同年推出的革命性搜索引擎谷歌（Google.com）已经提供了 26 种语言版本。在电子商务方面，亚马逊仍然无利可图，苹果的在线音乐应用商店 iTunes 及其革命性的便携式音乐播放器 iPod 也仍然秘而不宣。还没人听说过脸书（Facebook），因为这个社交网络的创始人马克·扎克伯格（Mark Zuckerberg）还在念高中。

网飞需要的主流用户仍然在百视达、好莱坞视频和影库租片，于是哈斯廷斯和基尔戈决定把战火引到竞争对手的势力范围。这种想法并未吸引实体连锁店的太多关注，从而无法通过与更知名对手的比较来凸显网飞。

百视达有 5 000 万注册用户（其中有 2 000 万活跃用户），网飞仅有 30 万用户，要真正较量似乎很荒谬，但这是一个很好的故事情节，只要哈斯廷斯能让这个租赁巨头从根本上承认来自在线租赁的潜在威胁，进而让消费者、投资人和媒体认可这种商业模式。

整个春季和夏季，哈斯廷斯和其他执行团队成员在采访和广告中都对百视达口诛笔伐。

"共有 1 万部电影 DVD，我们全部有存货。这比百视达最大连锁店的 10 倍库存还多。"哈斯廷斯在 2001 年 6 月告诉《今日美国》(*USA Today*)，"所有人都不喜欢滞纳金，我们从来不收滞纳金。"

媒体无法抗拒拿昔日的霸主和机智灵活的后起之秀做对比，他们很快就编排了一个大卫-歌利亚[①]式的故事，百视达再也无法对此视而不见。

百视达掌门人

百视达的约翰·安蒂奥科和古币上的奥古斯都大帝有几分神似，都是深眼窝、卷发、鹰钩鼻，他能敏锐地捕捉到普通人的渴求，有着不可思议的直觉。安蒂奥科的举止近乎懒散，如果不是时有赌上全部家当的惊人之举的话，他很可能会被误解为

[①] 《圣经》中的故事。歌利亚为传说中的著名巨人之一，拥有无穷的力量，所有人看到他都要退避三舍。最后被牧童大卫用投石弹弓打中脑袋，继而被大卫杀死。——编者注

总是心不在焉。他是一个有天赋的讲述者,也是一个很好的倾听者,46岁的他在加盟百视达之前就已经转战过多家美国大公司,正是善于倾听为他赢得了手下员工和用户群的无比忠诚。

安蒂奥科擅长交际,而且他知道如何通过厚此薄彼来让员工心甘情愿地为他效力。他对重大成就悬以重赏——非洲之旅、现金分红和提拔晋升。

他大学毕业后的第一份工作需要他清除那些拖欠费用或者业绩不佳的纽约市区便利加盟店(这有时会面临来自店铺老板怒不可遏的人身威胁),然后重新让连锁店为母公司 Southland 盈利。

他发现了一个了解客户的诀窍——考虑如何改善他们的购物体验,并为每个社区的连锁店寻找合适的产品组合。他在 20 年间晋升至 Southland 副总裁。1990 年,他离职并准备开办自己的公司。

随后安蒂奥科穿梭于一系列最知名的美国公司,赢得了值得信赖的"翻盘专家"的美誉。他带领 Circle K 便利连锁店走出破产边缘并公开上市,曾在 Pearle Vision 眼镜店短暂履职,还将百事公司的塔可钟(Taco Bell)快餐连锁店从成本过度削减中拯救出来。1997 年,当维亚康姆董事长萨默·雷德斯通(Sumner Redstone)打来电话时,安蒂奥科正在坐等消息,想知道百事公司计划拆分出来的百胜餐饮集团将由他还是肯德基兼必胜客的主管戴维·诺瓦克(David Novak)执掌。

雷德斯通于 1994 年收购了百视达，这主要是为了获得该公司资产负债表上的 12.5 亿美元及庞大而稳定的现金流，他利用这些资金抵销了他在一笔巨资交易中为派拉蒙影业公司支付的 100 亿美元。

快速收购较小规模的区域性视频租赁连锁店促进了百视达的井喷式增长，但当时这种局面已经接近尾声。在它近乎垄断的光辉岁月里，百视达也曾利令智昏，不惜重金尝试音乐销售，还推出过"娱乐便利店"概念——以餐馆、游乐设施和游戏为特色的"百视达街区派对"。

DVD 和视频点播带来的竞争促使时任百视达首席执行官的比尔·菲尔茨（Bill Fields）致力于门店的多样化，为了力挽他认为即将出现的不可逆转的门店收入下滑，他们还出售服装、杂志、书籍和糖果。

菲尔茨自担任沃尔玛门店部主管起，就对 DVD 生态系统了如指掌，他告诉雷德斯通和百视达经理们说，这个规模庞大的连锁店将再也看不到其门店收入的正增长。

雷德斯通希望百视达退出维亚康姆，但无从寻觅买主，于是着手物色新的领导团队。他让一家猎头公司联系安蒂奥科，安排在比弗利山庄和他见面。

这是安蒂奥科第二次获邀执掌百视达，但他仍对移师达拉斯犯嘀咕。对于百事公司董事长罗杰·恩里科（Roger Enrico）让他和诺瓦克共掌百胜餐饮集团的提议，他甚至也不太热衷。

安蒂奥科对娱乐业不够了解,但他是改造特许零售企业的专家,而且他喜欢电影。

他在比弗利山庄酒店见到了 74 岁的雷德斯通,并很快喜欢上了这位将家族式的地方连锁影院发展为传媒帝国的亿万富翁。

在和拥有全考(Kinko's)的私人股本公司争相延揽安蒂奥科时,恩里科给出了包括股票和现金奖励在内的丰厚待遇,而雷德斯通开出了令人咂舌的价码,这足以击败百事公司。更重要的是,他们同意安蒂奥科可以在改造好百视达之后担任首席执行官,并将其运作上市。

百视达的野心

在安蒂奥科看来,百视达存在一个致命缺陷,即长期垄断地位导致的傲慢心理。在公司内部被描述为"压制不满情绪"的百视达商业模式,已经导致用户日益反感这个连锁巨人的滞纳金、有限的选择和糟糕的客户服务。百视达的自身研究表明,用户必须花 5 个周末连续访问门店才能得到他们想要的视频。安蒂奥科发现麻烦不止这些:这些店面不干净,商品组合往往不适应社区需求,而且价格过高。

"还有哪家公司会这样对待你呢?"他想。

给改造门店的努力添乱的是冥顽不化的百视达加盟商,菲尔茨试图将占全美门店总数 20% 的加盟店改造成娱乐便利店,这让他们怒火中烧。而在公司自营门店那里,他也遭遇士气低落、根深蒂固的官僚体制的掣肘。

安蒂奥科专注于清理门店这类可以即刻安排的事项,他在雷德斯通的帮助下谋求与制片厂达成收入分成交易,从而允许百视达削减其库存成本,并将其热门影片的新发行业务扩大至3倍规模。他敦促门店经理和工作人员提振士气,改进客户服务。最后,他通过一部由动漫人物主演的全国性广告宣传片让用户了解他的努力,广告中的豚鼠卡尔和兔子拉伊在解说百视达的新咒语:现在电影"保证有"。

由于采取了这些措施,用户满意度的提升让安蒂奥科感到惊讶。在他入驻高管套房一年之后,租赁收入上升了13%,活跃会员增加了7%。维亚康姆的股票价格较同期翻了一番。曾经支付过多资金收购百视达并依然在财经媒体上对此口诛笔伐的雷德斯通很是兴奋,但他仍然希望赶在有线电视公司的新策略——视频点播——开始蚕食其市场份额之前,从百视达公司撤出维亚康姆的资金。

他计划在1999年拆分维亚康姆的20%百视达股权并将其上市交易,待股价稳定时再卖掉剩余股份。维亚康姆安排安蒂奥科和百视达的首席财务官拉里·齐纳(Larry Zine,曾在Circle K担任安蒂奥科的副手)以路演形式向投资人介绍这个计划。

齐纳为人沉着冷静,他和安蒂奥科努力带领Circle K走出破产保护,并因此成为莫逆之交。多年来,他的一本正经和爱折腾的安蒂奥科形成有趣的对比，他学会了揣测安蒂奥科的下一步行动，以至于往往能补充这位首席执行官的发言。

这次路演后来被证明是一场耗费精力的艰苦历程。在和满怀狐疑的投资人70多次的会谈中，安蒂奥科、齐纳和维亚康姆高级副总裁汤姆·杜利（Tom Dooley）不得不阐明百视达将如何在视频点播和按次付费的竞争中取胜，还要解释雷德斯通出售自己股份的意愿并不意味着他不信任这家视频租赁公司。

齐纳发誓说，一些基金经理的会面目的只是和他们争论百视达注定会失败。到此行的最后一站巴黎时，安蒂奥科已经忍不住边介绍情况边打瞌睡了。

8月的首募还算圆满，共筹得4.65亿美元，其股价比16~18美元的目标范围低了1%。安蒂奥科现在是一家价值26亿美元的上市公司的首席执行官，他致力于奠定百视达相对于其新兴竞争对手（包括视频点播及其他美国连锁店）的强大竞争基础。

他打算恪守自己对投资者的路演承诺，即百视达将在3年内控制40%的视频租赁市场，超过其6 500家美国门店此前实现的31%的市场份额。

他整改Circle K的计划重点是：削减门店数量；在卖场内划分不同区域，从而更好地分析销售情况；改善观瞻，如优化采光、配备读卡器、遮蔽加油区。

尽管仅有少量资金用于改善这家破产的便利连锁店，但安蒂奥科还是在这些门店里塞满了各种高利润食品，比如汽水。由于安蒂奥科没有能力为报酬极低的 Circle K 店员涨工资，他只能凭借自己非凡的领导气质和进取精神来提振士气，凝聚人心。

百视达首募之后，他和齐纳又重操旧业，回答他所认为的有关百视达未来的关键性问题：我们如何服务用户？我们怎样留住用户？

安蒂奥科和齐纳来到维亚康姆正逢其时。这家公司的管理层试图解决百视达的问题却未能如愿，所以他们同意这两位高管便宜从事。

鉴于菲尔茨未能通过商品多样化增加门店流量（安蒂奥科有可能尝试过），安蒂奥科转而把着重点放在了门店会员制、优惠券赠品等客户忠诚度方案上，并将视频游戏的销售、租赁和交易视为潜在的业务增长点。

在安蒂奥科的领导下，百视达断定其数字化未来需要有线电影收费频道"家庭票房"所提供的那种独家内容，于是它又开始通过一家名为 DEJ Productions 的全资子公司投资电影制作和发行。

安蒂奥科曾在 1999 年路演期间提到网飞是门店租赁业的潜在威胁之一，但从那之后他很少想起这家在线租赁连锁企业。不过，到了 2001 年，网飞的订阅用户看来铁定要超过 50 万人，而拥有 DVD 播放机的家庭也已经猛增到了 2 500 万户，他不得不再次关注网飞。

他设计了一项旨在对抗网飞的店内订阅服务——数量极多的

电影，每次可租两部影片，费用29.99美元——并让百视达的卡通吉祥物卡尔和拉伊在电视广告中露面。作为宣传活动的一部分，百视达在网飞所在地洛斯加托斯的公交车上做了车体广告。网飞在网上仍然无与争锋，但它很乐意成为公认的威胁。

"百视达的规模差不多是我们的100倍，却还在追随我们，"哈斯廷斯告诉《今日美国》，"他们绝对不堪一击。"

网飞几个月后开始了反击，他们为用户提供免费服务，这些用户曾就他们声称的不当滞纳金向百视达提出过23次集体诉讼。这个转变的起因是百视达业务开发部门的一伙年轻人开始鼓动安蒂奥科和斯特德，要他们解决缺少在线租赁计划这个问题。

尽管被描绘为技术低能儿，但在实现哈斯廷斯所设想的通过宽带光纤向美国家庭传输电影的乌托邦式租赁愿景方面，2001年时的百视达实际上让网飞望尘莫及。

一年前，他们拒绝了哈斯廷斯关于收购网飞的提议，当时斯特德和安蒂奥科已经在计划完全以邮件方式绕过DVD并直奔主题——将电影从中央服务器直接传输到电视机上。此外，他们从传媒行业分析机构Kagan Research的报告中得知，在线租赁领域最多可以容纳360万用户。鉴于百视达现有6 500万美国账户持有人（和1亿全球承租人），斯特德和安蒂奥科认为在线市场不值得考虑。

高德纳咨询公司（Gartner）分析师P. J. 麦克尼利（P. J. McNealy）在2001年的一次采访中表达了一种普遍看法，他将网飞描述为一家不错的小企业,但"是否每个人都愿意支付这种额外费用还有待观察。我不知道人们会不会掏多达 240 美元的年费"。

麦克尼利为网飞设定了 100 万用户(相当于 1% 的美国家庭)的合理上限。"这是一个目标,不过他们还没有达到。"他说。

安蒂奥科曾于 2000 年和网络供应商安然宽带服务公司(休斯敦能源企业集团安然公司的子公司)达成了一项价值 5 000 万美元的协议,旨在通过被称为 DSL(数字用户线路)的高速数据线,将百视达电影传输到用户家庭。这个为期 20 年的 VOD(独家视频点播)协议拟于当年年底前启动,但百视达已经获得数字版权的库存影片只有 500 部。

高速数据拟通过 DSL 传输到电视和个人电脑上,安然宽带凭借与 Verizon 无线公司、奎斯特(Qwest Communications International)、科瓦德(Covad Communications)、泰勒斯(TELUS)和 ReFLEX 的关系,可以使用这些数字用户线路。这类电影的定价和有线独家视频点播服务相同。但还不到一年(刚刚完成 3 个月的试运营),这些公司就终止了合作,安然宽带还抱怨影片的质量和库存量,声称它想致力于提供独立服务。

事实证明,安然宽带并不具备基础设施,安蒂奥科和百视达躲过了一劫。

针对母公司安然财务劣迹的联邦调查即将导致其崩溃,调查内容包括大陪审团在当年晚些时候传唤安然宽带总裁,并判决其董事长肯·莱（Ken Lay）和另外两名高管入狱。

接下来，安蒂奥科和 RadioShack 达成了机顶盒销售协议，以便将百视达的数字内容传输给电视。但是市场测试显示，这两家零售连锁企业服务的用户截然不同，于是在几个月后，他们友好地终止了独家视频点播项目。

2001 年夏季，安蒂奥科注意到，一个位于加州的联邦法庭以侵犯音乐家和唱片公司的版权为由，关闭了端对端音乐共享网站 Napster，这令数字化内容的命运更加扑朔迷离。

消费者对侵权诉讼和美国第九巡回上诉法院后续裁决的反应，在整个好莱坞激起了恐惧的涟漪。这些诉讼促使数千万怒不可遏的消费者涌入视频共享网站，调换盗版文件以示抗议。对于那些试图牢牢把持数字版权的公司而言，这是第一次公开化的公众抗争。

制片厂意识到，高速互联网连接和随时随地使用数字内容的消费者需求将导致电影盗版行为登峰造极，除非出现某种合法的替代选项，于是他们开始认真寻找备选方案。第一次尝试是由迪士尼之外的各大制片厂共同发起的一项名为 MovieFly 的下载服务，这项服务面临着重大的技术障碍，其中最微不足道的一个障碍是，下载一部电影要花费 40 分钟。

"Napster 现象"使制片厂更乐意授予在线配送权，而安蒂奥科也获得了一些电影库的影片下载权，包括维旺迪（Vivendi Universal）的环球影业（Universal Pictures）、米高梅（Metro-

Goldwyn-Mayer）、亚提森娱乐（Artisan Entertainment）、三角电影公司（Trimark Pictures）和狮门公司（Lionsgate）的影库。

安蒂奥科预计百视达的数字化野心必须坐等技术发展，所以他最终转变了方向，很不情愿地将浩瀚的VHS库存转变为DVD格式。2001年年底，这家连锁公司投入了4.5亿美元，旨在淘汰1/4的库存录像带并开始储存DVD。据他计算，尽管5 200家公司自营门店库存的转换成本很高，但新格式的低廉成本和更高的耐用性将在短期内使百视达的利润率提高3%。不过，从长远来看，DVD对百视达门店意味着麻烦，他必须找到一个解决方法。

裁员40%

创纪录的DVD采用速度席卷网飞，让它在签约用户方面没有遇到任何麻烦。不过，根据哈斯廷斯在2001年第三季度的估计，网飞的烧钱速度太快，以至于难以实现他在2001年首募时提出的目标。这家公司眼看就要在当年遭受近4 000万美元的净亏损，他必须大幅度削减成本。

哈斯廷斯并不认为在高端办公室或其他奢侈品上花钱（这种想法仅仅在一年前就让诸多网络公司陷入了困境）就能提升网飞的形象。大学路新总部是一栋潮湿、低矮的建筑，天井雾气蒸腾，只是不那么寒酸而已。其布局特点是员工办公处等分为隔间，以促进数据、想法的共享和开放。电影海报和狭窄的大堂里的老式爆米花机是唯一的装饰。几乎每个人都有一把装了子弹的NERF（美国玩具品牌）玩具枪，随时准备击退竞争部门发动的空中攻击。

在麦卡锡看来，网飞启动首募的问题并不在于现金。他们有充足的业务运营资金，而且每个重要成功标志的趋向都对公司有利，如用户增长率和DVD采用率。不过，外在表现对于金融界很重要：具体而言，网飞可以削减开支，节省现金，变得足够灵活和精干，从而能在首募导致在线租赁业竞争激烈时，可以即刻击败百视达和沃尔玛之类的大公司。

还有一个不利因素，那就是对于一家基于订阅的在线娱乐租赁公司来说，并不存在任何成熟的财务模式，因为此前没人这么做过。麦卡锡认为，如果想上市的话，他们就必须削减员工人数。

哈斯廷斯决定亲自裁员。做出决定是很痛苦的，而他给每个离职员工都写了一封私人信件，对其的贡献表示感谢。

每个星期五早上，他都召集员工在网飞办公室外面闹哄哄地开会，为新工程技术项目所取得的进展狂欢、剖析失误并极力赞扬新的伙伴关系。他们聚在砖石铺就的狭小天井里，那里有野餐桌，旁边及膝高的矮墙则被员工当作凳子。公司每月租用一次洛斯加托斯电影院，并从隔壁"第二家圆桌"比萨店买来比萨。这些聚会的开头部分往往是新员工"入伙",其中很多人都是腼腆的移民软件工程师。麦科德会选择一部电影,然后要求他们穿上她保存在办公室大衣柜里的服装,扮成影片中的角色。

会议通常有两个中心议题——麦卡锡就公司财务状况做报告,迈尔回顾营销举措和客户数据。2001年9月的一个星期五早上,哈斯廷斯发了一封电子邮件,要求员工立即到天井集合。这封邮件让裁员传言在员工中不胫而走,他们静静地在外面列队等候,窃窃私语。哈斯廷斯尝试他在每个星期五都表现出的那种振奋语气,全然不顾他要传达的内容。

哈斯廷斯告诉员工们,他们的使命是建立世界上最伟大的娱乐服务公司,帮助用户看到他们喜爱的电影并打败竞争对手,网飞需要削减成本才能做到这一点,才能上市。

"这就是今天的局面。你们中的很多人就要失去工作,我对此深表遗憾,"哈斯廷斯说,"不过我感谢你们在此付出的年华和奉献。留下的员工将继续前进,和你们在精神上并肩战斗。"

所有人都回到了自己的小隔间,等待他或她的经理来拍自己的肩头。这一天结束时,网飞的员工已被解雇了40%。哈斯廷斯领着大量新失业者共进午餐。

伦道夫和迈尔留了下来,但他们惊恐万状,无心工作。伦道夫直挺挺地躺在小隔间对面的米色真皮沙发上,一遍又一遍地抛起了排球。一个刚被解雇的营销员工走来说:"嗨!我只想进来对你们表示感谢,再检查一下东西。你们这两个家伙还好吧？现在什么感觉？"

到了下午，还有几个人也顺便过来看望，并表达了同样的内容："一直做得很棒。现在要继续前进，继续奋斗。"

裁员及其后果波及了最后一批创始团队成员。维塔·德鲁特曼厌倦了多年来对履约及发货系统的持续设计和改造，她对网飞似乎正在失去它的神奇魔力感到失望，所以，当哈斯廷斯拍她的肩头时，她有一种近乎解脱的感觉。

上市

鉴于各项开支已经削减至最低水平，而假日 DVD 销售也有望将网飞的用户群扩大至 50 万人的承诺数量，哈斯廷斯和麦卡锡决定再次尝试首募：在 2002 年筹集至少 8 000 万美元。

麦卡锡这次有一个额外的数据点来吸引投资人。网飞将在 2003 年用户数达到 100 万时最终具备盈利能力。当麦卡锡和哈斯廷斯上路推销倚重于 DVD 邮件租赁的精准商业计划时，投资人仍然对 2001 年 9 月 11 日发生在纽约和华盛顿特区的恐怖袭击心有余悸。或许因为网飞是在恐怖袭击之后的破产潮和股市崩盘中幸存的少数几家网络公司之一，到了第二年初春，他们不费吹灰之力就获得了被游说的投资人的付款保证。

2002 年 5 月 23 日发起首募的前一两天，伦道夫和 9 岁的儿子洛根陪同哈斯廷斯、麦卡锡和网飞董事会成员杰伊·霍格搭乘私人班机前往纽约。首募日一大早，他们全体站在交易大厅，等待新代码 NFLX 出现在交易显示器和纳斯达克交易所的巨大股票行情显示屏上。

由于报盘不均衡，当天的开盘被推迟。麦卡锡看着首席交易员站在大厅中央——突然之间，股票就上市了，每股是 15 美元。这个价格保持了一会儿并有小幅攀升。

此次发行筹得 8 250 万美元。4 年前，伦道夫曾在 4 月的某一天兴奋地看到流量（仅仅生成了 150 个订单）导致其网站崩溃，自那时起，网飞走过了一段漫漫长路。

当天晚上，伦道夫乘出租车去参加牛排庆功宴时，将目光投向了车窗外的另一个世界。他有一种奇怪的感觉，仿佛超脱了在街道上赶路的芸芸众生的一切俗念。他的一夜暴富——至少是在纸面上——超越了自己此前的想象。他想，这就是梦想成真吧。

最后的合作

洛和伦道夫在网飞的最后一轮合作，是说服史密斯食杂连锁店拉斯韦加斯分店测试一个被称为 Netflix Express 的售卖机。两人一直在时断时续地考虑如何以网飞的实际存在来对抗立竿见影的百视达门店订阅方案。他们在办公室试用了不同类型的售卖机，然后决定现场测试，而不投资他们最喜欢但很昂贵的触摸屏售卖机。为了取代机器，洛提出了一个单人操作的"店中店"概念，可以现场提供大约2 000部DVD电影。伦道夫的售卖机有一个用玻璃纤维制成的流线冲浪板形Netflix Express标志。为了在萨摩林郊区的一家史密斯连锁店安装售卖机，他和洛在拉斯韦加斯的一套公寓里住了一个月。

在短暂的测试过程中，此地的租赁数量超过了预期，看来人们喜欢这种售卖机。不过，当洛兴高采烈地报告他的发现时，哈斯廷斯和麦卡锡却向他泼了冷水。这种售卖机将弥补网飞便利主张的某种不足，但它们面对的是新发行影片，其库存成本实在太高。麦卡锡认为，一旦未来业务模式确实是数字化发行，那么其软件和技术开发需要代价高昂的内容交易和现金支付。在这种情况下，网飞将无力投资另一个DVD配送渠道。

那年夏天，麦当劳的一位战略主管找到洛，询问网飞是否愿意和快餐连锁店合作，在麦当劳餐厅测试DVD售卖机。洛喜欢这个主意，他建议网飞参与，但哈斯廷斯表示反对，说他绝对不希望网飞和麦当劳合作。

天性自由奔放的洛强烈感受到，他梦想20年之久的售卖机交易时代终于到来了——他的Netflix Express试验证明了这一点。2003年1月离开网飞时，他把那位麦当劳主管叫来看售卖机项目的进展情况。然后，他又飞往马里兰州的贝塞斯达市去见该项目的战略主管格雷格·卡普兰（Gregg Kaplan）。两人一拍即合，卡普兰聘请洛担任售卖机项目顾问，该项目后来更名为 Redbox。

伦道夫的离开

伦道夫在网飞的差不多最后一年一直处于犹豫期，搞不清自己将何去何从。他已经在首募前辞去了董事职务，部分原因是避免投资人将其变现部分股权的愿望视为对这家新上市公司投出了不信任票。伦道夫努力寻找自己在网飞的位置，他专注于产品开发，并一头扎进洛的售卖机项目及工程师着手开发的视频流应用技术。

不过，在公司投入 7 年的大量时间和精力之后，伦道夫需要的是休息。网飞改变了他的处境，他手下那个试图变革世界的梦想家群体也变成了哈斯廷斯的超竞争力团队，充斥着技能咄咄逼人的工程师和右脑型营销人员。他已经显得格格不入了。

就在伦道夫和洛前往拉斯韦加斯测试售卖机概念之前不久，哈斯廷斯将伦道夫的产品开发职责分配给了首席技术官尼尔·亨特（Neil Hunt）。

"如果这次测试失败呢？"伦道夫问，"那会怎样？"

"那你就得离开公司。"哈斯廷斯说。让伦道夫吃惊的是，他们甚至开始讨论他的遣散条件了。

告别宴会是伦道夫喜爱的烧烤赛诗（打油诗）会形式。其他人的诗作被全部宣读之后，网飞的共同创始人凭借韵律优美的长诗一举扭转了自己的烧烤败绩：

> 几乎想不出，
> 期待的是祝福，得到的是挖苦。
> 好吧，哪一个都算数……

伦道夫就这么开始了。这首打油诗继续善意地提及他的同事们。最后，他转向了哈斯廷斯。

> 里德这家伙，真是所向披靡，
> 不管对我们还是在华尔街演戏。
> 但说起那部逾期的电影
> 《阿波罗13号》？鬼才信！
> 偷偷告诉你，电影是限制级。

不止一个人为这个离别场景唏嘘不已，他们不知道伦道夫和洛的离开是否会撕裂公司的精神和灵魂。

05
《这个杀手不太冷》
The Professional
(2003—2004)

百视达的在线项目计划

所有人都看清了当时的财务状况：一个成熟行业三位数的可靠增长率、个位数的收入增长率是常态；忠实的订阅用户；不断增加的市场份额。

2003 年 3 月，当网飞宣布它达到百万订阅用户时，约翰·安蒂奥科意识到自己犯了一个试图绕过在线 DVD 租赁的错误，尽管百视达自身的研究仍然表明此项服务对消费者的吸引力有限，华尔街也仍然讥讽网飞是一个"小众玩家"。

不过，鉴于预计召开的另一轮投资人会议有望讨论维亚康姆拆分百视达事宜，而且维亚康姆首席运营官梅尔·卡尔马津（Mel Karmazin）拒绝了拆分前的所有资本密集型项目申请，安蒂奥科一直在推迟就永久关闭网飞的最佳方式做出决定。

他们确信可以找到出路，而且坚持认为哈斯廷斯的 5 000 万美元报价未免可笑。2002 年，斯特德找到亚利桑那州一个在线 DVD 租赁父子店并以 100 万美元收购了它。这家公司名叫 DVD

租赁中心，有大约1万名订阅用户。

斯特德将DVD租赁中心的相关信息提供给了负责业务发展的副总裁萨姆·布卢姆（Sam Bloom），布卢姆的职责是寻找那些能通过技术开发扩大百视达数字化版图的初创公司。

布卢姆和斯特德的妻子在一个慈善机构理事会共事，并通过她见过这位脾气暴躁的百视达总顾问。斯特德此前在苹果当了8年总顾问，但直到离开苹果，他都不太了解当时还处于起步阶段的在线技术。

布卢姆经常和隔壁办公室的战略副总裁沙恩·埃万杰利斯特开玩笑，说斯特德从未真正理解谷歌的工作模式。尽管如此，斯特德的学识还是足以让他意识到百视达必须要推出某种在线战略。

布卢姆对数字化视频和视频点播新技术抱有浓厚兴趣，他翻阅了DVD租赁中心的数据包并检验了这家小公司的网站，然后心情就越来越沮丧。这个网站在有效运行，但其微软代码的容量绝对无法容忍超过数千人同时在线。

"我们刚刚买下这家公司，你负责运营它。"斯特德告诉他，"告诉我，你还需要什么才能打败网飞。"

"埃德，这绝对无法打败网飞，"布卢姆吃惊地说，"你需要把它当作试验，从而了解这项业务，包括周转时间、用户行为和获得用户的成本。这应该是它的终极目标。"布卢姆和埃万杰利斯特提取了该公司（他们将其更名为Film Caddy）的数据，并将其与店面数据结合，进而观察这两种租赁形式的用户变动情况。

Film Caddy 测试显现出的一则关键信息是，喜欢在线租赁的用户们同样喜欢在店面租影碟。这些电影爱好者上网寻找老影片，也会心血来潮地到门店租特定影片看。布卢姆后来反思说，Film Caddy 测试未能揭示在线租赁与线下租赁的细微差别，而这种差别本来有助于百视达评价网飞的真实水平。

首先，为期大约一年的测试运行时间过短，不足以了解这样一个事实：很大比例的订阅用户的网上预约是反复进行的，即退出服务并在晚些时候重新登录。百视达把这些视为取消订阅，从而错误估计了分摊到每个订阅用户头上的平均收入，使得在线业务看起来没那么有利可图。其次，布卢姆和同事们忽略了有价值的口头推荐会在互联网上大行其道这一趋势，而消费者不厌其烦地口口相传也会推动网飞的发展。

安蒂奥科直到 2003 年还坚持认为在线 DVD 租赁市场的规模有限。他的直觉及其团队开发的每个数据点都表明，网飞不会成为百视达市场份额面临的一个严峻或长期的挑战。

百视达高管团队无法参透用户眼中的网飞：促成网飞大部分业务的老电影在百视达门店里一成不变；租片人必须花几天时间才能租到电影；而且关于这家大型连锁机构的研究表明，它的大部分用户根本没兴趣上线租看电影。

2002 年年中，布卢姆惊悉一名网飞投资人在电话会议中强调这家在线 DVD 租赁公司要在旧金山湾区扩大影响。布卢姆知道，百视达在同一区域的门店客流量正处于衰退期。哈斯廷斯当天共享的渗透图让布卢姆明显看出，无论网飞是否提供隔夜交付服务，它的市场渗透率都会迅速增长。斯特德一直要求勉为其难的布卢姆提供一份关于 Film Caddy 的报告，布卢姆断定是时候和网飞一决雌雄了。

对于百视达在对抗网飞优势网站和客户服务的白刃战中取胜，布卢姆表示怀疑，这个代价过于高昂，远远超出了公司的承受能力。"长期以来，百视达的技术一直不成熟，人们认为它并不是一个网络品牌。"他告诉埃万杰利斯特。而且，维亚康姆对现金支出实施严格控制，致使安蒂奥科在店面投资方面遇到了麻烦。

他们选定了一个混合型的门店及在线租赁方案，其成本会远远低于建立他们自己的"网飞"。他们将在现有的 Movie Pass 门店订阅方案基础上增加一个网站，其用户可以通过网站从百视达的浩瀚库存中订购电影。网站将从店内库存中分配 DVD 存货给用户，由店员每天发送订单货物。通过允许 Movie Pass 订阅用户调换他们在本地门店上网租赁的影片，百视达可以增加落后的店面客流量，并争取赢得网飞的用户。布卢姆想，它会战无不胜的。

布卢姆召集了一次会议，要与斯特德和安蒂奥科讨论 Film Caddy 的命运。当他在约定时间出现时，他们正要出门。

"我们午餐时讨论这个问题吧，"斯特德说，"到下面的停车场等我们。"

安蒂奥科把他的保时捷敞篷车开过来，让 6 英尺 2 英寸的布卢姆硬塞进狭小的后座，布卢姆把希望两人看一眼的报告紧紧捂在胸口，以防被风吹走。

安蒂奥科开车从复兴大厦出发，到了一家 Bass Pro 户外用品店，他和斯特德在那里为他们的郊区牧场仔细挑选喂鹿器、牛食槽和其他用品，布卢姆试图让他们注意自己的提议，不过那是白费力气。

失望之余，布卢姆把想法转告了埃万杰利斯特，要他进行尝试。他想，如果有人能在百视达开展一项在线服务，那就非埃万杰利斯特莫属。

埃万杰利斯特时年 28 岁，是一颗冉冉升起的百视达明星，他的勇气和超乎常人的经济头脑很快吸引了安蒂奥科。安蒂奥科对年轻人不加掩饰的喜爱和纵容，让公司高管不无嫉妒之情。

作为一位大学生组织前主席和体操冠军，埃万杰利斯特展现了一个有抱负、有教养的年轻人内心对成功的渴望。他的父母都在纽约州北部担任健身教练。尽管他体形瘦长，但他还是在这个颇具竞争力的家庭中成长为一名天才运动员。

埃万杰利斯特在担任 IBM 顾问时曾和百视达的副总裁们有过接触，当齐纳表示有意雇用他时，他提议自己担任副总裁一职，因为他明白这个职务能给予他在这个大公司做事的必要权限。此外,他无疑和他的老同行们一样足智多谋。

埃万杰利斯特在 IBM 开始了他的客户代表职业生涯,那里的一个导师告诫他要控制自我,不要不懂装懂。不过,自负让他在猝然投身在线商务——一个他几乎一无所知的领域——时得心应手,他总是欣然面对调整过程中的每一次灾难,并从中学习经验。

埃万杰利斯特看到了在线租赁服务的必要性,也发现了此项服务对于确保百视达市场份额的重要性。他针对网飞用户开展的市场测试表明,此项服务更能增强用户忠诚度,其指标水平令他惊恐不已。

但测试同时表明,Film Caddy 用户每月在百视达门店还有 3 次租看行为。在埃万杰利斯特看来,他无疑可以提供某种超越网飞的更好的服务。

他在百视达内部成立了旨在为一体化订阅方案奠定基础的跨职能部门团队,该方案将全美划分为若干网络履约区,每个履约区都有自己的配送中心。

2003 年,他在六七个月的时间里督促百视达的各个业务部门,包括门店运营、市场营销、销售规划、产品和特许经销权部,提出参与在线计划的各种规范。这个项目遭遇了官僚主义的重重阻碍。每个部门都希望在其中加入自己的想法,或是提出一些过分的条件。

部分问题集中在安蒂奥科要求同时对其他几个全国性的举

措进行门店测试。随着首席执行官期待的零售、游戏和交易程序测试逼近最后上市期限，百视达各部门的人手开始吃紧。

〉

2003年年底的一次凤凰城规划会议上，公司分为两个派系。首席内容官尼克·谢泼德（Nick Shepherd）为首的一派负责门店供应并处理和制片厂、供应商的关系，他们逼迫安蒂奥科在在线/门店一体化订阅服务和门店经营之间做出选择。谢泼德认为，百视达品牌无疑有些黯然失色，不过这家公司仍在全球近9 000家门店里拥有巨大权益，他们需要搞清楚如何重整旗鼓，而不是徒唤奈何。埃万杰利斯特为首的另一派则认为，所有门店方案的初步效果都不好，这要求公司把重点放在一体化订阅计划上。

齐纳证实，他们有足够的现金可供审议中的各项提议支配，但安蒂奥科必须筛选出少量方案，以便高管团队和门店经理进行有效测试。这取决于安蒂奥科的决定。此时安蒂奥科面临他所信赖的那些身经百战的门店经营商的反抗，他只能向埃万杰利斯特求助。

"沙恩，你需要多少钱？"他问。

"我需要2 500万美元。"埃万杰利斯特说。

"好吧——你的钱到手了。现在走吧，不要去烦门店经营商，"安蒂奥科说，"你可以带上3个人。"

埃万杰利斯特从企业战略小组挖来两名分析师，又挖来一名技术专家帮他拟订计划。他引进了埃森哲技术咨询公司的几名程序员，在第一个月就制定了业务规范。原计划是针对一项店内/在线混合服务收取月租费，但他不得不复制网飞的独立在线租赁模式，还增加了免费门店租赁优惠券作为奖励。

他计划在6个月内建成并启动网站（即克隆网飞的百视达在线），并至少在10个配送中心推出。一旦将其启动并平稳运行，他们就能搞清楚如何实现网站和门店的一体化。

在达拉斯市充满波希米亚风格的西区（West End），埃万杰利斯特找到了一处办公场所，位于帕拉蒙特大厦附近的一栋红砖旧建筑。从新办公室步行就可以到达百视达复兴大厦总部，但远离高端消费区。帕拉蒙特大厦的大堂毗邻一个三明治店，午饭时，食物的气味往往飘进所有楼层共用的天井里。大约一个街区之外的火车站周围聚集了一些形形色色的怪人，他们不分昼夜地坐在绿树掩映的长椅上。

帕拉蒙特大厦周边有一些达拉斯最时尚的餐厅和酒吧，百视达在线的年轻员工在每天16~20小时的工作之后，经常到那里缓解压力。

本·库珀（Ben Cooper）是埃万杰利斯特最早聘用的人之一，这位28岁的互联网营销专家曾为杰西潘尼（JCPenney.com）效力，还帮助布卢姆向杰西潘尼的DVD播放机客户推荐Film

Caddy。库珀又高又瘦，一头褐色卷发，说话带有路易斯安那口音。在2003年9月的求职面试中，他凭着为埃万杰利斯特撰写的推出计划而成为百视达在线市场获得及业务开发总监。

库珀和埃万杰利斯特一起完成了该计划，然后他开始向百视达公司办公室的一位营销经理报告。他到公司后的第一次午餐时，新上司向他保证，万一在线服务失败，他能在公司总部轻易谋得新职位。

"我们有看好此类项目的传统，而它们似乎都不成功。"他的主管说。

"我不是来为百视达做营销的。我来这里是为了推出一项业务，从而和网飞竞争并引发行业革命，如果不是这样，我就不会来这里。"他对主管说。

库珀的父亲曾在路易斯安那州的拉斐特市拥有一家小规模的视频租赁连锁店，库珀自己就是在这些门店的柜台后长大的——为客户服务，听取他们的意见，发现门店的需求模式，形成有关业务开展和盈利的直觉。他在位于一所高中的百视达店工作，此时正处于前互联网时代，店员大多是电影狂人，他们将门店收到的VHS预售版影片看作打工的主要奖赏。

库珀和埃万杰利斯特、安蒂奥科不同，他对要建立的百视达在线用户界面的支撑技术很满意。他并不惧怕网飞在开发时间和订阅用户方面的优势，但他意识到，在为建立此项服务分配的时间和预算范围内，很难复制出网飞的推荐引擎及其对细节的关注。

安蒂奥科下令在百视达门店之外另行开发百视达在线，这意味着这些门店的用户邮寄名单完全不对在线营销部门开放，而且任何在线行为都不得与门店争利。例如，百视达在线不能像网飞那样，在广告中提及其服务绝对不收滞纳金，因为这样的对比会给百视达门店造成负面影响。埃万杰利斯特和库珀不得不和制片厂另行建立关系，并谈判自己的库存购买条件。当百视达加盟商意识到公司总部的息事宁人做法扼杀不了在线业务时，他们威胁要提起诉讼，以阻止噩梦成真。

在库珀看来，门店经营方希望在线服务尽快失败，从而让安蒂奥科的工作重心从"最新时尚"退回到他的核心业务上。他们的短视是可以理解的：公司员工可以在达拉斯都会区的任何一家百视达门店免费租片，他们没有理由考虑在其他地方开展租赁业务。

2003年年底，库珀和埃万杰利斯特搬到了帕拉蒙特大厦，一同搬来的还有另外4位年轻的高管，他们暂时是留有用户、营销、网站和IT部门的光杆司令。整个创始团队首先面试了每个求职者，希望挑选出他们打败网飞所需的那种意志坚定、有竞争力的员工。

库珀和埃万杰利斯特的副手、百视达前业务开发主管J. W.克拉夫特（J. W. Craft）共用一间形状奇特的大办公室，里面摆放着几把变形椅、一个NERF球门、一个被他们别上哈斯廷斯照片的飞镖盘。这间办公室成了埃万杰利斯特思考当天各种问题的避风港。

27岁的克拉夫特出生于俄克拉何马州，毕业于耶鲁大学，他曾在凤凰城会议上用事实和统计数据支持他的老板埃万杰利斯特，帮助他挽救了在线项目。他们警告说，如果百视达拒不投资在线租赁的话，5年之内就将一无所有。在百视达在线，克拉夫特负责财务、配送及内容获取；埃万杰利斯特曾经对他委以重任，要求他为推出日备妥至少2.5万部电影，以便他们可以宣称百视达在线的影片数量超过网飞。

克拉夫特先是利用邮局的数据为10个配送中心选定了位置，并利用了他在帕拉蒙特大厦建立的迷你配送中心测试设备、布局和流程。和网飞的缓慢自然增长相反，百视达在线计划把自己的触角迅速伸到在线租赁行业。

接着，克拉夫特转而寻找足够多的电影来满足埃万杰利斯特的要求，他往往会花费数小时扫视DVD批发商们长长的库存清单。他订购了全部DVD格式影片，以及木柴生火和水族馆游鱼那样的奇异光盘写真，不过库存仍然不足。于是他雇了几个人，全天坐在电视监控器前浏览未评级的独立电影宝库，筛选掉那些违背百视达家庭友好政策的性爱和裸露影片。

埃万杰利斯特希望与MSN（微软公司旗下的门户网站）、美国在线和雅虎那样的知名网络公司达成一系列交叉推广协议，以便从推出日起推动服务流量。

就在埃森哲的工程师编写出大量代码之前,埃万杰利斯特、库珀和布卢姆与雅虎和亚马逊协商了在线租赁合作伙伴关系,设想由百视达提供 DVD 库存、履约和订阅管理操作,作为交换,百视达可以利用雅虎或亚马逊的成熟网站作为其业务门户。埃万杰利斯特认为,与知名互联网公司达成伙伴关系,有助于消费者认可百视达在线是一个很酷的新品牌,它不同于其传统母公司,而相当于热辣的网飞。但百视达的律师团队成为一大障碍,斯特德退出了他认为条件过于苛刻的磋商,这似乎破坏了百视达和雅虎的谈判。与其他潜在互联网合作伙伴的协议也面临着百视达律师团队类似的阻碍,在线营销团队觉得律师团队在合同中提出的要求极其不妥。

为了与拥有在线电影信息和票房承办商 Moviefone 的美国在线达成交叉推广协议,来自这两家公司的团队花了一周时间,分别在帕拉蒙特大厦的两个楼层来回发送合同,以便躲开斯特德和美国在线的法务部。不过,大多数互联网公司都对百视达在线心存警惕,因为它的母公司在技术方面有不良业绩记录,很难和它达成协议。

亚马逊创始人杰夫·贝佐斯显然希望提供某种在线 DVD 租赁服务,以此作为通向数字传输的桥梁,但实际上他的条件让百视达在线不胜其烦。由于与网上零售商共享订阅用户的租赁历史数据,百视达在线已经面临一条艰难的盈利途径,同时也担心自己违反《联邦视频隐私保护法案》。

埃万杰利斯特听说贝佐斯同时在和网飞谈判。他热切希望亚马逊收购网飞，并迫使租赁业务让位于蒸蒸日上、有利可图的在线零售商 DVD 销售业务。

>

随着库珀对营销计划的不断钻研，网站和配送系统也很快初步成型。担任业务经理的埃森哲顾问里克·埃利斯（Rick Ellis）接手了克拉夫特在配送系统方面的初步工作，将它转化为一个人员齐备的仓库网络。埃利斯曾在国际货运公司 DHL 从事实务工作，他主持了一次为期 3 天的巡视，在邮政处理设施附近挑选可以进行非自动化操作并容纳 8~10 名工人的仓库。在确知业务可行之前，他们将用这种方式履行订单。

他发现，鉴于网飞首创并完善了邮件租赁业务，他们和美国邮政署的交涉面临着出乎意料的挑战。邮政官员们没有透露被视为机密的网飞程序，而是坚决要求百视达自行设计。

在被埃利斯喻为"快节奏借阅图书馆"的帕拉蒙特大厦迷你配送中心，他测试了一个履约系统，然后决定在 10 个地点乃至每部影片的货架位置上应用相同布局。随着推出日临近，他使用虚拟数据和真实 DVD 训练各个站点团队，以便实现埃万杰利斯特的产能目标。埃利斯于 2003 年 12 月启动项目，到了最后期限 2004 年 7 月 4 日，10 个配送中心都已顺利运行，大有斩获绩效奖金之势。

尽管埃利斯对网飞的仓库运作方式感到好奇，但他从未想过刺探竞争对手，也从未要求员工那么做。相反，埃万杰利斯特却没有这么讲原则。他和库珀在多个城市招募消费者，让他们成为网飞订阅用户，然后通过营销部门发送的定期问卷剖析对手的服务。

在新的消费者博客 HackingNetflix.com 上，百视达在线团队找出了网飞的大部分配送中心，他们还研究了在优兔（YouTube）发现的网飞仓库视频，以便搞清楚这个复杂系统的运作方式。他们鼓励朋友和家庭成员冒充困惑的订阅用户，要求派发 DVD 并四下参观。

网飞的仓库人员最初毫无防备，他们很乐意提供不拘一格的参观机会，还允许用户们拍照。不过，当大量"订阅用户"现身配送中心的消息传出之后，汤姆·狄龙叫停了参观活动，并取下了那些标明该仓库设施是网飞的设施的标记。他还饶有兴致地在圣何塞仓库的定制分拣机上喷涂了一个虚拟标志"狄龙 M&J 自动化机器，南卡罗来纳州"，以掩饰它们的来源。其中的"M&J"代表穆塔和杰夫，是狄龙给来自 NPI（出售给网飞机器的达拉斯公司）的两位销售员取的昵称。

在未来几年，鉴于这些机构代表着百视达在线及其母公司必须捍卫的新的增长点，埃万杰利斯特和他的团队将密切关注网飞配送网络的扩展方向和速度。

萧条时代的宠儿

对于麦卡锡和哈斯廷斯来说，百视达打算推出其在线服务已经不是什么秘密。事实上，由于哈斯廷斯的朋友和一位大嘴顾问的巧遇，他们自认为已经明晰了百视达的未来服务模式。2003年10月，哈斯廷斯的朋友在飞机上注意到身后的百视达顾问和邻座的对话，并传达给哈斯廷斯。这位顾问披露了项目预算及其所用人力、推出日期，以及事实上订阅用户将能在任何一家百视达门店归还影片。

这位顾问描述了一个门店／在线一体化DVD租赁计划，一旦该计划像他描述的那样得到实施，百视达在线将有机会利用百视达门店的2 000万名活跃用户，从而对网飞构成致命威胁。在门店租影片与在线租赁选项相结合所提供的便利是网飞无法匹敌的。不过，哈斯廷斯确信百视达无法掌握将二者合而为一的复杂技术，以至于他特意取消了此项服务。

"就其在线成果而言，我们预计百视达网站相对于我们的优势，应该和巴诺书店之于亚马逊差不多。"哈斯廷斯2004年年初告诉投资人说，"不过，在确知这件事情之前，我们打算继续密切关注它。"

在网络公司破产导致持续3年之久的晦暗表现之后，互联网股于2004年年初重新受到青睐，网飞突然之间成为后萧条时代的宠儿。它的股票价格上涨将近400%，每年的平均收入增长率稳定在100%以上，开始引起人们的注意。

尽管自推出订阅计划以来没有遭遇实质性竞争，但网飞仍然不断致力于消除订阅业务缺陷，并在所有领域取得了进展：用户满意度提高；取消率降低；这项服务最终引起了普通美国人的关注，他们以每天将近3 000人次的速度注册。哈斯廷斯告诉投资人，潜在的在线租赁市场很大，或许有多达2 000万的订阅用户，其依据是他们在自己的第一市场即旧金山湾区观察到的渗透情况，那里5%以上的居民都是他们的会员。

哈斯廷斯和麦卡锡在2004年年初夸口说，网飞的收入将在2006年增长1倍以上，让他们预期的10亿美元目标提前1年实现。他们宣布了计划——要向国际扩张（扩张到英国和加拿大），并在2005年向消费者提供一项电影下载服务。

2004年年初，基尔戈在其营销计划中第一次纳入了电视广告，从而使用户注册率陡然上升。网飞于一个月后宣布，计划中的季度亏损将是预期的3倍，因为免费服务一个月的促销宣传结果比预期还要成功，试用者超出了预计人数。

网飞的股票价格从2002年的每股5美元低点飙升到每股75美元以上，投资者还在2004年2月享受了一次2∶1分割。鉴于公司终于步入了坦途，麦卡锡宣布他将在年底离开网飞，去开创自己的公司。哈斯廷斯没有任何隐退计划，而时年50岁的麦卡锡则无意无限期地扮演副手角色。

麦卡锡希望在离开之前为公司奠定一个坚实的现金基础，所以他支持提高网飞的主要计划即 three-out 计划的定价，并将收益用于增加库存和升级网站。他认为，由此带来的用户满意度提升和取消率降低，能和订阅用户因价格上涨而放弃服务相抵消。

网飞一旦推出该计划，百视达在线一定会跟进，并在其计划定价中充分利用利润率上涨因素，而它获得订阅用户的成本更高。

"成本结构较高的业务怎么会引发价格战？"麦卡锡分析道，那将毫无意义。

4 月，网飞将 three-out 计划的价格从 19.99 美元提高到 21.99 美元。

对于埃万杰利斯特来说，此举似乎是哈斯廷斯亲自奉上的礼物。事实上，他已经打算让百视达在线订阅计划的价格向网飞看齐，另外再提供两张免费店内租赁优惠券。

埃万杰利斯特因为竞争对手的失误而心花怒放：百视达在线的市场研究表明，客户不愿支付每月超过 20 美元的在线租赁费用，因此他计划将月租保持在 20 美元以下。

2004 年 7 月 15 日，即网飞宣布第二季度财报的当天，百视达在线在还没完全就绪的情况下悄然推出了一个测试版本，这足以让埃万杰利斯特对哈斯廷斯和麦卡锡极尽奚落，因为他认为这二人一直有着莫名其妙的优越感，而且对他的新服务不屑一顾。

百视达在线团队给每名员工都分配了网站注册代码，并对招募测试者最多的员工给予奖励。库珀给朋友们发送的吹捧其"宝贝儿"降生的电子邮件像病毒一样传播开来,他最终赢得了比赛。

当天下午财报电话会议结束时,网飞的高管们已经发现了百视达在线的测试网站并开始登录。一个 URL[①] 跟踪程序显示,带有网飞域名的电子邮件,包括 rhastings@Netflix.com 和 bmccarthy@Netflix.com,在申请免费服务测试并多次登录百视达在线一探究竟。看到这个,库珀和埃万杰利斯特笑了。

---

① URL, Uniform Resource Locator 的简称,统一资源定位符。——编者注

06
《热情似火》
Some Like it Hot
（2004—2005）

针锋相对

麦卡锡坐在网飞会议室里，一脸怒气。他刚刚主持的财报会议已经结束，网飞团队也已在完成 β 测试之后的第一时间登录了百视达在线。

这个网站几乎是网飞网络的翻版。它全盘抄袭了用户界面、后端功能和队列。麦卡锡不得不对此表示钦佩，没有哪个网飞人曾把百视达在线视为威胁。不过，网飞不是要和自我膨胀、行动缓慢、技术无能的百视达竞争，它要和自己竞争，它的专有商业模式已经颠覆了自身。

哈斯廷斯指出，尽管百视达拷贝了网飞的网站外观，但他们无法领会其基础算法。没有成本持续优化、匹配算法和市场研究平台，百视达在线就是残缺不全的。

随着百视达在线 β 测试的消息传出，首当其冲的是网飞的股价下跌——再次下跌。正在享受短暂蜜月的网飞投资人的戒备心理是出了名的。2002 年年中，沃尔玛计划推出一项在线 DVD

租赁服务的消息令网飞股价跌至每股 5 美元。2002 年年底,沃尔玛网站推出,网飞的营销和分析人员开始有机会对其剖析,结果令他们不以为然。

在沃尔玛以低于网飞 1 美元的认购价格推出服务之前,网飞就曾预测,在线租赁业的任何新成员都难以复制自己作为先驱者提供的用户体验和功能。

沃尔玛网站的图形极小,缺少流量,还显得呆板,这表明它的创建者未能理解在线店铺不仅仅是动画目录这个概念,它必须激发用户的想象力和强烈渴望,从而弥补缺失的真实购物体验。市场显然得出了相同的结论,网飞的股票价格逐渐拉回并超出其首募价格,到 2004 年年初逼近每股 40 美元。

2003 年,时任网飞首席分析师的保罗·基里辛科(Paul Kirincich)得知百视达正在测试 Film Caddy,于是他进行了市场测试,试图了解该小型服务是否会对网飞的采用率构成威胁。测试甚至没有发现来自 Film Caddy 的一丝市场回音,看来 2003 年 4 月安蒂奥科关于百视达将在大约一年内推出特有服务的预言是杞人忧天了。

"每当竞争对手声称自己来年会有一项更好的服务,我都视之为软弱的表现,因为你是在向对手亮底牌,而你其实没有服务可以提供给消费者。"哈斯廷斯几天后说。

尽管有哈斯廷斯在虚张声势,但分析人士刚刚审视完百视达在线的 β 测试,市场就经历了一场信任危机。第二天,一轮卖出潮启动，网飞的股票价格从最高点陡降，跌至某些分析人士认为的"卖出"状态，并持续将近4年时间。这家公司在一周之内损失了将近60%的市场资本，其股票价格回归至每股15美元的首募水平。

在与投资人和分析人士的持续会面和通话中，麦卡锡和网飞的投资者关系总监德博拉·克劳福德（Deborah Crawford）解释说，百视达在线的年轻工商管理人才面对着一个包括麦卡锡、哈斯廷斯和基尔戈在内的老练团队，其新竞争者也将导致百视达门店的库存出现代价高昂的流失。这样的解释无济于事。大多数华尔街人认为他们是在否认事实，要不然就是愚蠢透顶。这很让人愤怒，但一个新威胁正在形成，它要求网飞的高管团队和董事会即刻关注。

>

就在百视达在线推出 β 测试前几天，哈斯廷斯、麦卡锡和其他网飞人获悉亚马逊终于采取了具体步骤，要推出它自己的 DVD 租赁服务。麦卡锡的消息来源是网飞比弗利山庄办事处负责联络娱乐业的对冲基金经理兼首席内容官特德·萨兰德斯（Ted Sarandos）。他了解到的情况是，制片厂正和这个电子零售巨人就电影租赁的库存采购事宜展开谈判。

这个消息震惊了哈斯廷斯和麦卡锡，与之相比，和百视达或任何其他实体零售商的竞争都远不足惧。亚马逊的网站每月已有3 800万有效访问量,其技术优势足以建立一项和网飞相匹敌的业务,其品牌力量也有可能占据绝对优势。

萨兰德斯说,他将设法证实这些几近神秘的报告,而眼下他们的决定是观望和等待。

"巨人已醒"

和网飞平淡无奇的推出不同,2004年8月20日,百视达在线的亮相成为一件盛事。库珀和克拉夫特在达拉斯的大剧院举办了一个电影主题派对,请来很多知名演员和客人们互动。

主席台的讲桌上安置了一个超大按钮,等着安蒂奥科和百视达总裁奈杰尔·特拉维斯(Nigel Travis)正式把网站推向互联网。门店工作人员中有大约180名百视达在线员工和埃森哲程序员。库珀身着牛仔裤和印有百视达在线主页截图的黑白T恤,他要确保程序顺利运行。

在整个β测试期间,安蒂奥科和齐纳就曾警告埃万杰利斯特不要推出网站,除非它的软件错误相当少,而且已经准备好向用户展示。埃万杰利斯特向他们保证一切都将准备就绪,他绝对不希望错过他对安蒂奥科承诺的启动日期。他并没有说出他的某些顾虑,即网站能否支持用户的大量涌入。

灯光暗淡下来,库珀做了节目流程提示。白色字幕出现在剧院大屏幕的黑色背景上,电子打击乐为视频提供了重音伴奏。

"'百视达在网络技术和营销方面的业绩记录还不够完美。'——里德·哈斯廷斯,网飞首席执行官。"屏幕上显示。

"'我们发现百视达不可能有效完善其在线服务。'——里德·哈斯廷斯。"第二幅图片显示。

人群中发出了阵阵嘘声,随着视频不断切换《洛奇》(*Rocky*)、《勇敢的心》(*Brave Heart*)、《出租车司机》(*Taxi Driver*)、《搏击俱乐部》(*Fight Club*)等英雄主题电影的场景,大家喝起了倒彩。屏幕上又亮起了另一句格言,这次是安蒂奥科的话:"你已经正式唤醒了一个沉睡的巨人。现在让我们出手吧!"人们瞬间为之疯狂。

现场人声鼎沸,视频继续切换不同的电影场景和图片,借以展现埃万杰利斯特及其团队在 6 个月里合力打造的不朽成就:印刷 600 万个邮件封套,编写 75 万行代码,创建 50 万个网页,采购 2.5 万部电影,累计工作 1.5 万天,签署超过 100 份合法合同,建立 10 个配送中心。

"巨人已醒。"视频给出了结论,同时出现了百视达在线的黄蓝色邮件和标识,"百视达在线:你家里的电影商店"。

安蒂奥科和特拉维斯在一片欢呼和掌声中走上舞台,向当天升任高级副总裁的埃万杰利斯特及其团队表示祝贺。然后,他们按下了按钮。

为了展现一种包容性姿态,这场狂欢邀请了特拉维斯和尼克·谢泼德，尽管这两个阵营之间的猜疑仍未消除。不过，谢泼德没有出席。埃万杰利斯特和库珀觉得很好笑的是，他们听到了复兴大厦里传播的一个流言：在线工作人员已经在帕拉蒙特大厦办公室塞满了网络公司的奢侈装饰品——桌上足球台和昂贵的办公家具，而且作为所谓豪华预算的一项额外津贴，他们还能免费用餐。

事实上，尽管维亚康姆的卡尔马津支持在线租赁服务的想法，但他对2亿美元或者更多的潜在支出心存疑虑，根据埃万杰利斯特的估计，那只是此项服务开始赚钱之前所需的创建及运行费用。与此同时，他还推迟拨付安蒂奥科分配给他将近一年的2 500万美元，一直等到百视达于2004年年底完全从维亚康姆拆分出来。

库珀在格林纳达剧院的舞台上操纵按钮，从而真正启动了百视达在线，它的运行惊人地顺利。不过，网站几乎是在库珀刚刚回到复兴大厦时就出现了一个编码错误。而且随着流量形成，这个错误代码有导致网站崩溃的危险。在将近一周的时间里，程序员不得不几乎每小时"弹回"或重启一次服务器，以便在问题解决之前让系统能持续运行。

在百视达在线时而痛苦的快速增长过程中，这次米姆（Meme）高速缓存错误只是困扰埃万杰利斯特和他和蔼可亲的首席程序员阿龙·科尔曼（Aaron Coleman）的一系列技术问题的开始。

科尔曼时年 30 岁，是湾区一位技术专家，他的朋友珍妮在库珀手下为百视达在线工作，她说服科尔曼和埃万杰利斯特见面，但科尔曼不确定自己对领导工作是否感兴趣。不过，埃万杰利斯特的个人魅力赢得了他的心。此外，一个背后有世界知名品牌支持的资金雄厚的初创公司的前景也让他看好。

2005 年 2 月，科尔曼入职第一天就工作到了翌日凌晨 3 点。接下来的日子同样忙碌，以便在百视达在线将新配送中心纳入系统的同时维持网站的运行，实现保存每日订阅用户登录记录，同时每周都在其库存中增加数千部新影片。

在几个月的时间里，科尔曼都在对网站应用程序和数据库进行微调，从而使每秒钟处理的订单数从推出日的平均 10 多份增加到数千份，确保用户和队列中的下一批有效电影相匹配，并将 DVD 定位到最近的配送中心。

在接下来的 3 年里，科尔曼和他的程序员将彻底重写各系统的支持代码，旨在适应发展，逐步推动这个网站和网飞看齐，并最终超越网飞。

百视达在线团队对网飞的印象从一开始就掺杂着钦佩和敌对情绪，而且由于这些人都是年轻人，他们本来就想通过找乐子来抵消工作的艰辛。

每当哈斯廷斯、麦卡锡和基尔戈向分析师介绍情况或在财报之后和记者谈话时，这些高管的声音就会通过扬声器飘荡在帕拉蒙特大厦里。网飞每次提及百视达在线，都会招致不满的嘘声和冷嘲热讽。

萨拉·古斯塔夫森（Sarah Gustafson）刚走出校门4年时间，她是埃万杰利斯特在网站推出之后马上着手聘用的那种全职员工的典型。她很阳光，也很理想主义，她是离开百视达的业务开发部后，加盟埃万杰利斯特的在线服务从事用户分析的。她收集了各项指标，就服务的定价和采购决策及拟提供的用户产品形式提供信息。

尽管古斯塔夫森很享受与她眼中的革命性公司展开竞争的挑战，但她对迫在眉睫的争斗不抱任何幻想。让用户使用这项服务没有问题，尤其是它价格便宜，品牌也更知名。事实证明，保留用户相对较难。经过探究相关取消数据，古斯塔夫森发现了两个促成因素——交付速度和电影供应。

出现在用户博客和服务评论中最多的抱怨是库存短缺，表现为用户队列中的"漫长等待"通知。在赢得较快交付美誉的同时，履约系统也让订阅用户感到沮丧，它往往会先行交付位于队列最后或中间的光盘。

埃森哲团队急于在埃万杰利斯特规定的最后期限之前完成项目，在此期间，他们必须在独立平台上建立起网站的主要功能——它的用户界面及DVD调拨和配送系统。这种安排实现了网站的启动和运行，但导致它难以实现增长。容量是一个持续存在的问题。迈克尔·希夫塔尔（Michael Siftar）是埃万杰利斯特聘请的软件开发员，负责将埃森哲团队从事的网站维护工作过渡给一个永久性团队，他在任期的最初几个月里一直忙于解决这个问题。

希夫塔尔时年 30 岁，为人随和，善于表达，他来自俄克拉何马州的布罗肯阿罗市，刚刚离开 Priceline.com。希夫塔尔在一条黑暗的走廊里安置了自己的办公室，让他的下属坐在外面的牌桌上，然后就着手研究复杂算法，用来判断订阅用户即将收到的下一部电影，以及该影片来自哪个仓库。希夫塔尔将他的程序员分为 3 个小组，他们的作用在某种程度上像是计算机特种部队——解决各种系统故障问题并将其重新配置，以实现持续进行的价格变动、产品推出和用户测试日程。

尽管他们缺乏经验，但百视达在线团队明白，对于涉及服务水准的所有问题，财经媒体和网飞所看重的只有一个指标，那就是用户群规模。埃万杰利斯特让确保网站进展顺利成为每人每天每小时的职责。

他要求库珀他们每小时都要用自己的黑莓手机接收显示用户登录水平的报告。如果这些数字出现任何不明原因的波动，埃万杰利斯特就会打来电话——往往在很晚的时候，而库珀会溜到住处的屋后门廊说话，以免吵醒妻子杰丝。他将埃万杰利斯特的电话铃音设成了《星球大战》中黑武士达斯·维达的主题音乐，在注意到自己的狗每次听到这个铃声都往后门跑之后，他才意识到他俩对此类报告的痴迷程度。

这些数字能让技术和营销团队随时对系统的窒息点保持警

觉——子站页面上无法点进的链接，涉及特定浏览器的问题，或者阻碍登录的软件故障。由于设计独特，这个警报系统基本上将百视达在线的所有工作都变成了待命作业。

埃万杰利斯特为他们的职业道德和工作态度确定了基调：他们并不是要制约某个小公司的百视达，他们是一家初创公司，意在追赶一个技术卓越、经验丰富的竞争对手。

埃万杰利斯特非常有纪律，这是其运动竞技生涯带来的结果。他不沾烟酒，会打高尔夫球，并保持着曾作为体操队员时的本领，能原地后空翻。他还恪守着百视达同事所描述的"蜂鸟食谱"：成分几乎完全是加工糖——Hostess CupCakes、Dr. Pepper 和糖块，他能在一次会议上吃掉四五盒的 Tic Tac 薄荷糖。糖激发了他与生俱来的雄心壮志和竞技实力，让他具备极大的工作热情。不过，他在待人接物方面颇有安蒂奥科的做派。他的下属学会了无视他相当离奇的各种要求，选择按自己的方式实现他所期待的结果。

埃万杰利斯特设定了一个精确的目标清单，每时每刻都干预各个部门的工作，确保各项目标在规定期限内按预算完成。他喜欢做市场研究，并由此支持每一项产品决策。百视达在线的一切都由数据驱动，哪怕研究涉及的调查对象能从帕拉蒙特大厦一直排到这个街区的电车站。

百视达门店团队全盘掌管着西区的业务，但安蒂奥科和埃万杰利斯特还是会在每天夜里的 10 点到午夜之间通过电子邮件或电话进行交流，埃万杰利斯特很珍视这个时间段，认为它的价值超过了自己获得的南卫理公会大学工商管理硕士学位。

尽管埃万杰利斯特的目标是推出独立于百视达连锁店之外的在线服务，确保该服务不会卷入租赁连锁店的官僚体制，然后与门店业务迅速合并，但百视达在线首先必须克服一个重大技术障碍。2004年，百视达门店仍然未能互相连接，也没有和互联网连接。每天晚上，这些门店仍然使用20世纪80年代的卫星技术，和库珀上高中在百视达打工时期用的是同一套系统，上传收银及库存数据，下载软件补丁。将门店和在线服务对接，其代价将非常高昂，也会很复杂。

安蒂奥科和门店经理还面临着更大的问题，百视达正在脱离维亚康姆，门店视频租赁业务的下滑也已经有了不祥的迹象。埃万杰利斯特将合并计划扔到一边，做了每一个玩追逐游戏的孩子都会选择的动作：拼命跑。

07

《华尔街》

Wall Street

(2004—2005)

约翰·安蒂奥科

约翰·安蒂奥科虽出身贫寒,但并不算是真正的寒门子弟,他的父亲是个一毛不拔的送奶工,多年之后老头儿仙逝时,暗地积累的股票差不多价值100万美元。安蒂奥科住在布鲁克林一幢没有电梯的公寓里,地处蓝领街区,父母是美籍意大利人,他是他们最小的孩子,也是唯一的儿子。

妈妈口中的"约翰尼"其实是他所在的天主教小学里的麻烦制造者,这所学校位于一条便道塌陷、绿树成荫的街上,那里还有一块四周围起的小操场。快到青春期时,安蒂奥科在街坊之中赢得了"小无赖"的名声。安蒂奥科12岁时,寡言少语的父亲为了把他和坏朋友隔离,把家搬到了米尼奥拉的长岛镇。

安蒂奥科大体上挺过了20世纪60年代的动荡局势。由于服役编号靠后,他免于赴越南参战。他还参加了伍德斯托克音乐节,原因不过是一位朋友恰好要去,而安蒂奥科没有更好的事情要做。

唯一激发他想象力的事情是赚钱。在布鲁克林和长岛，父亲的吝啬是街坊邻里口中的八卦话题，而总也打不完的零工让安蒂奥科发誓，有一天他要挣到足够多的钱，再也不必忍受那些琐碎的破烂事儿。

他在长岛罗斯福·菲尔茨购物中心的一家贝克尔鞋店开始了第一份真正意义上的工作，在那里他发现自己善于做销售，也喜欢抽佣金。每天晚上，他的推销员同事们都会在黑板上看到他的成败情况。他发现这让他很兴奋。

安蒂奥科于1997年来到百视达的部分原因在于有机会运营一家上市公司，而且能够加入美国首席执行官群体这一上等阶层。到2004年，安蒂奥科已经完成了萨默·雷德斯通的指令——让百视达这个租赁连锁巨人有良好的发展，从而能够脱离维亚康姆，以及他对投资人的承诺：在80亿美元的电影租赁行业求得日益可观的份额。百视达的年收入已经增至60亿美元，利润多达6亿美元。

维亚康姆首席运营官梅尔·卡尔马津（他在维亚康姆和哥伦比亚广播公司合并时进入维亚康姆）喜欢百视达赚取的真金白银，他说服雷德斯通重新考虑拆分决定。

安蒂奥科现在同时受制于上市公司和母公司的监管要求。他开始考虑自己将何去何从。他曾经拒绝了去运营 Circle K 和塔可钟的机会，如果百视达维持作为维亚康姆子公司的地位，他绝对不想在这里浪费时间。

此外，百视达面临着一个瞬息万变的竞争格局，安蒂奥科认为自己需要更多的自主权才能与之对抗。2003年，安蒂奥科向卡尔马津提出了若干建议，想从在线租赁和视频点播方面入手去应对百视达面临的市场份额挑战。当卡尔马津看到多达数亿美元开支的财务报表时，他意识到维亚康姆不得不放弃百视达了。

终结滞纳金

为了拉拢安蒂奥科，雷德斯通为其打造了一个薪酬组合，金额超过了丰厚程度广为人知的维亚康姆高管的薪酬。这个基于业绩的薪酬组合使安蒂奥科持有的百视达股份高达3%，并有可能在百视达股价逐年稳定提高的情况下，获得总额多达5 000万美元的薪金及股权报酬。为了保障并奖励安蒂奥科把百视达从破产边缘拯救出来并实现了上市，雷德斯通还预设了一笔5 400万美元的遣散费，安蒂奥科可以在失去董事长头衔或被无故解雇的情况下要求公司支付。

和百视达签订的合同赋予安蒂奥科职业生涯中梦寐以求的一切东西。来自布鲁克林的安蒂奥科于是走马上任。

雷德斯通继续按计划以股票交换的方式剥离百视达。2004年2月宣布并在9月完成的一项复杂交易显示，维亚康姆股东每放弃1股维亚康姆股份，可获得5.15股百视达股份另加5美元的特别股息。百视达举债12亿美元用于支付特别股息，包括支付给维亚康姆7.38亿美元，用于回购其百视达股份。

为了满足债权人的条件，百视达不得不维持一个严格的负债收入比——在一个从长远来说门店销售日益式微、只能努力寻求其电子商务未来的成熟行业，这是公司面临的一个挑战。

一旦拆分完成，安蒂奥科会立即转向实施他认为可确保百视达未来发展的三项举措。第一，他必须纠正门店的过度设立：他想收购好莱坞视频，同时关闭大约一半的联营门店。随着行业向数字交付过渡，削减业绩不佳的门店将为发展良好的门店争取时间。他认为，收购排名第二的连锁店将耗资大约7亿美元，如果联邦反垄断监管机构不反对这种收购的话。这家连锁店的控制者是创始人马克·沃特尔斯和一群私人投资者。

第二，安蒂奥科想调低滞纳金，从而将心怀不满的消费者重新吸引回门店，去尝试他极力推销的新项目：游戏、DVD交易和转售，以及类似于网飞"随意观看"租赁计划的店内订阅。

百视达所谓的"终结滞纳金"项目将使连锁店每年付出2.5亿~3亿美元营业收入的高昂代价，但市场研究表明，要让每况愈下的门店客流量起死回生，最好的办法莫过于将有望提供更大自由的在线租赁和其他配送形式的最有力证据彻底推翻。

消费者在线创建、处理、共享其视频方面的能力，令他们在观看租赁或购买影片的方式、时间和地点上无法容忍相关规则的制约。安蒂奥科看到了这一点，他明白百视达必须摒弃惩罚性滞纳金和"可控的不满"战略的其他原则。

第三,他计划在自己过去 5 年孜孜以求的在线租赁和数字交付系统方面投入巨额资金和人力。

2004 年 10 月,安蒂奥科提出了一个百视达—好莱坞视频合并计划。根据媒体分析人士汤姆·亚当斯的一份报告,2001 年以来,电影租赁收入已经缩水 19%,曾经不可一世的 7 万家店铺——包括百视达、好莱坞视频、影库等连锁店,以及小型零售店——仅有 1.8 万家幸存。在日益微薄的租赁收入无法支持其不断拓展的美国门店之前,百视达必须牢牢控制它的 5 200 家自有店面、好莱坞视频的 2 000 家超市和 Game Crazy 的至少 700 家店面。1999 年,联邦政府的反垄断部门曾叫停了百视达收购好莱坞视频案,但安蒂奥科认为,现在出现了包括网飞在内的强大租赁对手,这将迫使该机构得出不同的结论。

8 月,一家名为莱昂纳德·格林合伙机构(Leonard Green & Partners)的收购公司就买断好莱坞视频事宜(沃特尔斯支持此项交易)向沃特尔斯开价 10.25 美元/股,以重启这家美国第二大租赁连锁店,同时允许好莱坞视频董事会考虑其他报价。11 月 12 日,百视达向好莱坞视频的股东们开出了每股 11.50 美元的收购价。如果合并成功,百视达将能控制 45% 的全美门店租赁市场。一周之后,总部位于亚拉巴马州多桑市的第三大电影租赁连锁店影库以秘密报价方式参与竞标,据分析师估计,该报价至少有 7.6 亿美元。

又过了一周，百视达声称可在审查好莱坞视频账目的前提下提高报价。但是，沃特尔斯不愿将信息移交安蒂奥科，除非其对手同意不向好莱坞视频的股东们直接报价。沃特尔斯公开表示对报价持欢迎态度，但他私下向百视达高管表示不相信美国反垄断监管机构会批准此项协议。

这个提议引起了亿万富翁投资人卡尔·伊坎的关注，这位前企业掠夺者和自封的股东活动家当时正打算从百视达—好莱坞视频合并案的双方当事人那里坐收渔利。伊坎买进了1.5亿美元的百视达股份和大约6 000万美元的好莱坞视频股份。在一次债券申报中，伊坎声称他会尝试参与涉及好莱坞视频所有人的任何代理招投标程序，进而影响其结果。

伊坎时年69岁，他以杠杆收购方式接管、拆分、打折出售公司，早在25年前就攫取了至少85亿美元的财富。他完善了绿票讹诈艺术——自行或通过一帮志同道合的投资人暗地囤积目标公司的大股份，然后要求这些公司溢价回购其持有股份，最后脱身走人。

自从被当作和迈克尔·米尔肯（Michael Milken）、伊万·博斯基（Ivan Boesky）同流合污的金融领域寄生虫，尽管在努力恢复自身形象，但伊坎的手段却一直保持不变。伊坎在位于曼哈顿中心区的通用汽车大厦保留着一间办公室，从那里可以俯瞰中央公园和广场酒店。那里的陈设、丰富大胆的色调和描绘著名战役的原创艺术品，传达出一种权力感和威严感。伊坎在会议室里挂着牌匾，详细介绍了他劫掠过的公司和解雇过的首席执行官，进一步强化了这种感觉。他运作着一个拥有 27 亿美元资产的基金会，年投资回报率多数情况下都高达 30% 以上。

伊坎喜欢购买大股份的低估值股票，利用其杠杆作用成为最大股东，从而迫使管理层按他的意志做出改变，这往往意味着削减成本、抛售资产、更换高层管理人员或董事会成员。伊坎的第一本能一直是在跌价时抛售百视达股票，他认为随着网飞那样的视频点播和在线业务主导电影租赁市场，百视达势必会因为失血过多而缓慢死去。

不过，摩根证券（现为韦德布什·摩根证券）金融服务公司的分析师迈克尔·帕赫特（Michael Pachter）把网飞看作一种租赁业庞氏骗局，他说服伊坎持有百视达股票。百视达的强大品牌、庞大门店网络和稳定的收入使得它最终会收购网飞，或者通过创办自己的在线租赁服务促使网飞关门大吉。

伊坎悄悄囤积其自有基金股份，他在股票方面的关注刺激了一些对冲基金经理的购买欲望，他们追随着这位亿万富翁的投资动向，期待从声震华尔街的"伊坎效应"中获益，因为伊坎购买的任何股票都会立即涨价。

伊坎打电话给安蒂奥科进行自我介绍，后者很快就明白有麻烦了。尽管伊坎喜欢扮演股东代言人角色，但他迫使管理层做出的改变通常只惠及他本人和以强制性股份回购方式协助其套利举动的其他对冲基金，以及他本人及其指定人的董事会席位。

安蒂奥科的第一本能是向这位亿万富翁投资人提出他的百视达路线图，希望借此赢得伊坎的支持，但是斯特德提出了反对意见：监管规则禁止向某个投资人披露此类信息。

安蒂奥科决心抵制伊坎的干涉，他听从了斯特德的嚣张建议，其原则是每当出现冲突时要尽可能地对伊坎动粗。斯特德告诉百视达同事，当他和妻子在纽约的一场慈善晚会上邂逅伊坎和他妻子盖尔·戈尔登时，戈尔登看着眼前的斯特德笑着说："哦，你就是该死的埃德·斯特德啊。我听说了你的一切事情。"

事实证明，疏远伊坎是令安蒂奥科追悔莫及的一个错误。但在2004年年底，安蒂奥科最终得以在没有母公司监控的情况下自由运营公司。

安蒂奥科几年前就已经明白，滞纳金正在摧毁百视达与用户之间的关系。滞纳金最初是作为一种迫使用户尽快归还租赁影片的手段而出现的，它有助于实现门店的更快周转，从而增加收入，避免库存短缺。门店经营者对滞纳金突然变成一笔大额、可靠的收入来源备感欣喜。不经过一番斗争，加盟商是不会放弃滞纳金的，尽管百视达的市场研究表明，滞纳金不仅令用户生厌，还扼杀了公司吸引新用户的能力。

到了2004年，百视达的活跃会员数量已经连续几年处于下降态势，而网飞富有成效的广告承诺"永无滞纳金"更让其处境雪上加霜。安蒂奥科委任尼克·谢泼德负责融通公司与用户之间的滞纳金对话。

谢泼德体格健硕，一头斑白短发，一双蓝眼睛清澈明亮，他的粗犷外表和强壮体格掩盖了他有几分过激和苛求的个性。他出身于英格兰东北部环境恶劣的纽卡斯特采煤区一个讲爱尔兰英语的天主教家庭，家里有8个孩子，他是最小的一个。小时的他曾经梦想成为一名摄影师，但家里很穷，买不起设备。他只能跟随哥哥到餐厅工作，最终获得酒店商务管理学位。

他在1995年维亚康姆收购百视达租赁公司之后不久便参与其英国业务，并在1999年移师达拉斯之前负责国际运营及营销工作，在安蒂奥科手下担任国际业务主管。

谢泼德大力支持重振百视达连锁店，尽管他明白某种在线租赁形式最终将对其取而代之。不过，相比网飞或是视频点播，他宁可损失百视达在线的门店客户。谢泼德下令对滞纳金方面的民意开展市场调查，他发现，在任何给定时间支付滞纳金的百视达用户尽管仅占20%，但有过支付经历的用户却超过了70%，而且大多数人认为，这些门店收取滞纳金的方式不统一或是不公平。

他理智地认识到，每次客户和百视达收银员就出乎意料的滞纳金发生争执时都会导致品牌受损，尤其是这种事情经常在客户排着长队等待结账时发生。不过，在门店销售额下降的同时放弃一个重要收入来源的想法，还是让他犹豫不决。

百视达的市场营销部门针对传统滞纳金制定了若干替代方案，比如只要影片延迟归还，就重新按日收取租金，而不是简单附加另一份满期（如7天）租金。

不过，一家中西部地区加盟商实施了免除所有滞纳金的测试方案，从而让安蒂奥科和谢泼德确信，百视达上下也都必须破釜沉舟。

这个加盟商叫米奇·科恩斯（Mitch Kerns），他不但最终扭转了同店销售额的下滑态势，实际上还开始为自己的门店确立了市场份额和收益。他的方案基本上是给予用户两倍的观看时间，如果他们未在一个月内归还影碟，就按影谍价格从其信用卡上扣费。

2004年9月，谢泼德与安蒂奥科开始访问百视达欧洲加盟店。一个清晨，他们在英格兰西北部沃灵顿小镇的一条运河旁散步时，谢泼德向安蒂奥科提起了这个话题。

"如果我们改变定价结构，忽略滞纳金，你认为真的会有很大不同吗？"安蒂奥科问。

"我认为这将从根本上改变与客户的关系。"谢泼德说。

尽管谢泼德不愿完全放弃滞纳金，安蒂奥科还是敦促他在美国国内的几个市场测试这个方案。谢泼德选择在田纳西州的查塔努加进行测试，此前在这个城市实施的几乎所有测试计划都出了问题。谢泼德派了一个替补高管团队去发起无滞纳金宣传，旨在增加失败机会。

让他吃惊的是，查塔努加测试重复了科恩斯的结果，于是谢泼德命令测试另一个城市，然后是又一个。每个市场的结果都相同：用户更频繁地返回门店，并在租片和其他项目上花了更多钱。在测试总结会上，谢泼德召集市场测试经理，要求他们举手表决：他们应该在 1 月 1 日推出 4 项举措中的哪一个——包括 99 美分日租金、游戏租赁和终结滞纳金。他们不约而同地选择了终结滞纳金。

免除滞纳金最终带动了门店客流量和销售额，但谢泼德不得不从门店业务中削减 4 亿美元费用，用以弥补初期的收入损失，并为百视达在线的增长提供资金。他曾让百视达的加盟商（他们经营着大约 1 100 家美国门店）密切了解市场测试情况。当他披露这些结果时，他面临着截然不同的反应，有的加盟商想要尝试推广，有的加盟商认为在没有收入的情况下无法这么做。

"你希望业务收入下降吗？"谢泼德问，"因为这就是未来的趋势。或者你可以考虑革新业务？"

加盟商承认电影租赁业的竞争格局正在发生变化，但谢泼德还是觉察到了以南方门店的弗雷德·蒙泰西三世（Fred Montesi III，百视达最大的加盟商之一）为首的一些人对在线业务抱有的深深敌意。在弗雷德·蒙泰西三世看来，百视达在线会逐渐削弱门店经营。

最后，谢泼德说服了 3/4 的加盟商，要他们尝试即将在 2005 年 1 月通过大型广告宣传推出的"终结滞纳金"方案。百视达董事会于 2004 年 12 月批准了该方案，这段耗资 5 000 万美元的广告的结尾部分是罗伊·奥比森（Roy Orbison）的《尘埃落定》的旋律，并承诺"新百视达……终结滞纳金"。

合并风波

谢泼德不得不在推出"终结滞纳金"的中途改变自己的工作重心，前往联邦贸易委员会做证，因为该委员会已经开始审查百视达收购好莱坞娱乐机构的用意。这是百视达高管第二次在合并好莱坞视频计划中受到监管机构的质疑。联邦贸易委员会对1999年合并计划的分析表明，百视达门店的两英里范围内分布着1 600家好莱坞视频连锁店，而且多数情况下，在保持价格竞争力方面并不存在其他任何竞争对手。

谢泼德证明，视频租赁市场已经在随后的5年里发生了分化，纳入了与视频点播、DVD销售、在线租赁等门店租赁业务正面竞争的若干新产品。但在华盛顿特区，谢泼德从联邦贸易委员会在首次长达数小时的开庭中对他提出的主要质疑中感觉到，监管机构对合并的态度不会像5年前那么开放了。沃特尔斯试图挽救这笔交易，经过11个小时的努力，他宣布自己将购买必要数量的百视达门店，以获得政府批准。

尽管斯特德对好莱坞视频垂涎三尺，但谢泼德却无动于衷，他相信他们无须花钱或者费心收购，就可以除掉这个排名第二的连锁店。他和安蒂奥科已经判定有大约900家好莱坞视频连锁店和百视达的市场重叠，从而无法同时予以支持。这些门店正是百视达需要除掉的。

2005年1月9日，影库公布了它竞标好莱坞视频的详细价格——每股13.25美元，另加3亿美元的假设债务，因此总价为11亿美元。影库的律师在第二轮联邦贸易委员会证词中辩称，要断定这个新的电影发行模式是否对门店租赁构成直接竞争还为时过早——自推出以来，门店租赁价格毕竟出现了上升。数据显示，租片人经常光顾门店是为了观看那些未来几个月内都不会在视频点播平台放映的新发行影片，还有很多人则利用在线租赁订阅功能访问以前的内容。

安蒂奥科认为联邦贸易委员会阻止百视达—好莱坞视频合并的意愿是错误的，他准备完成这笔交易，并将政府告上法庭。但当时的影库共同创始人兼首席执行官乔·马卢金（Joe Malugen）用他高得离谱的报价改变了一切。安蒂奥科想从交易中脱身，然后利用他的门店向好莱坞视频发起攻击，但伊坎不会听之任之。

伊坎差不多每天都打电话，坚持要安蒂奥科提高百视达的出价。电话里的火药味儿越来越浓，因为安蒂奥科坚持认为这家连锁店配不上马卢金的出价，更不用说每股另加至少1美元。在伊坎的淫威下，百视达董事会不顾安蒂奥科的反对，同意考虑提高报价。安蒂奥科最后做出了让步，他在2月4日给出了一个敌意报价，要以每股14.50美元的现金和百视达股份接管好莱坞视频。

监管机构加强了对这一敌意竞价的审查，他们要求百视达提供有关定价、折扣和成本信息的详细清单。调查人员要求提供相关的电子邮件和其他文件，借以证明这两个庞大的连锁机构都将对方视为直接对手，而不像他们所说的那样，是市场互补的潜在合作伙伴。

百视达于2月底提交了文件，并在证券申报中声明它的做法符合监管机构的要求。它给出的股东提呈各自股份的期限是3月底。不过，当联邦贸易委员会发现所提交的定价信息不准确时，百视达发现自己再次面临令人不爽的媒体关注。

围绕百视达出价的戏剧性事件令好莱坞视频的董事会不安，他们在2月21日的一封信中建议股东对影库的出价投赞成票。董事会写道：尽管百视达的出价更高，但显然反垄断问题有可能毁掉或者严重延迟本次出售。

联邦贸易委员会到3月中旬还没决定是否清除百视达的出价，安蒂奥科和斯特德则发誓要继续购买好莱坞视频的股票，直到监管机构介入并予以阻止。联邦贸易委员会明确表示，它将起诉至法庭并取得阻止出售的禁令，于是百视达在3月26日做出了让步，允许影库完成对第二大视频连锁店的收购。

"鉴于目前的状况，我们断定继续寻求收购并不符合百视达的最佳利益。"安蒂奥科在一份声明中说。

好莱坞视频—影库的合并致使伊坎被价值下跌、获利低于预期的百视达股票套牢，他对此勃然大怒，指责安蒂奥科令交易告吹。

他呼吁百视达董事会为公司找到一个私募股权买家，这是维亚康姆曾在拆分百视达之前尝试并失败的举措。然后，伊坎向百视达股东要求另一项特别股息，其总金额超过了3亿美元，这再次遭到安蒂奥科和董事会的拒绝。斯特德发誓不屈服于这个前企业狙击手的战术，在他的怂恿下，安蒂奥科和伊坎的关系开始僵化。

>

随着好莱坞视频危机的逐步展现，一些州的总检察长开始以极大的兴趣关注"终结滞纳金"的宣传——尤其是这样的政策：如果消费者超出7天租赁期归还影片或游戏，百视达要收取1.25美元的重新上架费；如果消费者超出7天宽限期保留DVD，百视达则收取货品的全额售价与租赁费之间的差额。各州的官员们还抱怨说，令消费者困惑的一个事实是，加盟商拥有的数百家门店并未参与该方案，尽管其中一些门店贴出了"终结滞纳金"广告。

到了2005年2月中旬，"终结滞纳金"广告在美国48个州引发虚假广告诉讼。事实证明，此举与其说代价高昂，不如说令人尴尬。百视达一个月后同意修改这一广告，以便更明确地提及费用，也同意支付63万美元用以偿还各州的调查费用。

安蒂奥科在2005年春天的方案实施中经历了一场信任危机，他怀疑百视达是否应该从中退出，因为毛利率已经受损，而且结果证明门店成本比预期的还难以削减。但谢泼德已经开始看到活跃会员数量在扭转下降态势并在缓慢增长，他坚持自己的观点并警告安蒂奥科说，只要他（谢泼德）在位就会继续推行该方案，他还提醒这位首席执行官：这个方案曾经是安蒂奥科自己的主意。

安蒂奥科曾经在拆分之前警告投资人说，百视达会在2005年转入新业务时赔钱，但"终结滞纳金"宣传所导致的损失规模及DVD租赁收入的全行业极度低迷，还是超出了分析人士的预测。

DVD销售和出租额自2000年起一直以两位数的速度增长，此时却开始以超过预期的速度下滑。零售商将此归咎于制片厂为了利用DVD的高利润率而急于将产品投放市场导致过剩，以及不和消费者沟通的荒谬安排。

尽管齐纳曾经开玩笑说，大量的股息支付就像从维亚康姆脱身的"赎金"，但他并不担心承担超过10亿美元的长期债务，因为百视达仍然财源滚滚。维亚康姆前些年给百视达造成的备受瞩目的损失，基本上是这家媒体集团对百视达超额偿付的非现金划减。齐纳认为，百视达这个视频租赁巨人的健康状况足以实现反弹，只要安蒂奥科不采取代价更高的任何举措。

〉

百视达一撤回其好莱坞视频竞价，安蒂奥科就主动接触伊坎，想避免因交易失败而导致公开翻脸。伊坎在走投无路时威胁代理权的历史可谓悠久——通常是以上述市场回报（above-market payoff）、管理层变动或资产出售的方式。伊坎已在科麦奇天然气和石油公司同意以15%的溢价回购其40亿美元股份之后放弃了他所扬言的代理权抗争，但安蒂奥科不喜欢被人威胁，讨论也无果而终。

3月28日，百视达放弃求购好莱坞视频，它当天的股价下跌了6%，还不到每股9美元，致使前一年的全年降幅达到43%。而成功者影库的当日股价上涨了5美元。10天之后，伊坎致信证券交易委员会，以激烈的言辞批评百视达交易未遂。

伊坎抨击安蒂奥科在这家视频连锁店上挥霍股东钱财，他发誓要在5月的百视达董事会竞职中赢得3个席位，从而改变公司的方向。伊坎还特别瞄上了安蒂奥科的5 100万美元薪酬组合，其中包括500万美元奖金、2 680万美元限制性股票奖励和价值1 700万美元的期权。伊坎声称这个薪酬组合"不合情理"。

百视达发言人兰迪·哈格罗夫（Randy Hargrove）代表安蒂奥科予以反击，称占薪酬组合大部分的股票奖励和期权系有条件价值，前提是这位首席执行官留在公司并重振股价。安蒂奥科公开斥责伊坎企图利用投资者来抹黑百视达管理层，从而加快他自己的回报进程。安蒂奥科警告说，代理权之争将分散公司保留客户的努力，有可能让已经投入新举措的数千万美元打水漂儿。

"你引起的骚动和不确定性已经构成了威胁，会摧毁这个组织，危及我们的成功，也注定会损害股东的利益。"安蒂奥科在写给伊坎并提交证券交易委员会的信中说。

距离在达拉斯举行百视达年会只剩一个月时间了，安蒂奥科开始把精力放在反击伊坎及其追随者身上，试图保护公司和自身职位。

在洛斯加托斯，麦卡锡和哈斯廷斯饶有兴致地关注着这一切。他们快速出手扰乱百视达在线的计划已经有了答案。

08

《海扁王》

Kick Ass

(2004—2005)

与亚马逊开战

百视达在线的软件和库存问题很严重也很棘手，但在前3个月的运营中，它争取到的订阅用户占打算订阅在线租赁业务的所有新用户人数的一半以上。2美元的价格差吸引了来自网飞的流量，但这两家公司同时面临着2005年风云变幻的竞争格局，要说服订阅用户在免费试用期之后坚持使用百视达服务，实在是勉为其难。

网飞几乎立刻觉察到了新订阅用户的锐减，哈斯廷斯和麦卡锡则几乎在百视达在线推出的同时就面临着更大的问题。整个2004年夏季，关于亚马逊进入他们市场的传言甚嚣尘上。到了9月下旬，已经有证据表明这并非空穴来风。

杰夫·贝佐斯已经看到了相关预测，说DVD销售将会被削弱，其模式有可能类似于因苹果iTunes商店问世而导致唱片销量下滑的情况。亚马逊正从DVD销售中获得可观利润，因此希望保护此项业务，直到数字电影交付和音乐领域的iTunes一样有利可图。尽管亚马逊缺少一个能与网飞速度相匹配的发行系统，但它具备在数字交付变成现实之前运作 DVD 邮件服务所需的一切必要条件。

9月下旬，网飞的首席内容官特德·萨兰德斯提供了来自制片厂联系人的确凿证据，表明贝佐斯只用 3～6 个月时间就能利用现有配送中心推出一项竞争性服务。他的业内消息来源声称，亚马逊已经采购了用于邮件处理的阅读分拣机，并从电影制片厂采购库存的交易也几近完成。

2004年10月初，风险资本家兼网飞投资人约翰·多尔（John Doerr）促成了哈斯廷斯和贝佐斯的通话，他希望这两位首席执行官可以达成将亚马逊逐出他们市场的商业协议。不过，由于亚马逊为网飞提供潜在客户的要价过高，谈判在一周后陷入僵局。"我告诉贝佐斯，"哈斯廷斯对他的高管团队说，"合作没有任何意义。"

麦卡锡在接下来的3天里安排了一系列马拉松式的董事会会议，旨在拿出一项可以击败或是超越亚马逊的决策。

公司的主要投资人充满了疑惑和愤怒。有人问，网飞怎么会无视亚马逊的到来。又有人说，股价肯定会再度暴跌，你们怎能这样对待我们。

网飞的高管团队从一个假设入手，即亚马逊首先会提供一个更便宜的订阅价位，借以刺激自己每天 600 万用户的订阅率，因此，他们决定尽其所能地实施最残酷的降价措施。哈斯廷斯要求基尔戈和她的团队及在麦卡锡办公室从事财务预测建模的基里辛科计算出，他们的包月订阅价在为营销计划提供资金的同时可以降至何种程度。由于基尔戈的丈夫在亚马逊工作，于是他们就在基里辛科的住处进行数字计算。他们在星期一回到公司，提出的建议是将 three-out 订阅计划的价格削减 18%，低至 17.99 美元。

差不多一周之后的 2004 年 10 月 14 日，网飞将降价消息塞进了详细介绍其第三季度财务状况的新闻稿的最后部分。哈斯廷斯在一小时之后的电话会议上向投资人和媒体透露说，拟于 11 月 1 日生效的新价格旨在让网飞做好准备，以应对亚马逊进入美国在线租赁市场这一迫在眉睫的情形。

在简单肯定百视达在线之后，他承认商业环境的竞争变得日益激烈，但他只是略微提及这个领域的最新对手。麦卡锡宣布他将放弃在年底离开网飞的计划。相反，他将继续留任首席财务官，时间至少是两年，也可能是无限期，直到网飞挺过这场竞争狂飙。

"我们面临挑战的刺激程度会非常罕见。如果亚马逊真的进入市场的话，"麦卡锡说，"这将成为史诗，并成为硅谷传奇的一部分。"

"而且，"他随后补充说，"你无法坐视自己的朋友在阵前厮杀。"

在耗资 1 000 万美元开办驻英国办事处和配送中心之后，哈斯廷斯决定将国际扩张的计划推迟至少一年，理由是亚马逊已经推出了英国在线租赁服务，而他不愿意和亚马逊在两条战线上开战。

大量坏消息致使公司的股票价格再次下跌。

"各位，我明白亚马逊的进入对长期持有我们股票的你们而言是一剂出乎意料的苦药，"他在财报电话会议上对投资人说，"这将是一个非常庞大的市场，而我们将竭尽全力让它回报我们的股东，包括我们自己。"

哈斯廷斯接下来阐述了一个让大家马上感到惊诧和兴奋的前景：如果百视达和亚马逊马上跟进或者突破网飞18美元的新报价，美国境内的视频门店将在数年内无人问津。他说，全美门店租赁业的80亿美元将被注入在线租赁业，从而掀起争夺订阅用户浪潮。随之而来的在线租赁业务增长将日益蚕食视频门店的业务，直到它们关门大吉。

他总结说，随着视频门店的收入锐减，百视达将奋力为其在线运营提供资金。"奖金丰厚，赌注高昂，而我们想赢。"

价格战

在帕拉蒙特大厦，埃万杰利斯特全神贯注地听着哈斯廷斯阐述自己的计划，对于百视达在线应该怎样应对，他心里没数。整个办公室的扩音器里都回荡着这场电话会议的声音。当麦卡锡发表他的白刃战言论时，大家哄然而笑。一位开发人员用几分钟时间就做出了一张图：麦卡锡握着刀和拿枪的安蒂奥科对峙，标题是"这傻瓜以为他在打白刃战"。

当地时间下午6点左右，电话会议刚结束，埃万杰利斯特就和安蒂奥科通话，他答应去找安蒂奥科一趟。然后他前往帕拉蒙特大厦拐角处的棕榈牛排餐厅，和安蒂奥科、谢泼德及谢泼德13岁的儿子詹姆斯共进晚餐。

那天晚上，还没等到安蒂奥科和谢泼德赶到，埃万杰利斯特和库珀就已经决定比照网飞的定价削减50美分，这个价格折扣可以维持其增长能力，并能在可预见的未来获利。

安蒂奥科嘲笑这样的举动是个不痛不痒的折中办法，他说这就像亲吻你的妹妹。他主张狂降到14.99美元，理由是他们平摊到每个订阅用户头上的损失相对较少，而网飞要承受220万用户同等损失的话，市场就会被严重削弱。

谢泼德认为，区区几美元不足以改变用户对这项在线服务的看法，而且他担心降价对百视达财务状况的短期影响。不过，当他半开玩笑地要詹姆斯发表评论时，詹姆斯同意安蒂奥科的看法，认为降价是一个很好的办法。

"这孩子说降价，"安蒂奥科说，"你打算怎么做？"

谢泼德同意第二天宣布较少的那个降价结果。埃万杰利斯特和安蒂奥科在那段时间的夜谈中往往抱有一种想法——迫使网飞降低股票价格，以便百视达出手购买。埃万杰利斯特若有所思地说，他们将要发动的价格战可能只是此类收购的必要催化剂。

第二天，安蒂奥科和企业沟通高级副总裁卡伦·拉斯科普夫（Karen Raskopf）给包括我在内的主要财经媒体记者打了一通电话。在和安蒂奥科的通话过程中，我向路透社金融专栏发送了几条描述百视达最新定价计划细节内容的头条新闻，同时注意到网飞的股价在暴跌。

"我们已经在相当快速地发展我们的业务，而没有选择降低我们的价格，"安蒂奥科很开心地对我说，"因此，我们坚信自己不会在价格—价值方面被打败。"我挂了电话并立即打给网飞，想了解它对这场已经开始的价格战的反应。我联系上了萨兰德斯，解释了打电话的原因，大吃一惊的萨兰德斯沉默了片刻。

"你对此有什么看法？"我再次问他。

"我们必须在做出评论之前琢磨一下这件事。"他说，听上去很震惊。

麦卡锡和哈斯廷斯实在是打错了算盘，他们先是忽视了百视达在线所构成的威胁，然后又寄希望于安蒂奥科和埃万杰利斯特能以网飞接受的方式进入在线市场。而且，由于他们没能预料到百视达首席执行官对其降价措施的回应，网飞团队只能转而求助它所擅长的数字领域，来设法从他们发动的价格战中脱身。

他们分析认为，百视达在线基本上是处在某个时间扭曲点上的网飞，它将经历同样的增长和应用模式。麦卡锡责成基里辛科利用他们多年来从网飞经营中采集到的订阅用户指标（埃万杰利斯特根本不知道还有这样的数据）为百视达在线业务建立模型。基里辛科还创建了一个关于百视达门店业务的财务模型，用来测试在线业务的不同价格和开支会对百视达门店的资产负债表造成什么影响。

鉴于百视达门店必须为在线业务提供资金直到它实现收支平衡（即获得约 200 万订阅用户），这里的关键是搞清楚安蒂奥科在开始遇到预算问题之前能为百视达在线投入多少营销费用。他告诉哈斯廷斯和麦卡锡，如果百视达在线在营销和降价方面持续投入，那么百视达在从维亚康姆拆分出来时承担的 10 亿美元债务就会限制百视达在线实现目标所需要的等待时间。

随着基础用户年龄的增长，网飞在吸引、保留订阅用户和运营方面的投入减少，随着此项服务的新颖性丧失以及订阅用户观看的电影数量减少，网飞拥有的包括低成本在内的优势更加凸显。百视达将用更大的投入来获得周转速度可能加快的订阅用户，并在其电影需求趋于平缓之前提供大约 9 个月的服务。

网飞的数据还表明，在线服务必须维持一种最低程度的营销手段，从而吸引足够多的订阅用户来抵消那些取消订阅的用户。如果将广告宣传活动削减到低于这个基数，用户群将分崩离析。

麦卡锡和他的团队认为，通过测试不同的价格，他们完全能够确定百视达必须在何时撤回其在线服务方面的营销支出，或是冒险违反它与债权人达成的债务协议。

另一个优势在战斗初期突然显现。结果证明，这个优势对于基里辛科的模型而言至关重要。一位网飞投资人向狄龙指出，百视达在线为每个新用户分配了账户序列号，这些序列号显示在邮件封套的条形码里。基里辛科要求网飞员工及其家属定期（比如每周一次）注册百视达在线并记下他们的账户号码。这样一来，他就能计算出百视达在线的营销支出多有效，它的用户群增长多迅速，以及此项服务能提供多少影片。所有这些数据可以归结为消耗速度，即在线业务可以在多少时间内用完门店业务为它提供的预算。基里辛科认为，按照百视达在线目前的增长速度，安蒂奥科将被迫放弃营销活动，或将其暂停至2005年第二季度。

模型的复杂性及麦卡锡以往预测的准确性使得哈斯廷斯很愿意坚持他们10月宣布的定价及支出计划。他们的预测表明，网飞仍在沿着正确的方向发展，只是百视达在线在组合中的发展稍微慢些。由于仅有20%的消费者可以识别网飞标识，因此公司有巨大的发展空间。百视达的广告增进了人们对在线租赁的认识，因此市场会比他们的预期扩张得更快。

他们仍在按计划完成"2004年年底获得300万订阅用户，未来一年再增加100万用户"的目标。他们的模型显示，其用户将在2006年至少达到565万人——超过此前市场研究得出的在线租赁市场整体规模。

价格战开始几天之后，哈斯廷斯决定接触沃尔玛首席执行官约翰·弗莱明（John Fleming），以便考虑联手对抗亚马逊事宜，因为后者已经在越来越多的产品领域成为沃尔玛的竞争对手。在 2004 年 10 月 27 日的一次会面中，哈斯廷斯提议向沃尔玛介绍 DVD 销售方面的订阅用户，同时沃尔玛要向网飞推荐 DVD 租赁用户作为回报。尽管推出的声势很大，但沃尔玛网站只吸引来大约 6 万订阅用户，尽管月租减少了 4 美元，其增长也不足以削弱网飞的影响力。就在百视达下调费率之后不久，沃尔玛也将它两项服务的价格调低至每月 17.36 美元。

哈斯廷斯还想判断弗莱明会不会接受网飞购买沃尔玛微薄的用户群的可能的提议。那天晚上的会谈没有什么成效，主要原因是弗莱明为了开展订阅业务而试图和雅虎磋商合作关系。

幸运的是，网飞的一位年轻高管在旧金山湾区音乐会上偶然碰到了在沃尔玛网站工作的一位女士。两人经常拿两家公司的龙争虎斗开玩笑。一天晚上，那名女士在喝酒时告诉他，沃尔玛的在线服务很少得到其母公司的支持。有了这个信息，哈斯廷斯干脆守株待兔，时刻等待着弗莱明的来电。

超预期

接下来，安蒂奥科再次逐步向网飞施压。

到了深秋，库珀给安蒂奥科带来了在多个市场测试百视达在线电视广告的计划，目的是搞清楚与其他广告渠道相比，这种形式会对订阅量产生什么影响。他们商定拍摄两条不同的商业广告片——一条是库珀和埃万杰利斯特喜欢的，另一条由百视达门店的广告代理商推荐——然后确定哪一条能更清晰地诠释在线租赁业务。

当安蒂奥科在 2005 年 1 月的第一周观看广告时，他非常喜欢库珀串联的那一条，以至于他决定免于测试。

"我们在'超级碗'上放这一条吧，"他告诉惊讶不已的库珀和百视达的柯莱特通信媒体买家，"这很棒，我们需要做些大事。忘掉测试市场，让我们从这里起步。"这条广告描述的是，一个人对其妻子说他要退还一部电影，然后倒车到路尽头，把一个百视达在线信封投入邮箱。这条广告是纠正 three-out 计划的定价的一个完美传播媒介。安蒂奥科不看好这个计划，他希望这个定价削减至 14.99 美元。

2005 年 2 月 6 日，新英格兰爱国者队和费城老鹰队在第 39 届超级碗总决赛上对决。遵照安蒂奥科的指示，他们购买了掷硬币之前和终场之后相对便宜的广告时段。库珀和妻子杰丝在家里目不转睛地观看赛事。马上就要开球时，库珀的黑莓手机传来了每小时的订阅用户报告——200 人次订阅量。第一轮广告播出一个小时之后，数字上升到了 900。几秒钟之后，他的黑莓手机响起了"黑武士"铃声。

"看到这个了吗？"埃万杰利斯特问，"真够多的。"

库珀很慎重。"等会儿，让我们看看下一小时会怎样。"他说。库珀的黑莓手机再次响起，他几乎不敢相信——2 000人次的订阅量。这个数字不断攀升。埃万杰利斯特欣喜若狂。那一天，百视达在线签约了大约1.9万名订阅用户——几乎是他们日平均数的4倍。第二天，签约的订阅用户超过了2万名。

这条广告播放了数周时间并带来了双重效益：既提高了用户对这个方案的认知，又让持怀疑态度的业务发展合作伙伴们相信百视达的确是在努力追赶网飞。

哈斯廷斯苦苦思索是否应加大降价幅度，以适应百视达14.99美元的节日降价，但麦卡锡坚决表示反对。随着百视达分摊到所有订阅用户身上的损失增加，降低广告带来的巨大破坏力就变得迫在眉睫。基里辛科再次检查了他的模型，结果相同。百视达必须在夏季之前提高价格。由于网飞仍在稳定增长，麦卡锡就想按兵不动，坐享其成。

"考虑到我们所熟知的用户早期应用模式，他们会以14.99美元的速度持续失血，直到第二季度结束。"基里辛科对高管们说。

麻烦在于，等待是令人痛苦的。假日变成了一个恐慌时段，因为圣诞节已经临近，而网飞尚未达到它向投资人预测的订阅用户增幅的底线。由于员工休假，负责用户预测的市场营销总监埃里希·齐格勒（Erich Ziegler）设法安抚对订阅速度缓慢表示关切的哈斯廷斯、麦卡锡和基尔戈。他解释说，DVD格式的采用率预计在 2005 年达到峰值，届时播放机的假日销售会创造纪录。每个 DVD 播放机包装盒里都有一张红色的网飞免费试用会员优惠券。大部分优惠券会在圣诞节或之后数天兑现。至少在理论上是这样。

齐格勒对自己的预测充满信心，接下来他赶往机场，飞回了远在东海岸的父母家。基尔戈安排向财务和市场营销团队的黑莓手机发送订阅用户新增数量的小时报告，以便他们根据需要调整营销组合。一切进展顺利。圣诞节后的第二天，网飞突破了它的订阅用户预测数量，较去年同期增长了 118%。尽管如此，它的不确定性一直让人发疯。

捍卫核心业务

凭借巨资投入广告和店内优惠券，百视达订阅用户在 4 个月内超过了 75 万，而网飞达到这个基准数用了 4 年时间。对网飞市场份额打击的同时抬高了用户的签约及取消订阅成本，用户则会从中权衡并坐收渔翁之利。

哈斯廷斯在 2005 年 1 月的投资人电话会议上承认，网飞必须更加注重击退百视达。他说，尽管从技术角度来看，亚马逊是更难对付的敌人，但百视达更加积极，因为他们是在捍卫自己的核心业务。

"这是一次重大努力，但显然被我们低估了，我们绝对不想重复这种错误。"麦卡锡补充说。

他说，尽管百视达来势汹汹，但它并未打断网飞的计划，即推出一项适度下载服务并在2005年后三个季度实现盈利。麦卡锡接着分享了其下属部门的预测结果，避而不谈百视达很快就会发现自己身处的严峻财务困境。

"根据我们的模拟，在15美元的价格点上，我们预测其在线业务会在每个用户头上无限期地赔钱，除非他们削减营销开支，而那样的话会使增长速度变缓。"他说，"如果我们必须追随百视达的定价从而支持我们的增长目标……如果我们挨过了一场消耗战，我们的经营损失也将增加。不过，我相信我们有比百视达更好的机遇，可以赢得这场战斗。"

华尔街差不多忽视了有关百视达债务的警告，但卖空者开始大量借入网飞股票头寸，期待其股价再次出现大幅下降。分析人士以股票降级的方式火上浇油。"连续三个季度，我们认为网飞管理层尽管做出了反应，但并未有效影响它的竞争环境和用户感受。"罗斯资本伙伴公司（Roth Capital Partners）的理查德·英格拉西亚（Richard Ingrassia）在建议客户出售网飞股份的通知中写道。

"业务前景短期内仍不明朗，因为订阅用户增速和盈利能力取决于百视达和亚马逊的下一步行动。"杰富瑞投资银行的尤瑟夫·斯库里（Youssef Squali）向他的客户建议说。

作为其职业生涯的亮点，马拉松伙伴公司（Marathon Partners）

的马里奥·奇贝利（Mario Cibelli）在网飞长岛配送中心担任过几天的对冲基金经理，他的结论与众不同。"百视达做到这一步的可能性是零。"他在返回公司的当天对同事们说。

曾经担任航天工程师的仓库经理给奇贝利看过贴在墙上的系列图表，那上面有大约两打最佳执行指标。"只要我的业绩在此范围之内，高级管理人员就不会理睬我，"那个人指着图表说，"只要我一越线，就会有电话打来。"

奇贝利想，哈斯廷斯和他的团队花了很多时间和心思才建立起一项优质服务，而网飞管理层的经营也显然是基于长期考虑。在一份内部备忘录中，他阐述了长期持有网飞股份的理由：

> 从表面上看，网飞是一个规模庞大的视频商店，靠月租用权赚取现金，将DVD出租给消费者。在表象之下，网飞类似于智库，它创建算法以尽量提高它所争取来的每个用户的长期价值，精心策划一个复杂的配送系统，并设法降低其服务成本。
>
> 这是网飞业务模式及其长期领先优势中不为人知的部分，这使它有别于竞争，并有可能让网飞在一段时间内保持行业领先地位。

尽管网上业务似乎是百视达核心竞争力的自然延伸，"但很少有哪个成熟公司会满腔热情地追逐一种注定会在一定程度上蚕食企业摇钱树的新业务",奇贝利写道。

"面对自己可能遭遇的损失,"百视达很快就会"非常乐意提高其在线服务的价格",他预测说。

奇贝利还驳斥了亚马逊已经构成一个迫切威胁的观点,他的结论是:大型电子零售商会发现,提供某种和亚马逊相提并论的服务是非常困难和代价高昂的。不过,这家小公司对亚马逊来说是一个很有诱惑力的收购目标,只要价格合适,只要与负担网飞配送中心相关的纳税问题能够得到解决。

除了他的客户和同事,没有谁私下知道奇贝利逆势观点的细节,这正是他喜欢的行事之道。

全面开战

哈斯廷斯在 4 月的一次电话会议上发言说,百视达已经将网飞的一切抛弃,"除了洗碗池"。当他第二天到达大学路总部时,他收到了一个来自某个家饰店的大箱子。里面是一个洗碗池,代表着来自埃德·斯特德和百视达高管们的致意。哈斯廷斯很喜欢这个致意,但他无意再次低估百视达带来的严峻挑战。网飞遭遇了围剿,哈斯廷斯明白他需要唤醒自己公司的最佳表现。员工们发现,他在这种时刻可以成为一个激昂澎湃的演讲家和鼓舞人心的领导人,他们可以为他付出一切。

哈斯廷斯借助了比喻和道具来证明自己的观点,一度穿戴上长袍和拳击手套扮演穆罕默德·阿里,从而鼓励他的员工顺势而为,从容应对百视达的进攻。还有一次,他给管理人员分发木制鱼叉,勉励他们耐心等待百视达这头鲸浮出水面。他援引了埃德蒙·希拉里爵士破釜沉舟的珠峰二人行壮举,用来解释网飞将怎样以更少的资源去击溃资本雄厚的品牌。

与百视达全面开战的前景让一些人乱了阵脚,尤其是他们的名声正在受损。基里辛科失去了一位新人,原因是那个人对加入四面楚歌的网飞心生疑虑,决定重新回到他刚刚声明要离开的公司乞求原职。网飞总部给人一种严阵以待的感觉,大家尽可能地购买了更多股票,并寄希望于他们的重点突破和铤而走险。

鉴于财务及营销模型显示百视达玩不起这个老鹰捉小鸡的游戏,哈斯廷斯一直对批评和收购传闻予以强硬回应。网飞的运行会不赚不赔——舍弃利润并投入全部资金,以便尽快壮大其用户群,建起亚马逊和其他挑战者难以逾越的障碍。

一项基于订阅用户的服务会导致大笔资金损失,直到足以支付固定营业成本。2005年年初,哈斯廷斯和麦卡锡将新竞争者进入这个市场的成本限定为3.5亿~5亿美元。

3月,哈斯廷斯在旧金山接受路透社采访时重申了他对百视达的警告。"你准备将收支平衡状态保持多久?"我问。

"直到它消除竞争。"他答道。

"哦,是1年还是5年呢?"我问。

"无论多久。"他回答说。

哈斯廷斯的"不赚不赔"战略要求每季度支出 9 000 万美元，用于迫使百视达陷入更大债务危机的广告军备竞赛中。

高管风格

肯·罗斯（Ken Ross）属于那种最稀有的"物种"——热情、友善的纽约人。他很喜欢担任公司的发言人，尽管一直要应对形形色色的事情：从迈克尔·杰克逊在拍摄百事可乐广告时头发着火，到他服务的高管们的致命弱点。51 岁的罗斯喜欢法康娜布（Faconnable）品牌的衬衫、牛仔裤和休闲鞋。他笑口常开，会拥抱自己喜欢的记者。当哈斯廷斯和基尔戈第一次邀请他到网飞工作时，罗斯拒绝了，因为这意味着他要搬离洛杉矶，而他 1999 年才从纽约搬到了硅谷。

罗斯也不喜欢向基尔戈报告而不是直接向哈斯廷斯报告的规定。担任基尔戈营销助理这个角色过于受约束，他希望掌管媒体及投资人关系和内部联络事宜。不过，他喜欢哈斯廷斯、基尔戈和萨兰德斯，他也看到了网飞的前景，他能帮助网飞变成一个确定性的生活方式品牌。当哈斯廷斯再次发出邀请时，罗斯认定自己有足够的影响力去付诸行动，只要他具备一定的工作能力。2005 年 1 月，他开始担任网飞的企业沟通事务副总裁，并着手弥合百视达和网飞之间日益加大的认知鸿沟。

他接替了谢纳兹·达韦尔（Shernaz Daver）的网飞公关部

主管一职。达韦尔巧舌如簧、精力充沛，自百视达推出其竞争性服务以来，她在长达一年的时间里一直遭受着有关网飞的负面新闻抨击。出身于琐罗亚斯德教徒家庭的她富有魅力、擅长交际，在我第一次访问被她笑称为"洞穴"的洛斯加托斯总部时，她曾为我引见网飞高层。

就华尔街关于网飞会死在百视达或者亚马逊手里的消极预测，达韦尔对太多记者的报道进行了口诛笔伐，以至于她没有时间去真正推广此项服务。罗斯到来时，她已经打入了主流生活杂志，但相关文章主要侧重于对服务运作流程的详细描述。

因此，在涉及美国普通消费者方面，罗斯还不知所措。

首先，他将寻找纽约、洛杉矶和旧金山之外的大众客户。他的计划是，确保公司及其所有高管的形象和行为表现出一个公认领先品牌的做派。

其次，他将把网飞塑造成一个"新闻事件"，成为美国国内顶尖媒体"必须跟进的"一家公司。罗斯把重点放在少数几家重要媒体（《纽约时报》《华尔街日报》《财富》《福布斯》和《商业周刊》，以及美联社、彭博社和路透社）的记者身上，因为他们决定着美国的商业新闻走向。

他挑选47岁的史蒂夫·斯韦齐（Steve Swasey）担任副手，对这位经验丰富的公关人员来说，《今日秀》的嘉宾休息室对他而言显然是熟门熟路。罗斯在斯韦齐身上发现了一种完美的捍卫能力——不留情面，既能毫不妥协地宣示公司的强硬方针，也不会屈服于新闻界的极大诱惑和谩骂。

这并不是说斯韦齐就像某些公司宣传人员那样醉心于权力。他是一个有些孩子气的加州本地人，经常身着卡其裤，运动夹克里面是大学预科生式样的笔挺的扣领衬衫。当他讲话时，他会透过无框眼镜用急切的眼光打量对方。斯韦齐吝于提供任何有关网飞内部运作或其管理层的真正独家新闻，只在绝对必要时才会近乎羞愧地提供此类信息，似乎不严刑拷打不足以撬开他的嘴巴。

斯韦齐矜持的作风掩盖了他内心对大场面的钟爱，他尤其擅长发起精心安排的新闻发布会和冗长的电视报道，并在之后给予"场面壮观"的高度评价。

斯韦齐一看到网飞配送中心的自动程序——红色信封快速通过邮政分拣机，硕大的影片货架，工人们匆匆地为DVD打包或拆包，就设想了一系列规模壮观的电视及摄影活动。

他说服罗斯让他邀请本地媒体参观网飞的凤凰城配送中心，还要求工人们穿上前后都印有网飞硕大标识的T恤。这次活动带来了诸多正面宣传，以至于斯韦齐的"中心宣传之旅"成为网飞廉价公关活动的主要成果。斯韦齐最终赢得了《60分钟》、约翰·多诺万的《夜间连线》(*Nightline*)，以及普利策奖得主苏珊·希恩（Susan Sheehan）对这个简陋设施的新闻报道，希恩还在《纽约客》(*New Yorker*)的"城中话题"专栏里描写了她打包光盘的一天。

罗斯曾经和羞于见诸媒体的高管们共事,他很欣慰地发现,哈斯廷斯和他们不同。哈斯廷斯对员工态度牛硬、苛刻,但对记者却很友善,也深具魅力,他甚至能在最愚蠢的质疑面前控制住自己的急躁。他在罗斯上任初期就证明自己很自律,能为了品牌利益约束自己的行为。在他们的第二次财报电话会议上,罗斯和斯韦齐记下哈斯廷斯提及百视达的次数——30多次,并拿它和哈斯廷斯提及网飞的次数做对比,后者是前者的一半左右。会议结束时,他们给哈斯廷斯看记录卡,上面还有罗斯的备注:"一个领导者不应该这么做。"这是他第一次也是唯一一次不得不告诉哈斯廷斯,要专注于营销自己的品牌。

和大多数硅谷显贵一样,哈斯廷斯对自己的衣着和外貌满不在乎。牛仔裤和 T 恤是他的工作服,穿着比较考究的一次,是他在费尔蒙圣何塞豪华酒店向投资人做 2005 年陈述时,即所谓的"分析师日"陈述。由于打算让网飞有成功公司的表现,加上拍照已成为哈斯廷斯的主要采访日程,罗斯说服他聘请一名顾问,为公共场合的露面准备衣装。

"当你给《纽约时报》《财富》或是美联社拍照时,你就是在替公司发声。"他告诉哈斯廷斯。哈斯廷斯喜欢和 DVD 风扇合影,或是站在附近配送中心的某个传送带后面拍照。他曾站在自己的保时捷引擎盖上摆拍,为 1995 年《今日美国》上一篇关于硅谷初创公司的文章《怒吼吧!你是百万富翁!》配图。这之后,他之所以坚持选用公司为背景,其实是对当时那种尴尬之举的反抗。

哈斯廷斯被证明是大众媒体一个有灵气、有兴致的学生，并在大部分时间里保持着良好的公众形象。哈斯廷斯的工程师思维偶尔会战胜他的首席执行官做派。2010 年，在迪士尼公司前董事长兼首席执行官迈克尔·艾斯纳（Michael Eisner）主持的一次丘吉尔俱乐部活动中，哈斯廷斯在主持人完成其冗长以致让观众们感觉厌倦的闭幕词之前就结束了他 90 分钟的露面，起身离开了主席台。

但哈斯廷斯是一个很好的采访对象，不过这仅仅是因为（让斯韦齐为之懊恼）他愿意明确、简洁地回答每一个问题，而且他比许多技术高管更了解业务和相关行业的情况。

用户反馈

在来往于康涅狄格州和曼哈顿的通勤火车上，迈克·卡尔彻内（Mike Kaltschnee）看到了财经媒体披露的百视达和网飞之间越演越烈的戏剧性事件，他想这正是值得自己从事的事业。卡尔彻内既是职业软件工程师，也是一位业余作家，而且几乎在他决定开设博客的同时，他就对网飞产生了兴趣。他决定将这两家公司纳入新型在线日志"品牌博客"中，作者可以在上面分享对特定公司的热爱（或者憎恨），并本着透明原则邀请读者发表评论或者发布相关信息。卡尔彻内身材魁梧，有一种极客般的热忱，热衷于剖析事物。2003 年，当他新买的 DVD 播放机盒子中有一张红色的网飞免费试用优惠券时,他尝试了这项服务并为之痴迷。他当然喜爱浩瀚的电影选项和精美的网站,但他同时被其交付机制吸引。网飞是如何协调超过100万个队列的邮寄事宜的?周转时间为何取决于邮件的卸载地点?这家公司每天怎么能靠那么少的员工处理那么多的DVD?真想知道它是怎么运作的,他想。

20世纪90年代中期,卡尔彻内和三个伙伴创办过一家网页设计公司,并使之成为首批图形订阅服务公司之一。几年后,他们卖掉了公司,卡尔彻内留下来创建了针对买家旧照片收藏的第二项订阅服务。他从这样的经历中了解了订阅业务,现在他希望了解网飞是如何取得这么大的成功的。2003年11月,他推出了博客HackingNetflix.com。博客顶部的用色是网飞红,上面还有它的评论:优雅。

卡尔彻内从一开始就是不折不扣的网飞倡导者,他周围的那一拨博主也都愿意分享他们对某个产品或某家公司的个人感受。他和他每月多达25万的粉丝就网飞的相关新闻、产品发布、法律纠纷乃至纯粹的八卦发表评论,有时也会和匿名的内部人士分享看法。对于记者来说,博客是一个有关产品和价格测试、公司八卦、消费者感受的信息金矿。我潜心研读过HackingNetflix,其他大部分主流媒体记者最终也成为该博客的忠实读者。

博客及其粉丝在社交网络兴起的过程中呈指数规模壮大,消费者学会了在网上赞扬和抱怨,还会公开要求给予补偿。博客群体能以广告无法比拟的方式和消费者对话，替消费者发声。他们似乎对一切事情都了如指掌。公司可以不把他们放在眼里，但绝对不能傻到忽略他们，网飞和百视达很快就认识到了这一点。

起初，卡尔彻内每周大约发帖两三次。他的帖子包括新发行影片的简短名单、新闻报道的链接、网飞的财务或股票表现出的相关信息。他很快就建立了一个社区，其中包括经常性投稿人，以及来此站点测试新功能应用、查找服务变动相关答案或者分享经验的访客。

百视达在线 β 测试的链接最先出现在 HackingNetflix 上，由库珀善意提供。卡尔彻内和读者分享了这个链接，但他注意到，这项新服务似乎是对网飞不太成功的克隆。

随着在线租赁价格战升温，卡尔彻内希望有一种和网飞直接沟通的方法，以便让网飞答复他正在获取的有关各项竞争性服务的数以百计的提问、评论和建议。麻烦在于，网飞对此不感兴趣。卡尔彻内甚至无法进入网飞的媒体宣传联络名单。起初他对这种排斥不以为然，并注意到可以从其他来源获得这家公司的新闻素材。

2004 年年中，他再次接触网飞，要求为拟设的"提问网飞"栏目提供信息，当时访客已达一万人次，他打算为他们汇编相关信息。他还要求参观康涅狄格州的一个配送中心，承诺"友好记录此类信息（我真心喜欢你们这些家伙）"。公司的答复只有短短三行字——再次予以拒绝，并祝他好运。

卡尔彻内在一番深思之后，还是和读者们分享了电子邮件。"我知道我并不孤单。"他在一两天后发帖说。

让公司看重博客是有难度的。我真的喜欢网飞，但他们正在慢慢退缩，隔绝他们和消费者之间的联系（他们最近从网站上删除了自己的电话号码）。与之相反，公司应该善待这些网上社区，因为它们的主体是期望值很高的"尝鲜者"，他们会向大众宣传相关产品。

博客社区立即做出了反应，谴责网飞，并在主流媒体掀起了关于品牌博客在信息生态系统中的地位的热烈讨论。《纽约时报》《华尔街日报》等高端媒体开始频繁引用卡尔彻内的观点，将其作为一种消费者主张。他还获邀参加了微软全国广播公司（MSNBC）的品牌博客秀。

就在卡尔彻内做了分水岭意义的发帖壮举之后，网飞终于联系了他。产品营销主管米歇尔·特纳告诉他，公司想把HackingNetflix和其他博客纳入其媒体宣传计划，只是不确定他们是否能胜任。接下来的谈话导致客服电话重新出现在网飞网站和卡尔彻内的网页上，尽管狄龙对接线员带来的成本持有异议。

卡尔彻内还加入了网飞的联营计划，并开始在他的读者成为网飞订阅用户的情况下得到少量佣金。2005年年初，罗斯和斯韦齐接管了沟通部门，卡尔彻内发现他在网飞的地位再次上升。

尽管罗斯和斯韦齐本人与博客或社交网络没有打过交道，但他们意识到这有可能成为一个重要的沟通渠道。

他们在纽约市联合广场的星巴克第一次见面时，罗斯发现卡尔彻内优雅、专注又专业。他决定把 HackingNetflix 当作一种新媒体——有别于《纽约时报》或是路透社，但处在同一档次。他同意卡尔彻内参观配送中心的请求，并邀请这位博主到洛斯加托斯采访哈斯廷斯。卡尔彻内非常兴奋。几周后，卡尔彻内终于带着一份长长的读者提问清单坐在哈斯廷斯面前，但他太紧张了，以至于罗斯不得不中止采访，要他做几次深呼吸冷静一下。

不过，卡尔彻内还是毫不客气地转述了读者的尖锐问题，涉及在重量级 DVD 用户中不断涌现，甚至开始困扰卡尔彻内的一个问题。他称之为"压制"。

网飞似乎有意放缓了针对部分订阅用户的电影交付，在这些用户长达数月的口头抱怨之后，卡尔彻内承认他们可能是对的。这些用户在相互交流中了解到，他们可能符合网飞内部认定的"猪类"用户的特征，这个群体占订阅用户群的大约 25%。

"我通常是一个非常快乐的网飞用户，但有时对他们的分配战略有些失望。"卡尔彻内在 2004 年 3 月 22 日写道：

> 自从索菲亚·科波拉轰动一时的《迷失东京》发行一个多月以来，我一直处于"漫长的等待"中。我会因为比普通网飞用户租看更多电影而受到惩罚吗？

两个月后他仍在等待。不过这次，读者们已经开始讨论类似的经历。一个名叫伊莱的发帖人写道：

> 我不确信他们在等待系统的工作原理方面绝对诚信。网飞的最佳利益是向刚刚将电影放入自己队列的用户交付影片，而不是那些一直处于等待的用户。

这些抱怨以及对挑选特定用户这个事实的领悟，促使旧金山一位用户在2004年年底提起了一项集体诉讼，并最终迫使网飞承认，它会在库存紧张的情况下优先照顾租片较少的用户。这个系统有助于保留临时租户（即网飞所谓的"鸟类"用户），而延迟向花钱更多的"猪类"用户出租影片。

几个月后，卡尔彻内注意到在康涅狄格州丹伯里市他的住处附近，百视达门店拒绝兑现公司促销宣传的"终结滞纳金"承诺。他的数十名读者都在附近的百视达门店遭遇了类似经历。他们的评论经媒体放大最终吸引了48个州总检察长的关注，他们就百视达虚假广告宣传提起了诉讼。

网飞和百视达都在庭外解决了各自因博客引起的诉讼，条件是向订阅用户提供一些免费租赁服务。尽管他们不承认自己的过失，但此次经历促使这两家公司密切关注用户的网上评论，但卡尔彻内后来担心哈斯廷斯没有认真吸取这个教训。

哈斯廷斯同意阅读HackingNetflix，但他告诫高管们不要把它太当回事。他说,它不足以代表对网飞抱有强烈兴趣的消费者。

尽管这有可能是事实,但卡尔彻内认为,公司漠视自己最忠实追随者的反馈意见是一个错误。他们的互联网应用方式往往能将事情放大到不可忽视的地步,这是网飞后来尝试取消两个热门网站功能带来的结果。

事实上,每个用户数据来源都向市场研究及分析总监乔尔·迈尔和产品总监克里斯·达尔纳表明,网飞订阅用户希望细分其队列,以便每个家庭成员都能自行选择电影。这个想法讲得通。来自不同队列的数据能给出更准确的 Cinematch 推荐,订阅用户也会有更好的体验。哈斯廷斯反对这个主张,说那会是一个妨碍所有后续决定的难以摆脱的麻烦。他说,如果订阅用户希望每个家庭有多个队列,那就应该让他们购买不同的队列。

在迈尔和达尔纳的恳求下,哈斯廷斯允许将队列细分,但他坚持要尽可能便宜、简单地建立队列,便于失败时进行拆分。命名为 Profiles 的此项功能于 2005 年不动声色地推出,因此,最初只是吸引了订阅用户群中的少部分热忱用户。

几乎在同一时间,哈斯廷斯将一项 Friends 功能纳入网站,作为对社交网络人气日益高涨的一种回应。由于联邦隐私法禁止网飞公开共享用户的租赁数据,任何队列共享只能在订阅用户中进行。此项功能还被认为可以起到用户留存作用。网飞的焦点小组指出,一旦和朋友们分享自己的体验,用户就更有可能租赁或购买影片，欣赏更多电影。

尽管如此，和 Profiles 类似的 Friends 功能在为期 6 年的存在中仅获得了少量支持者——10% 或者更少的订阅用户，因为许多订阅用户表示，他们不愿意共享自己的电影列表。

2008 年，哈斯廷斯决定关闭 Profiles 功能。公司用在博客上发布短帖的方式通知了用户，HackingNetflix 的读者们为此提出了口头抗议。

一个名叫莉萨的发帖人写道：

> 这是我看到的网飞迄今为止对用户最不友好的行为。这根本不是在鼓励用户。

一个名叫迈克的发帖人写道：

> 哇，他们到底在想什么？我 2004 年就是会员了，这是我第一次考虑更换服务。

发帖人抱怨不断，他们要求《纽约时报》科技专栏作家戴维·波格（David Pogue）调查网飞的决定。波格发现斯韦齐的初步解释——Profiles 搞砸了网站的编程——"信息不足且居高临下"。

10 天之后，网飞产品经理托德·耶林（Todd Yellin）在网飞的博客中指出，公司已经推翻了毙掉 Profiles 的决定。

在听取会员的意见之后，我们意识到使用此项功能的用户往往将其描述为他们必不可少的体验。简单是一项优势，但它肯定会被实用性抵消。

尽管耶林表达了歉意，但卡尔彻内认为网飞并未理解订阅用户传递的信息。当公司在 20 个月后即 2010 年间突然关闭 Friends 时，他对这一点更是深信不疑。作为网站重新设计的一部分，公司未予警告或解释就关闭了此项功能，Friends 的一群铁杆用户请求卡尔彻内"拨乱反正"。在随之而来的骚动中，耶林再次承认"失了球"。

我们读过不满此项决定的用户们的每一篇博文、推特、新闻报道、客户服务通话记录。我们为此前未能更加坦白地告知而致歉。

这次将不会暂缓执行。

我们决定挪用一项低使用率的功能的开发时间和资源，以支持和维护随着服务的发展必将惠及所有网飞用户的事情。

卡尔彻内心烦意乱地得知，斯韦齐同意在不向用户事先陈述理由——甚至透露消息——并予以告知的情况下，关闭上述两项功能的决定。卡尔彻内认同必须为了服务质量而关闭此项功能，但他不明白，公司为何认为没必要对订阅用户做出解释。

"当人们真正热衷某事时，你必须告诉他们情况，说明你为何要关闭它，以及这么做会在有朝一日改善他们生活的理由。"他告诉斯韦齐。

取消 Profiles 和 Friends 暴露出网飞在营销决策和工程决策之间存在着日益扩大的断层。为自身利益考虑的技术进步动力似乎取代了了解用户需求、满足用户需要的愿望。卡尔彻内担心这个插曲是傲慢和固执情绪的反映，会导致哈斯廷斯在无法忍受他所预见的网飞发展速度时对用户的感受充耳不闻。

哈斯廷斯最后获胜了，他在 2010 年悄然关闭了 Profiles，没有解释，用户也没有抗议。那时网飞的视频流服务差不多已经消除了订阅用户保持队列的必要性，这项功能算是"自然死亡"了。

这个消息让卡尔彻内感到沮丧。通过在 HackingNetflix 之类的论坛上和自己的用户进行特别接触，哈斯廷斯是否从中学到了什么呢？他希望如此，但他开始产生了疑问。

09

《黄金时代》

The Best Years of Our Lives

(2005—2006)

百视达代理权争夺战

安蒂奥科撤回针对好莱坞视频的竞价之后,怒火中烧的伊坎立即在媒体上对他口诛笔伐。安蒂奥科开始对他强人所难的电话置之不理:这位暴怒的亿万富翁习惯在收盘时给百视达总部打来电话,安蒂奥科则让秘书声称自己已经下班。

这个战术事与愿违,因为伊坎发誓要把安蒂奥科钉到他的耻辱墙上,即在5月11日百视达达拉斯年会上的代理权争夺战中剥夺他的董事长职务,或许同时剥夺他的工作机会。安蒂奥科开始意识到自己犯了一个错误,他没有更好地去安抚伊坎,而是在努力摆脱他。不过为时已晚,事态已经不可挽回。就在会议召开前的几周里,股东咨询服务公司格拉斯-刘易斯(Glass Lewis)和国际股东服务公司(International Shareholder Services)有条件地认可了伊坎的提名,包括他本人及媒体主管斯特劳斯·泽尔尼克(Strauss Zelnick)和爱德华·布莱尔(Edward Bleier),以接替安蒂奥科和两位任职期满的现任主管。这两家公司建议股东推举泽尔尼克和布莱尔进入董事会，同时尽可能拒绝伊坎的投票结果，因为他对安蒂奥科和百视达高管团队明显的仇视不利于公司的发展。

这种紧张态势在5月6日的百视达财报电话会议上达到了顶点，分析人士和记者听到伊坎和安蒂奥科争论了6分钟之久。

"你是否愿意承诺，如果这些措施不奏效、事情得不到解决的话，你将允许整个董事会接受明年的选举，从而让股东有权按照自己的意愿撤换董事？"伊坎问道。

"决定不该由我来做，董事会将做出决定，这是我能给你的最好答案。"安蒂奥科予以回击。

最后，安蒂奥科让接线员切断了伊坎的讲话。

安蒂奥科征召企业沟通高级副总裁卡伦·拉斯科普夫来做损害控制，以回应格拉斯-刘易斯和国际股东服务公司向他和各位董事提出的建议。百视达的高层管理人员在年会前夜寻求妥协，谈判进行到凌晨2点，早上8点又重新开始谈判，但为时已晚。

局势发生了惊人逆转，在5月11日的会议上，伊坎和两位持不同意见的董事争取到了77%的百视达股东赞成票，伊坎及其对冲基金合伙人结成的联盟占了上风。在复兴大厦礼堂参加会议的百视达员工震惊了，一些人还痛哭流涕。被剥夺了董事长职务的安蒂奥科发誓，要就此实质性变化启动其雇佣条款项下5 400万美元的遣散费。

"如果我告诉你今天是开心的一天，那是在撒谎，因为事实并非如此，"安蒂奥科说，"不过，我们会从容应对。"

为了回应安蒂奥科的威胁，百视达董事会投票设立了第八个董事席位，以恢复这位首席执行官的董事长职务。伊坎也重申，他和他的董事不会试图阻止在线业务及滞纳金战略。

百视达股票价格的反应是摆动式上升。不过在接下来的一天，出于对百视达债务攀升、竞争加剧的担忧，惠誉国际（Fitch）和标准普尔（S&P）这两家重要的企业债务评级机构将其信用评级大幅下调为"垃圾水平"。

商业广告计划

2005年年初的一天，埃里希·齐格勒在硅谷朋友家参加一个"超级碗"派对，当时的电视屏幕上正播放一条百视达在线商业广告。广告一结束，参加宴会的其他人都围过来问他：网飞是否对百视达不惜血本的广告攻势感到不安？

"我能用那些钱花出一百万个花样，"齐格勒说，"我根本不害怕。"

齐格勒开发了一个被他命名为FlexFile的复杂而先进的电子表格程序，这是为了满足上司莱斯莉·基尔戈的要求，提供有关网飞营销计划执行情况的信息和预测。FlexFile的绝妙之处是它能够保存数据，比如，针对某条特定广告长达一周的回应，并推断出为期一个月、一个季度和一年的预测结果。

它能分解网飞投放广告的所有营销渠道，包括广播、电视、广告牌、网络，以预测其单次购买成本、终身用户价值和购买次数，可以计算出收入和取消情况，以及网飞通过特定广告配置获得的订阅用户人数。

利用这个程序，齐格勒能准确预测网飞连续 16 个季度的营销成本和订阅用户数量。FlexFile 要好过"水晶球"，而且在齐格勒看来，随着与百视达的战斗越演越烈，它能缓解网飞高管们所处的高压环境。齐格勒使用 FlexFile 分析了百视达的营销计划，并指出了他认为的那些代价高昂的失误，即网飞长期以来犯下的错误和吸取的教训。失误之一是参与子公司的优惠券和返利网站，并因其介绍用户而支付巨额赏金。这些网站的截留能力惊人，欺诈程度也很高。他为之狂喜的一个事实是，囊中羞涩的百视达一直在持续对此类功能进行投资。

尽管存在诸多失误，百视达还是凭借其大手笔广告和慷慨提供的优惠券吸引着越来越多的订阅用户。网飞必须对这种做法予以回应。

基尔戈发现，只有一个方法可以在不牺牲重要营销资金的情况下进行价格竞争，即推出一组订阅计划，将其初始价格确定为单张 DVD 不限次的月租 9.99 美元。这个声明加上麦卡锡 4 月披露的消息（即鉴于百视达的攻击力超出了预期，网飞盈利能力的恢复将延迟一个季度）招致了华尔街分析人士的批评，他们担心网飞订阅用户会涌向较为便宜的计划。

贷款谈判

2005年年初，安蒂奥科和齐纳不得不和贷款人重新就百视达的贷款协议进行谈判，因为他们意识到"终结滞纳金"宣传导致其业务发展速度低于预期。事实证明，削减成本的难度也超过了预期。熟悉安蒂奥科周转计划的百视达债权人很快就在贷款协议中给予这位首席执行官更大的亏损经营空间，以便他能壮大在线业务，顺利实施"终结滞纳金"方案。

和银行一样，制片厂也注意到了百视达收入的戏剧性下降和DVD销售速度的放缓，从而对百视达的延迟支付做法相当宽容。齐纳和谢泼德在春季四处走动，请求家庭娱乐界高管缓收DVD库存费用，并免收租金收入分成。

但代理权之争成了贷款谈判的一个议题，贷款人要求确保安蒂奥科而不是伊坎掌控公司。一些制片厂把这个租赁巨头的财务麻烦当作一个很好的借口，要借此终结与百视达的收入分成协议。"安蒂奥科从未在双赢方案的指导下进行谈判。他面临着极大敌意，因为他没能意识到与好莱坞的合作是长期合作关系。"一名家庭娱乐公司高管对好莱坞的一家娱乐媒体说。从某种意义上说，制片厂最终促使百视达实现了他们所期待的目标：DVD销售额达到183亿美元，消费者对光盘的需求也似乎无穷无尽。整体租赁收入从89亿美元下降至83亿美元。

在线客户营销计划

2005年年初,埃万杰利斯特的市场营销计划进行得如火如荼,每周都有1万用户订阅,他的黑莓手机每个小时都会响起,告知他用户注册情况。百视达在线已经步入正轨,将在当年年底达到拥有200万订阅用户和30个配送中心的目标,安蒂奥科对这样的基准表示赞赏,承诺2005年向在线服务投资1.2亿美元。

百视达在线订阅用户数量的稳定增长掩盖了一个严重的用户流失问题——自新服务推出以来就困扰公司的取消订阅行为。埃万杰利斯特一直在争取美国电话电报公司(AT&T)前任营销主管莉莲·赫塞尔(Lillian Hessel)的支持,以便解决用户留存问题。赫塞尔在美国电话电报公司和辛格勒公司(Cingular)合并之后辞职,她希望找到一份不常出差而且更有弹性的工作,从而有更多时间陪两个年龄尚小的孩子。

赫塞尔是一个身材娇小、五官精致的金发女子,在和埃万杰利斯特交谈之后,她确信自己想在百视达在线任职,主管内容包括监督客户服务和分析。她告诉埃万杰利斯特,这项工作似乎很难由一个人承担,她还提出了建议,要埃万杰利斯特划分好职责,再向其他人提供这个职位。这次会面结束几天之后,埃万杰利斯特给赫塞尔打了电话,催她接受这份工作,当时她正在孩子的学校里忙着参与一个慈善活动。

"我正在失去自己不可或缺的用户,我甚至来不及回报他们,"他告诉她说,"你能帮我吗?"

赫塞尔上任的第一天,埃万杰利斯特领着她看她未来的办公室。在美国电话电报公司享有独立办公室的赫塞尔遭遇了到一家初创公司(尽管有大公司做靠山)打工的公司文化冲击。

"好吧,不过这些人是怎么回事?"她指着房间里另外几个在电脑前忙活的人问道。

"这些是你的同事。"他告诉她。

"那这气味是?"

"楼下的贮油池,它不时会散发出浓烈的味道。"她的新同事说。

快节奏和自由度很快就让赫塞尔接受了自己的新工作。她比新同事们早10年参加工作。她了解企业流程,遵守公司礼仪,表现得从容稳重。赫塞尔骄傲地自称"古典淑女",不过她会在表达某个观点时大爆粗口,也会在埃万杰利斯特犯错时直言不讳地指出来。

和伦道夫、基什一样,赫塞尔的用户留存方法也来自她的直邮经验,这意味着尽可能让用户获得完美体验。研究百视达在线的Web界面和后端系统后,她意识到漏掉了一些重要细节。有的问题相当复杂,比如履约系统在订阅用户的首选项落空时,应该挑选并发送什么样的光盘;有的问题比较简单,比如由谁负责检查DVD上的划痕。

就像网飞过去7年里的精心优化那样,这些问题很容易逐个得到解决。在市场份额争夺战最激烈时采取一网打尽的方法，其结果将不可收拾。修正配送系统至关重要，因为它是公司与用户之间的唯一实质性纽带。大多数的用户投诉都集中在对热门DVD的漫长等待上。规模较小、配置草率的配送系统未能考虑到百视达在线的用户聚集地，由此造成的交付缓慢也影响了用户留存率。

百视达在线计划的价格较低，这缓解了某些用户服务问题。但赫塞尔有时会面临艰巨的斗争，她很难说服埃万杰利斯特和库珀先解决服务缺陷，再去投资更多的用户获取渠道或者新的网站功能等事宜。

另一个问题是：他们复制了网飞的履约系统，但没有真正理解它的工作原理。网飞快速实现隔夜交付的原因是让用户群来确定中心所处位置，而不像克拉夫特和埃利斯那样，仅仅把它们安置在人口密集的中心地区。

慢慢地，他们了解了作为业务支配因素的供求消长情况。他们想出了如何在可靠的配送市场投放战略性广告，以及如何让广告的投放避开可能延迟交付的地域。程序员对后端算法进行了微调，以改善访问效果，涉及如何在等候时间过长时给用户发送其队列中的第一张DVD，或者发送会更快送达的次级选项。

赫塞尔学会了识别有可能取消服务的订阅用户——通常是队列电影数量较少的用户，以及队列电影侧重于某个类型或演员的用户——并启动了电子邮件宣传活动，耐心地说服这些用户选择更多电影类型。

慢慢地，用户留存率有所提高，获得用户的成本则出现了小幅下降。赫塞尔想，他们最终会摸到窍门的。

债务危机

到了夏天，安蒂奥科再也无法确保在线方案免遭公司财务困境的影响。一如麦卡锡和基里辛科的模型预测，百视达的财务危机爆发了。截至当时，该年度的 DVD 发行举步维艰，作为租赁收入公平指标的票房收入也较 2004 年下降了 5%。很显然，百视达将无法实现它的盈利目标，这意味着它处于违反债务契约的危险之中。安蒂奥科指示齐纳再次逼迫百视达的债权人放宽还款期限，并将这个消息爆料给埃万杰利斯特，说他不得不暂停几个月的营销支出，并有可能提价，向网飞看齐。

谢泼德被派往好莱坞制片厂，去恳求宽限光盘的付款期限，从而满足百视达在线的增长需求。大多数制片厂都表示同意，唯有环球电影公司坚持让百视达严格遵守付款时间表。结果是，连锁门店和在线服务决定不再向用户提供环球电影公司的某些新影片，而略微增加了较热门电影的存货。

安蒂奥科打电话给库珀，要求他将自己的营销预算砍掉一多半。这个削减幅度如此之大，以至于库珀不得不致电一些联营公司，为不得不中断它们和百视达在线的联系或是腰斩它们的赏金表示歉意。这次经历让布里奇斯焦头烂额，因为母公司延迟支付的做法已经让此项服务的一些广告合作伙伴及其供货商们不胜其烦。

安蒂奥科向百视达在线承诺的大笔营销资金非常关键，它可以保持用户创纪录式的增长速度。库珀担心这个命脉一旦被切断，会终止其发展势头。令他失望的是，他的担心变成了现实。大幅削减营销资金的结果就像是踩了刹车。新订阅用户的增长速度勉强跟得上取消速度，以致百视达在线在几周后停滞不前。网飞3月的订阅用户数量突破了300万，百视达却不得不放弃了在2005年年底前实现200万订阅量的目标。

作为弥补，埃万杰利斯特和库珀加紧对门店工作人员施压，要他们向用户积极兜售在线服务。对于门店经理来说，这是一项艰巨的销售任务，他们目睹了美国国内数十家业绩不佳的门店被关闭，也相信自己的工作正处于危险之中。无线网卡电脑（百视达门店仍然没有接入互联网服务）上的订阅率极低，库珀和克拉夫特决定一探究竟。

他们建立了抽样调查国内门店的"神秘顾客"考察组，发现一些门店经理用消极战略极力劝阻他们的客户订阅服务，比如藏起订阅笔记本电脑，甚至对前来咨询的用户说在线服务根本不行。

埃万杰利斯特非常愤怒。他直接向安蒂奥科投诉。在与谢泼德和门店运营高级副总裁布赖恩·贝文（Bryan Bevin）的一次紧张会谈中，安蒂奥科亮明了他的最后通牒：谢泼德和贝文将从门店合作起步，否则就要裁员。门店正在失去收入，这种情况不会改变——只要百视达的用户抛弃门店转而上网。安蒂奥科希望他们去百视达在线，而不是网飞。这是命令。

贝文是有着执行人美誉的沉默寡言者，他很在意安蒂奥科的恐吓，便马不停蹄地飞往百视达剩余的5 000家自有门店，确保门店经理们谨记这一要旨。他和谢泼德为在线订阅客户最多的门店设计了一套奖励制度，在两大门店主管的热情支持下，这个制度初见成效。谢泼德后来把这件事比作宗教皈依。

更令埃万杰利斯特沮丧的是，沃尔玛决定关闭其在线租赁服务，将其客户引导给网飞——这是哈斯廷斯在晚宴上和弗莱明达成的协议，他最终说服了这位沃尔玛首席执行官，让他确信自己不会力不从心。

沃尔玛为它的小规模订阅用户群提供了一个机会，他们可以在网飞继续享受订阅服务，目前的折扣价维持一年。这个零售业巨头还同意在其主网站上宣传网飞，作为交换，网飞会提醒自己的订阅用户到沃尔玛购买DVD。

埃万杰利斯特和库珀感到猝不及防，不过还是在第二天拼凑出了一个还盘[①]。沃尔玛和网飞订阅用户如果切换到百视达，可

---

① 还盘（counter-offer），交易方式之一，即接盘人对发盘表示接受，但对其内容提出更改的行为。——编者注

以有两个月的免费租看期,还能获得一部自选 DVD 电影。沃尔玛将 DVD 租赁战场拱手让给网飞,百视达却无法取悦这两家公司的用户,不过它最终还是说服了华尔街:在线租赁业并非表面看来那样顺风顺水,也不是店面租赁的廉价替代品。

"我们认为,沃尔玛推出此项业务并将其委托给网飞的决定反映了网飞的卓越运作,以及该领域在成功执行和盈利能力方面的高门槛。"托马斯·魏舍尔伙伴公司的分析师戈登·霍奇(Gordon Hodge)在将网飞股票提升为"业绩优异"级别的报告中这样写道。

互换市值排名

鉴于身后的债务危机和代理权之争,安蒂奥科和他的经理们开始严阵以待,要和越来越无法发挥作用的董事会展开一场拉锯战。

安蒂奥科认为伊坎似乎总是心神不宁,在董事会会议上准备不足——打电话或是重提之前会议上解决过的问题。伊坎坚持让自己公司的人对安蒂奥科带到董事会的交易协议进行审查,而这往往会使行动延迟数月,或者导致潜在的合作伙伴黯然离去。与惠普合作开展电影流媒体传输的一个交易就是这样夭折的;一个关于收购制片厂下属的流媒体服务商 Movielink(由好莱坞几大制片厂创建的电影下载服务)的机会,也是在拖延数月后才由董事会做出了决定。

伊坎终于成功地让大多数董事会会议都在自己的曼哈顿办公室举行，这为多数身在纽约的高管们提供了便利，安蒂奥科也对此认可，这样的话，他就有机会看望家乡的朋友们。不过，尽管安蒂奥科贵为董事长，但在伊坎办公室召开的会议基本上是由伊坎把控的。

为了公司利益，安蒂奥科和伊坎掩盖了他们之间的分歧，至少他们在公开场合会表现出志同道合的样子。网飞的高管团队面对涉及代理权之争的媒体报道保持着沉默，但他们心里却乐开了花，因为伊坎和安蒂奥科之间越演越烈的积怨让安蒂奥科无法专心对付网飞。

鉴于百视达的营销计划出现了停滞，网飞的发展似乎势不可当——超越了预期，股票价格涨回每股略低于 30 美元的水平，这在百视达介入在线租赁以来从未出现过。

娱乐行业的变局似乎也对网飞有利。影院遭遇了史上最长的 20 年票房低迷，它们还要对抗家庭娱乐系统的兴起。2005 年，据益普索民意调查显示，接受调查的美国人中仅有 22% 的人愿意到电影院看电影，而不是在家看 DVD。当年夏天，迪士尼公司的首席执行官罗伯特·伊格尔激怒了电影院老板，因为他预言 DVD 和电影不久就会同步发行，这是为了节约制片厂的营销成本，并充分利用更加有利可图的 DVD 销售。

亿万富翁马克·库班（Mark Cuban）是 HDNet 电视频道

的创始人，他极力倡导以各种形式（电影院、DVD、按次付费）和分级定价同步发行电影，从而让消费者决定是去电影院看电影，还是支付一定费用在家看电影。这个想法招致娱乐界的抗议，但获得了消费者源源不断的支持。

此外，米奇·洛在 Coinstar 自动售卖机公司旗下的新公司 Redbox 重新露面了。Redbox 当时在麦当劳餐厅里面测试自助视频出租机，该机器还有一些小问题需要处理，不过 1 200 台自助售卖机的成功测试已经足矣。这家公司因此制定了一个目标，要在全美安装多达 2 万台自助售卖机。Redbox 的日租金是 1 美元，库存侧重于新发行影片，网飞管理层将它视为与百视达和影库性质近似的紧迫挑战。

尽管金融界对网飞仍持怀疑态度，但网飞在几次消费者满意度调查中都保持领先，击败了名气更大的亚马逊和电视购物巨头 QVC。

4 月初，百视达宣布将把它最受欢迎的 three-out 订阅计划的价格从 14.99 美元提高到 17.99 美元，以便和网飞的价格看齐。网飞终于避免了麦卡锡去年冬天预测的价格战。哈斯廷斯和他的团队得意扬扬地盘算，他们很快就能吸引那些抛弃百视达在线的客户。

到了夏天，看起来亚马逊显然不会在美国推出 DVD 租赁服务了，麦卡锡也开始在投资人中散播这个消息。网飞最可怕的这个竞争对手公布了一项德国 DVD 租赁服务，其计划的定价——月租 9.99 欧元、3 次租赁机会、每次 1 部电影，几乎和网飞的月租 18.99 美元、6 次租赁机会、每次 3 部电影的相同。亚马逊似乎要利用这些服务学习国际在线业务，它在国际上拥有抗击网飞的更好的机会。

只有大手笔收购好莱坞视频并忙于消化相关事宜的影库才完全忽略了在线租赁业务，这个决定让哈斯廷斯将信将疑。影库董事长兼首席执行官乔·马卢金在 8 月的财报电话会议上明确表示，他根本无意进入已经过热的在线领域。

"在线交付模式需要耐心，以及很多天的计划和等待。我们知道，在线模式并不能满足我大部分消费者的需求，因为对大多数人来说，租电影并非一个深思熟虑的行为。"马卢金告诉分析师说，"我仍然认为，在线租赁是一项仅能吸引大约 5% 市场份额的业务。而且我相信，这个事实有百视达和网飞反映其当前价格战的近期财务业绩作为证明。"

百视达的现金危机在几周后爆发，公司自 1999 年上市以来首次声称不再支付季度股息。《综艺》（*Variety*）杂志报道说，谢波德紧急约见神经紧张的制片厂和其他产品供应商，再次乞求延长付款期限，同时确保百视达秋季发行 DVD 的货源不被切断。有关百视达即将终止滞纳金从而放弃 4 亿美元收入的消息不胫而走，导致一些制片厂提出了预付现金的要求。

安蒂奥科将实体店租赁行业形容为"画地为牢"，并认为电影制片厂有正当理由担心：对于影院和家庭租赁收入而言的灾难性一年预示着某种剧变的到来。

"我并未试图将租赁业的一切描绘得天花乱坠,这不是事实。"安蒂奥科在12月的一次采访中说。不过他仍然预测说,百视达在2005年前3个季度的损失将超过5亿美元,之后会在第四季度实现盈利。

与此同时,贝尔斯登将网飞从"业绩一般"升级为"业绩优异",并上调了它的价格指标,因为情况表明,租赁业的统计数据最终证实了安蒂奥科和哈斯廷斯之前的判断:主流用户正在远离门店租赁服务。分析师在致用户报告和接受采访中对百视达的业务模式进行剖析,并指出它的店面和管理费用过于臃肿,安蒂奥科便开始忙于剥离的工作。2005年年底,他将百视达的电影采购及配送子公司DEJ Productions以2 500万美元的价格打包出售,并放言说要将Movie Trading和Video King报价出售。安蒂奥科说,这两个零售渠道正在分散公司对核心业务的关注。公司出售了1.5亿美元的可转换债券,伊坎则将其百视达股份增加到15%,成本为3 800万美元。

随着这个糟糕的年份行将结束,坏消息有了数字证明:2005年全年的电影票销售额比峰值2002年下降了12%,而电影租赁的整体开支也出现了25年来的首次下降。不过,DVD的销售量仍在增长。

尽管其订阅用户止步于百万人次,但百视达在线终于开始以增长收入流的方式为公司的整体良性发展做出了贡献。对于百视达来说，这是艰难的一年，它不得不在深度低迷中谋求实质性的业务变革。不过，齐纳告诉投资人，2006 年的情况会有好转，"终结滞纳金"等新方案和百视达在线将取得预期成果。

〉

网飞在 2005 年年底无负债，订阅用户达到 420 万，而且鉴于它主要依赖老电影，它完全有资本夸耀自己的业务不受制于变幻莫测的好莱坞电影发行日程。两家公司大约在年中时互换了市值排名：网飞 2012 年的市值约为 15 亿美元；百视达仍有超过 10 亿美元债务，市值降至 6.84 亿美元。

10
《帝国反击战》
The Empire Strikes Back
(2006—2007)

数字视频

到了 2006 年年初，媒体和华尔街放过差不多已经僵死的百视达，开始讨论下一步的情形——网飞或者是完全绕过 DVD 租赁的某种视频点播方式。

宽带已经进入很多美国家庭，制片厂再次考虑通过互联网发行视频。他们不得不开始承认，由于视频在电影院、有线电视和不可移植（数字标准）VHS 格式中只是被限制使用，所以严格控制内容访问的黄金时代一去不复返了。制片厂首选视频点播格式，因为它们担心另一个百视达的崛起会导致其财源分流，而某种偶然迎合的交付模式也会导致消费者不再观看广告或支付有线费用。HBO（美国有线电视网络媒体公司）、Starz（美国有线付费电视频道）、Show-time（美国的一家付费有线电视网）等付费有线电视提供商每年要集体掏出 15 亿美元给制片厂，从而获得新电影的独家转播权，制片厂绝对不会束手就擒，乖乖放弃这笔收入。而且，索尼之外的所有大制片厂都是联合大企业的一分子，它们要么拥有有线频道，要么拥有有线电视发行机构。

2006年，DVD租赁和销售总收入达到了270亿美元的极限。在接下来的一年里，预计该收入会出现缓慢而有限的下降。数字视频交付将呈3位数逐年增长，但仍然只占电影销售年收入的1%~2%。

流媒体服务

作为制片业大佬，迪士尼的伊格尔第一个接受了内容免费（可以这么说）的互联网精神。迪士尼刚刚和史蒂夫·乔布斯的皮克斯动画工作室合并，它首开先河，在乔布斯苹果公司下属的在线音乐商店 iTunes 上销售电影和电视节目。迪士尼在百视达投放《加勒比海盗："黑珍珠"的诅咒》(*Pirates of the Caribbean：Curse of the Black Pearl*)之类的电影，并在 iTunes 上投放黄金档电视剧《迷失》(*Lost*)，这些举动标志着它接受了高科技公司早就了然于胸的道理：消费者将在期望的时间和地点观看他们期待的内容，而内容所有者对此将无能为力。迪士尼还开始测试它自己的两个数字化手段：通过机顶盒租看迪士尼电影的 MovieBeam 下载服务；在一个有广告支持的流媒体网站上转播 ABC（美国广播公司）电视节目。

MovieBeam 很烦琐，需要消费者购买标价 200 美元的机顶盒，机顶盒和数字录像机类似，每月能用某种广播信号向订阅用户家中传输 100 部电影。客户必须为其订阅的每部电影再次付费，并在按下播放键之后有 24 小时的观看时间。

事实证明，ABC 的媒体播放器更加成功，因为它是免费的，每次插播仅需消费者观看几条 30 秒时长的广告。播放器的应用程序很容易下载到笔记本电脑上，能提供快速、完美的视频流。

此后不到一年，MovieBeam 在市场上举步维艰，迪士尼干脆将其拆分，随着 ABC 播放器的普及率稳步增长，观众要求在为期两个月的测试中提供 1 600 万次视频流。

但其他制片厂投资的下载网站未能起飞，主要原因是其数字租赁模式有高昂的成本和制约因素。作为五大制片厂（米高梅、派拉蒙、环球、索尼、华纳兄弟）的合资企业，Movielink 提供了 1 400 部租赁电影，还出售有 1 000 部可供下载或刻录 DVD 的电影。由自由传媒集团（Liberty Media）的 Starz 频道、微软和索尼组建的 Vongo 视频下载服务，试图在按次付费和订阅方面同时取悦消费者，不过它最初提供的电影仅有 1 000 部。

下载服务也吸引不了消费者，因为存在另外一个暂时无法解决的问题：美国宽带的渗透率增长缓慢。2006 年年初，仅有不到 50% 的美国家庭接入了宽带，而那些有快速互联网接入的家庭要将一部准 DVD 品质电影下载到笔记本电脑或者台式机上的话，仍然需要等待好几个小时。即使下载了文件，其分辨率和声音质量也无法接近新的高清晰度（HD）DVD 和蓝光格式。

而且人们还没找到一种简单方法，将电影从网络传输到大部分消费者爱看的电视上。

下载方法和商业模式拙劣，网站不引人注目，整体服务无法与网飞或百视达在线（尽管有其缺陷）竞争。

哈斯廷斯和麦卡锡目睹了下载服务的兴衰过程，认为一项运作良好、价格便宜的流媒体服务可以赢得他们的青睐，但他们确信必须先行解决若干致命缺陷，然后才能成功实施数字交付。选择适当的电影可能很困难，因为制片厂已经和HBO、Starz、Showtime等付费有线公司签了协议，给予它们为期10年的电影转播权。要获得这些转播权的话，其订阅用户群必须超过网飞预测的2006年年底600万用户的规模。

尽管哈斯廷斯和麦卡锡公开强调网飞将在来年推出自己的下载解决方案，但他们在那时已经改变了主意，他们决定发明一种和迪士尼播放器类似的便捷型媒体播放器，他们期望这种播放器能把视频从互联网直接传输到任何便携式可视装置上，并最终传输到电视上。

不过，这个想法没能实施。他们认为，独立机顶盒的费用将使相当多的潜在订阅用户远离数字交付，还会限制流媒体传输的快速增长速度，从而无法说服制片厂允许他们介入内容交易。哈斯廷斯很欣赏优兔软件的易用性和便利性，他意识到一个能下载到任何可视装置上的免费视频播放软件程序会大行其道。哈斯廷斯还引进了数字视频录像机设计师兼ReplayTV创始人安东尼·伍德（Anthony Wood）的设计，伍德设计了一种价格低廉、易于使用的传输机顶盒，从而使网飞完成了从网络到电视的最后几个关键步骤。

哈斯廷斯向记者强调，网飞并没有和包括苹果在内的下载网站开展竞争，因为订阅租赁吸引的是特定用户，即那些有备而来的只是偶尔需要一时便利的用户。他认为其他站点可以和网飞形成互补。

在百视达解决自身债务问题的 6 个月里，网飞几乎没有竞争对手，哈斯廷斯自信地宣称他的公司将在 2006 年实现超越预期的收入和用户增长。他在 4 月告诉投资人，在波士顿、加州门洛帕克等地，有多达 20% 的 DVD 家庭现已成为网飞订阅用户，而且市场并未表现出饱和迹象。网飞的股价已经反弹回每股 30 美元，百视达则在大约每股 4 美元的价位停滞不前。

不过，尽管在 2005 年第四季度至 2006 年第一季度期间的订阅用户增长处于极低水平，但百视达在线依然是一个威胁。鉴于其母公司的债务问题尚未失控，网飞并不希望看到它复苏。

网飞想即刻吓阻业务几乎雷同的竞争者。百视达在线发布测试版本之后，由于显示有相似之处，网飞开始向百视达发送停止和结束函，但没有结果。2006 年 4 月，他们申请旧金山联邦法院下达禁令，想迫使百视达关闭百视达在线，对其实施改组，避免对网飞的两项专利构成侵犯。作为回应，百视达的律师们争辩说网飞的专利（尤其是通过邮件服务订阅 DVD 的专利概念）过于宽泛，他们提起了反诉，指控网飞有反垄断侵权行为。

在美国专利及商标局发布较为罕见的商业手段专利之后，网飞立即提起诉讼。涉及此类专利的侵权行为将迫使百视达关闭并重新设计它的网站，或者向网飞支付专利使用费。

两起针锋相对的诉讼拖了几年时间，最终达成了庭外和解，百视达同意支付一笔数目不详的费用。作为交换，百视达要求哈斯廷斯停止公开声称他因为被某个百视达门店收取滞纳金才激发了创建网飞的想法。因为百视达在听到这个故事之后搜索了数据库，发现根本不存在哈斯廷斯所说的交易。在随后的采访中，哈斯廷斯将这个故事悄然嫁接到加州拉洪达一个早已关门的夫妻租赁店上。（这些说法是一个秘密协议的一部分，我通过几个知情来源获知了协议细节。我没有看到相关文件，也无法通过网飞的公关部门证实此事。）

百视达的自我拯救

2005年，结束了东西海岸之旅的齐纳和谢泼德不再对银行家和其他债权人点头哈腰了，但百视达还有很长的路要走。

为了让债权人相信百视达正在削减其非核心业务，安蒂奥科决定拍卖国际业务及视频游戏和贸易业务。在位于达拉斯和麦金尼的公司办事处，又有200名员工被解雇，其中包括斯特德，他带着100万美元的发薪日贷款跳槽。安蒂奥科还从百视达的职位名单中删掉了100个空缺岗位。

残酷的成本削减似乎为百视达奠定了一个由分析师和投资人构成的坚实基础，他们致力于提升公司股票的评级和价格。砍掉滞纳金的决定似乎初见成效。安蒂奥科非常欣慰地告诉投资人，相比同业门店的收入，暂停收取滞纳金一年的百视达门店已经跳出了全行业的低迷状态，而那些拒绝参与的特许加盟商仍然萎靡不振。

至少在公开场合，伊坎和安蒂奥科之间的关系得到了改善。伊坎放弃了继续为难安蒂奥科的机会，没有在安蒂奥科和另外两位董事等待改选的百视达2006年年会上提名其他人。投资人重选安蒂奥科和长期董事罗伯特·鲍曼（Robert Bowman）、杰姬·克莱格（Jackie Clegg）蝉联3年任期，和前一年的火药味儿十足相比，这次没人说三道四。不过，伊坎确实更巧妙地干预了董事会的组成，他推迟替换一位即将在当月离任的董事会成员。伊坎否决了关于独立董事的几个人选，此后认定了洛杉矶娱乐业高管尤勒斯·海莫威茨（Jules Haimovitz）。安蒂奥科认为海莫威茨获得委任是伊坎巩固其董事会控制权的又一尝试，但他对这个人选表示满意。伊坎公开表达了对安蒂奥科及其重组计划——包括在线租赁业务——的信心，还似乎一反常态地反对节外生枝，以免影响股票及管理层的关注点。

私下里，伊坎和安蒂奥科之间的权力斗争发展到了消极对抗的地步，几乎让董事会陷入停顿。伊坎让怀揣制片人梦想的26

岁儿子布雷特列席董事会会议，听任他对百视达管理团队提交的业务计划指手画脚，而董事会成员怯于伊坎的淫威和巨资投入，一声不吭。

伊坎有意让布雷特接管在线业务，还送他去达拉斯盘点服务情况并向埃万杰利斯特提出改进建议。埃万杰利斯特表面上对布雷特表示欢迎，但同时警告说，他绝对不能待在洛杉矶的家中运营在线业务。百视达在线需要一个每天在岗16～18小时的全职总经理，这样它才能跟上网飞，抵御岌岌可危的百视达财务风暴。布雷特·伊坎有些犹豫，但他继续权衡各类举措，出席门店和在线业务会议，因为他在父亲的投资公司里担负着更大职责。

"终结滞纳金"推广带来的用户回流将百视达门店从2005年最糟糕的租赁业低迷中拯救了出来，不过它们的亏损依旧没有得到补偿。作为回应，安蒂奥科将其营销预算挪给百视达在线业务，启动了一系列广告和优惠券推广活动——比如每个月提供给用户多达4次的免费店内租赁机会。

在几乎没有执行任何营销举措的漫长休眠之后，百视达只有快马加鞭才能赶上网飞。埃万杰利斯特要求公司仓库在周末开放，还说服邮局使用公司提供的扫描仪筛选百视达在线的来件信封，以便在邮局检查的同时就能明确用户下一批DVD的交付事宜。

当用户注意到百视达交货时间加快，并就此事在HackingNetflix

的卡尔彻内访谈中询问哈斯廷斯时，哈斯廷斯表示，网飞不会跟风，因为其代价突破了他的底线，也将牺牲员工的自由时间。"我们将在配送中心开张的5天时间里全力提供服务。"他说。

在新支出的刺激下，百视达在线的新增订阅用户数量再次节节攀升。获取优惠券变得更有把握，新用户纷纷采用店内租赁方式，而一旦确定选择百视达在线，交付时间就更快。

网飞开始积极投资有价值的低预算电影，希望这类独家内容能和突出热门电影的百视达区别开来。除了在电影节上放映，这些电影很多都无法通过院线发行，所以制片人通过向网飞出售发行权而获得的曝光机会比其他方式的预期曝光机会更多。通过在新兴独立电影运动中的自我定位，网飞在日益成熟的消费者心目中确立了有利于自身形象的声望，同时也在电影圈树立了信誉。

百视达与独立电影制片商温斯顿公司合作，达成它极力称赞的独家代理协议，提供《波特小姐》(*Miss Potter*)和《浪荡子》(*The Libertine*)之类的电影。麻烦在于，一旦这些DVD冲击了市场，"首次销售原则"会允许网飞和其他所有租赁机构在零售渠道购买相同的影片，然后将其出租给自己的订阅用户。

百视达为每次一部的节制性租赁设定了7.99美元的低端价格。网飞对这个价格极力挤压，提供的价格是月租两部电影为4.99美元。

这样的超低价震惊了分析人士，据他们预测，这种服务是在鼓励订阅用户选择更廉价的计划，从而牺牲利润率而不是提高订阅率。华尔街眼睁睁地看着网飞的新增订阅用户人数攀升至 600 万，那是哈斯廷斯预计的 2006 年用户人数。出人意料的是，平均用户收入相当稳定，这表明就当时的情况而言，新低价计划在吸引新交易方面充分发挥了作用。鉴于第二个年头的价格战仍未取得决定性胜利，埃万杰利斯特和安蒂奥科开始寻机在再次陷入麻烦之前重拳出击。

"并网"

500 万订阅用户是埃万杰利斯特的目标。如果百视达在线实现了这个目标，它将越过代价高昂的创建阶段进入盈利期。在每名新增订阅用户身上，网飞需要投入 38 美元，百视达却要花费令人窝火的 50 美元。

埃万杰利斯特审查了他 2003 年所做的市场研究，他意识到，尽管百视达在线的订阅用户会收到赠品，但网飞在其生命周期的同一时间点上能够更好地保留订阅用户。他还指出，即使在退出服务的订阅用户中，网飞的用户满意度也高达 65%，这着实令人恼火。

不过，这个数据存在一个亮点：可以说服网飞的订阅用户，让他们切换到百视达服务，从而得到每月能在百视达门店至少租片一次的额外优惠。鉴于只有特别报价才能撬走网飞客户，埃万杰利斯特知道百视达在线必须有惊人之举。重夺势头的唯一途径，是合并在线业务和门店业务，提供混合型租赁服务，不过这两个独立业务的结合似乎在技术和财政方面处于无解状态。

"在着手投入大笔资金之前，我们得想明白怎样塑造它的吸引力。"安蒂奥科提到一项店内及在线订阅混合服务时说。问题在于如何在在线订阅用户走进门店归还影碟时对其实施跟踪：没有互联网接入，门店就无法连接到百视达在线，从而跟踪订阅用户的DVD租赁和归还数量，或者指示配送系统发送队列中的下一批DVD。

那年春天的一个晚上，当他们坐在复兴大厦办公室里思索如何利用门店获得超越网飞的优势时，安蒂奥科转向埃万杰利斯特说："把免费租看券印在邮件上，只在邮件外包装上印上优惠券，然后派人将邮件送到提供免租机会的门店。"这些门店并不会对比计算百视达门店和百视达在线订阅用户租赁计划的光盘租赁数量，而只会在订阅用户以邮件归还光盘时，给予他们有资格免费获得的店内租赁机会，这也是他们每月订阅内容的一部分。直接印在邮件外包装上的优惠券将包含一个条形码，上面有订阅用户的账户信息。当店员在收银台刷卡时，订阅用户队列中的下一张DVD将被放行——在通过门店的夜间卫星传送方式上传累计数据之后。然后，门店将把这些DVD邮寄到百视达在线的各个配送中心，并在那里进行核对。

这个方案并不完全是埃万杰利斯特设想的那种集成服务，但它避免了对这两种系统的全方位整合，从而提供了他研究的及消费者所认为的足以击败网飞的混合服务。

最重要的是，其形式对于消费者而言简单易懂：以一个固定月租在门店或网上完成租赁。

2005年7月在科罗拉多州斯普林斯市和罗利市以及2006年春季在弗雷斯诺市进行的测试，带来了他们一直在寻求的结果，即一项结合在线DVD浩瀚目录和门店便利性的服务，这将促使百视达的用户流量和在线注册人数超过网飞。

埃万杰利斯特和库珀在测试进行4周时去了科罗拉多州斯普林斯市，以便实地观察方案实施情况。一个工作日的下午，他们驱车到这座小山城中心附近的一家百视达门店和经理聊天，想了解用户对方案有何看法。在这家门店的几个街区之外就有一家好莱坞视频连锁店，埃万杰利斯特还没钻出他们租的车，就注意到事情有点儿蹊跷和令人兴奋。

好莱坞视频店几乎空无一人，这在工作日的下午属于正常现象，而百视达门店一片忙碌。三三两两但又川流不息的客户进进出出，所有人进门时手里都拿着百视达在线的黄蓝色邮件。门店经理证实他们看到的并非偶然现象。自开始推广新形式以来，门店客流量和门店笔记本电脑记录的百视达在线签约率就一直飙升。

埃万杰利斯特非常惊讶，他给正在墨西哥度假的安蒂奥科打电话,告诉他测试情况。百视达的市场研究团队认为科罗拉多州斯普林斯市是一个领军市场,正在弗雷斯诺市和罗利市进行的测试也反馈了同样的结果,从而证实了这种观点。第二天,安蒂奥科跳上一架飞往斯普林斯市的私人飞机,要亲眼见证惊人的工作日门店流量。

绰号"并网"(Total Access)的混合方案解决了安蒂奥科2001年以来试图了结的所有问题:过多的门店,店铺库存问题,和网飞争夺市场份额会导致极高的成本。

安蒂奥科当即下令,在全美范围内推出"并网"方案,为节日做好准备。卡伦·拉斯科普夫聘请了好莱坞最抢眼、最相关的明星——出身得克萨斯州的杰西卡·辛普森,让她在柯达影院(后更名为杜比影院)奥斯卡颁奖典礼大厅前的好莱坞星光大道活动中宣传"并网"方案。百视达于2006年11月2日正式启动了"并网"方案。

我从未错过和自己报道过的公司的首席执行官见面的机会,于是我计划在活动结束之后和安蒂奥科、埃万杰利斯特交谈。金发碧眼、模样可人的辛普森(安蒂奥科声称辛普森"体现了娱乐精神")表现得尽职尽责,她吸引了媒体镜头、影迷、百视达蓝领员工们不加掩饰的宠爱和崇拜。她感谢百视达为自己设计了两种很棒的方式来庆祝"电影之夜……和我的姑娘们、娘娘腔的家伙们,还有戴西",戴西是她的马尔济斯犬。

后台的安蒂奥科看起来颇为兴奋和宽慰,就像从必死无疑的绝境中逃离出来却又惊魂未定。他和埃万杰利斯特在我们的简短访谈中都面带笑容，连连吹嘘，他们让我想起了体型同样瘦削而结实、活力同样不受约束的一对父子。我离开时的印象是，尽管百视达遭遇了最近的困境，它仍然有很大可能打败网飞。

"并网"非常简单，但很巧妙。如果百视达真的整合自己的做法，就会给订阅用户刚刚突破600万的网飞带来麻烦。百视达曾经被迫放弃它去年确定的200万在线用户的目标，而安蒂奥科希望在2006年年底之前仅有的6周时间内，利用"并网"的推动力完成这个预期。就在方案推出不久，他叫来了尼克·谢泼德，讨论如何借助门店实现目标。

作为百视达执行副总裁兼国际业务总裁，谢泼德的任务是为执行安蒂奥科的大思路寻找切实可行的途径，他很擅长自己的工作。他引以为豪的是可以对安蒂奥科较为华而不实和代价高昂的提议加以约束，比如安蒂奥科现在的提议：支出600万美元奖金，用于鼓励百视达门店经理在关键的假日推动实施"并网"方案。

安蒂奥科和谢泼德的年度奖金在一定程度上都取决于百视达在线能在2006年年底前达到200万订阅用户，但谢泼德确信自己能以相对较少的资金实现这个目标。

一次，在沿着穿过达拉斯市郊区奥克朗富人区的凯蒂小路晨跑时，安蒂奥科对谢泼德说，"我不喜欢你做的事情，你不想花钱，但有时我觉得你的思维足够开阔。"

"你想实现那个目标吗?"谢泼德回应道。

安蒂奥科同意谢泼德使用自己的方法,便不再讨论这件事。

通过从网飞和好莱坞视频那里抢夺客户,百视达的集成订阅方案对这两家公司构成了双管齐下的攻击。这将以迂回方式实现安蒂奥科2004年竞标好莱坞视频时的意图——干掉将近50%的美国国内门店网点。

要说服门店经理和百视达员工是很艰难的,这些人眼看着门店租赁业务无休止地下滑,而且为了给在线业务输血,他们在过去3年里承受了总额超出4.5亿美元的成本削减。门店员工最后似乎接受了安蒂奥科和谢泼德两年来的说教:门店租赁的时代结束了。将门店和在线服务挂钩并从"并网"切换中获得收益是他们唯一要做的事情。

最后,百视达付出的代价只是贝文要求的对于实现目标的奖赏:一辆迷你库珀轿车。从"并网"推出到圣诞节前夕,贝文一直在路上奔波,他穿梭于公司门店,连哄带劝地威胁经理们实现他们的目标人数。最终,用户们发挥了决定性作用,他们对在6周内新增75万订阅用户的百视达营销闪击战趋之若鹜。

谢泼德用公司的美国运通卡买来那款轿车,在圣诞节前夕送到贝文家中,还在车身上打了一个巨大的红色蝴蝶结。他们的订阅用户已经超过200万,而增长速度似乎没有穷尽。

网飞进退维谷

　　肯·罗斯的任务是给网飞灌输一个信条：伟大的品牌必须与用户达成私人层面的关系。罗斯明白，与网飞的订阅用户实现情感交流，可以敲定由主要服务 Cinematch 和良好口碑为这家小公司带来的业务。由于伦道夫的影响力已经减弱，网飞的市场营销努力集中在了与用户的理性联系上：有了最佳软件、逻辑界面和出类拔萃的 DVD 选项，用户怎么会不选择网飞？而这正是哈斯廷斯和基尔戈控制的领域。

　　罗斯的想法是利用电影和电影明星的魅力来为网飞品牌注入魔力。他为网飞设计的推出路演为忠实用户和媒体带来了一些新鲜感：在一些知名的外景现场放映一系列电影。为了说服凯文·科斯特纳、布鲁斯·威利斯、凯文·贝肯、丹尼斯·奎德等超级巨星为网飞造势，罗斯提出了一个巧妙的交换条件。

　　他挑选的每个演员还带着自己的摇滚乐队。作为莅临放映现场的交换条件，路演将包括由所有乐队参与表演的大型音乐会。在引人注目的室外背景下为最忠实的粉丝们演奏，成排摄像机聚焦在自己身上，诱惑之大让人无法抗拒，罗斯对此颇有把握。

　　第一个活动在艾奥瓦州的戴尔斯维尔举行，这是为了庆祝凯文·科斯特纳主演的棒球电影《梦幻之地》(*Fields of Dreams*)上映 20 周年。科斯特纳回到这部标志性电影的拍摄地，和他的粉丝们共同野餐、打棒球，"凯文·科斯特纳和他的乐队"圆满完成了当晚的音乐会，这样的壮观场面让全球娱乐媒体和艾奥瓦州本地人无法抗拒。音乐会和放映活动吸引了超过 7 000 人，艾奥瓦州巡警不得不关闭了通往会场的道路。

网飞在马萨葡萄园岛放映了《大白鲨》（*Jaws*），还把威利斯带到美国国家航空航天局的卡纳维拉尔角航天中心庆祝《世界末日》（*Armageddon*）的拍摄，威利斯和他的"加速器"乐队一起进行了表演。奎德和他的"鲨鱼"乐队在新奥尔良的密西西比河畔为《自在之地》（*The Big Easy*）的影迷们演奏小夜曲。贝肯则在巴尔的摩内港以放映活动和"贝肯兄弟"乐队的音乐会庆祝他在 1982 年主演的成年礼电影《餐馆》（*Diner*）。

当流媒体传输成为网飞的唯一营销重点时，罗斯在纽约中央公园最后一次举办了音乐会并放映了《绿野仙踪》（*The Wizard of OZ*），这次推广的合作伙伴是华纳兄弟公司，网飞订阅用户可以在这次活动结束之后的 24 小时内免费下载经典电影。奥斯卡奖得主珍妮弗·哈德森在中央公园拉姆西游乐场的音乐会舞台上演唱了《彩虹之上》。

推广路演和引发的媒体报道不单单是强化了外界有关网飞的正面认知，从而使公司在年复一年的用户满意度调查中处于领先地位，还赋予该品牌以刺激性和穿越感，使这类感受在用户观看电影的时候始终伴随着用户。一家公司能引发观众这样的本能反应是来之不易和有冲击力的，只是很难借助算法或者电子表格对其进行量化。对一家公司的感受可以决定消费者是否愿意留下来逐月支付租金。在网飞高管团队中，罗斯或许是唯一一个认识到这一点的人。

此刻，他在和数字、逻辑唱反调。

他和萨兰德斯把握住了独立电影运动的萌芽机会及其推动制片业民主化的反传统因素，用这种手段协调了网飞与年轻的独立制片人及影星间的关系，进而定义了一个时尚而严肃的非主流品牌。观众可能没注意舞台背景（他们最喜欢的名人们在"独立精神奖"和圣丹斯电影节红毯上的照片）上赫然显示的红色标志，但网飞突然间出现在了明星派对的所有地方。

罗斯不断完善他的战略，站在用户和电影业的角度提升网飞形象。他说服导演马丁·斯科塞斯邀请4位名人朋友对网飞的假日邮件进行艺术设计，作为交换，网飞会为斯科塞斯的电影保护慈善机构电影基金会捐款。在基尔戈主持的美国导演协会洛杉矶新闻发布会上，斯科塞斯和他11岁的女儿弗朗西斯卡，以及演员奥兰多·布鲁姆、查理兹·塞隆、莱昂纳多·迪卡普里奥和导演彼得·杰克逊的设计首次亮相。这次星光熠熠的媒体报道比以往任何时候都更拉近了网飞和电影魔力之间的距离。

"作为一种最具视觉冲击力的品牌表达方式的红色邮件，可以很自然地展示我们与电影基金会的伙伴关系，表达我们的假日热情。"基尔戈对娱乐媒体说，"我们很乐意支持电影基金会的重要工作，它和网飞一样，致力于保护电影遗产，并帮它寻找新的观众。"

尽管罗斯将网飞成功定位为一个顶级的哀兵品牌（具有讽刺意味的是，网飞其实很酷且很强大），但在 2006 年春，当他看到 HackingNetflix 上的一个帖子时，他明白网飞出了问题。网飞自己的业内线人证实了科罗拉多州斯普林斯市的"并网"市场测试结果。

在为百事公司工作的漫长职业生涯里，罗斯曾经帮助这个第二大可乐品牌放弃强调价格而不强调与年轻消费者建立感情的沟通战略。每个人都知道百事可乐和可口可乐。当可乐战争在 20 世纪 80 年代爆发时，消费者很为选择哪个品牌犯难。百事可乐自我定位为"新一代的选择"，首次尝试与汽水消费者而不是自有产品结盟，当可口可乐于 1985 年推出其"新可乐"配方时，这一结盟的重要意义得以证明。

百事可乐的内部研究表明，相比于百事可乐或者可口可乐的原始配方，消费者喜欢的是新的、更甜的饮料。百事可乐对于具有明显优势的产品无计可施，它试图诋毁"新可乐"，让它从市场上消失。幸运的是，可口可乐低估了消费者对经历 99 年历史的原配方概念的忠诚度，百事可乐顺势借可乐饮用者的抱怨煽风点火，它在广告中说："他们改变了我的可乐。"

"我在 3 次战争和几次沙尘暴中都没有抛弃他们，但这次太过分了。" 3 个演员扮成坐在谷仓外面的老头儿，其中一个打开一听冰镇的百事可乐，嘴里咕哝着说。

百事可乐其实完全不需要和这个新配方展开竞争，因为仅仅在推出两个月后，可口可乐就把它下架了。

在"并网"方案方面，罗斯认为自己要打另一个版本的"可乐战争"。用户主张为门店增加便利并享受无与伦比的在线服务选项，网飞对此没有回应。但可乐战争告诉罗斯，用户的感受将在很大程度上决定结果。

百视达在线的策略显然是将网飞抹黑成"垂死公司"，如果百视达能以某种方式找到资金，将免费门店租赁维持超过数月时间，网飞就必死无疑。网飞必须找到一种方法让"并网"灰飞烟灭，因为罗斯想不出与之对决的好办法。

"并网"方案推出数周之后开始生成的订阅用户增长数字证实了罗斯的担忧。就百视达以往的在线租赁业务而言，网飞和百视达的新签约用户之比差不多总是7∶3。大约几周后，"并网"方案逆转了这个市场份额比例。

基里辛科和齐格勒审查了百视达的成本及债务，他们的结论是，安蒂奥科可以坚持运行"并网"方案长达两年而不会陷入严重的财务困境。如果网飞的订阅用户不断外流，它的股价会在不到两年的时间内崩溃，而且有可能陷入令人沮丧的死亡旋涡。

"并网"方案正在清除百视达门店的库存，而基尔戈的间谍——当地的市场营销及DVD批发商——告诉他们，门店加盟商憎恨这种推广行为，他们正要发动兵变。

网飞内部的气氛阴森可怕。哈斯廷斯曾经希望将其活动基地临时转移到罗马一年时间，以便他和妻子与正在国外留学的子女团聚。但事与愿违，如今他只能每周往返欧洲一次，飞行疲惫和面对"并网"方案的进退维谷显然开始让他备感折磨。

基尔戈开始在所在地百视达门店外的人行道上频繁出没，询问"并网"方案的用户们。"他们真的喜欢这个方案。"她忧心忡忡地告诉她的团队。她显然有些不知所措，比3年前百视达降价到14.99美元时还要慌张。

麦卡锡呼吁大家保持冷静。如果他们坚持完成运营优化任务，并且出色地完成商业计划，他们就能胜出。他们想再次下调某些计划的价格，但相关模型显示这样无法获取足够的长期收益。麦卡锡提供了自己的财务模型，主张将价格削减至少搁置一个月。出于对股东反应的担心，哈斯廷斯否决了他的建议，因为股东们不会容忍网飞将订阅用户增速方面的优势拱手让给百视达那么长时间。

"你的电子表格计算是一派胡言，"哈斯廷斯说，"我们无法先知先觉，那么就只管尝试吧。"

麦卡锡恢复了同自己的投资人和分析师（他们分析了百视达"并网"方案对这家大公司的资产负债表所造成的影响）之间的非正式对话。罗斯安排麦卡锡会见挑选出来的金融记者，试图从迫在眉睫的百视达债务内爆的相关报道中获得某些支持信息。

"并网"推广引起了华尔街分析人士的极大关注，他们忽视了这个方案的过高成本，得出了它最终会让百视达卷土重来（即成为行业领先的门店租赁公司，从而超越网飞）的结论。在马拉松伙伴公司，奇贝利再次阐明了相反的观点，他在一份内部文件中警告合作伙伴和投资人说："就其现状而言，'并网'计划无法做到长期持续。"为了实现年终目标并为方案造势，百视达将其店内客户转变为利润贡献较少的在线客户。"店内客户是百视达最赚钱的主顾，这等于牺牲了近期乃至远期的盈利能力。"奇贝利写道。

推广的最终结果，要么是网飞被迫歇业，要么是百视达修改"并网"条款以实现盈利运行，而原打算持有网飞股票的奇贝利把赌注押在了后一种情形上。

网飞"即时传输"功能

网飞仍然希望以某种方式在2012年前达到拥有2 000万订阅用户的目标，但哈斯廷斯开始让公司远离这一预期。他开始声称，网飞和百视达只要分享80亿美元的租赁市场，双方就都会有充分盈利。

2007年1月，我带着将信将疑的好奇心前往位于洛斯加托斯的网飞新总部，去参加期待已久的流媒体传输功能演示会，同行的还有来自其他主要媒体的新闻记者和HackingNetflix的卡尔彻内。史蒂夫·斯韦齐一直在警告我和其他人——就像哈斯廷斯警告投资人那样——不要在片名选项方面抱有太大希望。

我不禁想起过去3年里看到的那些极多的下载服务，它们之所以昙花一现，主要是因为其内容根本吸引不到任何用户。与按次付费方式相比，它们似乎稍微麻烦了些。

哈斯廷斯和现已晋升为企业沟通副总裁的斯韦齐带我快速参观了这栋刚刚落成、有着地中海式明快风格的开放式建筑。我们在用餐区的一个新颖咖啡馆稍做逗留，以便哈斯廷斯为我冲一杯卡布奇诺。我后来才知道，这是他为与自己单独会见的记者表演的一个仪式。然后我们走进主会议室，听他给我们介绍流媒体传输功能。

会议室空旷、整洁，冬日的阳光透过一个大天窗倾泻进来。当我说到我是几年前在大学路的晦暗住所与网飞员工第一次见面，而网飞迄今已有很大发展时，哈斯廷斯环顾着四周自豪地笑了，说他简直无法想象。

他以孩子面对新玩具时的那种热情在笔记本电脑上演示了"即时传输"功能，此功能和大多数网飞功能一样堪称艺术品，它可以无缝融入网站的系列功能。只要一次鼠标点击就能进行下载，然后大约20秒钟后就能开始以DVD品质的分辨率播放电影。屏幕控制操作流利，我认为比我的DVD播放机要好。

尽管如此，他们推出的片名选项很少——只有1 000部电影，这很令人费解，因为哈斯廷斯曾因同样的原因放弃过此前的下载努力。我想知道，"并网"方案在多大程度上阻碍了网飞的成长，以及它是否对网飞迅速公开此项功能的决定造成了影响。

作为针对"并网"方案的回应手段,分析人士普遍看好网飞此项新功能的提供时机,但高科技写手们抱怨说,要求观众上网看电影与"即时传输"的价值主张相悖。他们还提出了一个合理疑问:有多少人愿意在小屏幕上观看电影或是电视节目那样的冗长内容?

这似乎有悖常理,但正如他一直以来的大胆举动,哈斯廷斯已经隐约看到了未来,并正在引导他的公司向那个方向发展。与此同时,网飞的市场研究人员已经在流媒体传播服务方面找到了用户反馈的圣杯——基于用户观看行为的实时输入,涉及用户对所观看影片的看法。这个系统会在播放电影时观察用户,记录他们停止并重放的场景,他们放弃一部不喜欢的电影所花费的时间,他们暂停的场景,他们跳过的场景。据此显示的对人类行为的分析,其丰富和个性化程度有可能超越任何焦点小组的研究成果。

网飞不必再通过其电影评分系统与订阅用户沟通,以获知他们喜欢的电影,但罗斯知道,如果公司无法让"并网"方案像"新可乐"配方那样消失,他们就不得不召唤用户的依赖感,并寄希望于这种依赖感的强烈程度。

11

《超人总动员》

The Incredibles
(2006—2009)

"网飞奖"

网飞的最高原则一直是让每部电影看起来都足够诱人。这种智慧承袭自伦道夫的"直邮圣经",在 DVD 业务刚刚兴起、影片选项不足并且趋于陈年旧片和不知名电影的情形下,这一原则对网飞的生存来说至关重要。

帮助订阅用户发现他们喜爱而不只是喜欢的电影,可以确保他们不断返回目录寻宝,支付月租,并宣传此项服务。其中最吸引人的是,Cinematch 算法会充当向导,以喜出望外的方式引领订阅用户检索浩瀚的队列。

在最终列入订阅用户队列的影片中,差不多有 70% 来自 Cinematch 推荐。这个推荐引擎非常强大,网飞甚至用它来预测和控制其库存需求,从而帮助理顺针对新发行影片的高度需求,引导订阅用户选择更具租赁效益的老电影。搜索影片的经历对用户而言颇具吸引力,这在开始的几年里可以说是意外收获,它有可能在网飞与百视达的惨烈战争中改变游戏规则。

最初，Cinematch 会根据用户此前对其他电影的评分，分类提供用户可能给予较高评分的电影名称列表，以及由网飞内容编辑创建的主题列表。用户评分的电影越多，系统就会变得越准确。随着网站功能日益精确，Cinematch 将仅提供某个订阅用户可能喜欢的片名，这意味着每一位订阅用户每次登录时都会看到一个不同的网站。Cinematch 和亚马逊设计的软件搭配，代表了世界上最好的协同过滤系统。

多年来，哈斯廷斯要求他的软件工程师配合数学家改进算法，并亲自予以调整。将人类行为和喜好归结为一组方程式的想法吸引了他：是否真的有可能在数字范围内捕获如此多的无序因素？

他后来指出，他对匹配算法的痴迷占据了他的空闲时间：有次圣诞节，他把自己关在位于帕克市的滑雪屋内，在笔记本电脑上设计 Cinematch，妻子帕蒂抱怨他忽略了孩子们，毁了他们的假期。

到 2006 年，哈斯廷斯和他的团队已经竭尽所能进行了所有改进。争取局外人的帮助看来毫无意义，他聘用的是找得到的最优秀人才。和他的曾外祖父通过建立塔克西多公园实验室，以吸引世界顶尖科学家探索那个时代最大的物理学奥秘一样，哈斯廷斯决定举办百万奖金的科学竞赛，以促成为 Cinematch 提供支持的算法突破。曾外祖父阿尔弗雷德·李卢米斯曾以前沿设备、奢华食宿和丰厚津贴吸引了世界知名科学家到他的物理实验室搞研究。哈斯廷斯将通过提供一个科学界闻所未闻的真实世界数据集,来吸引擅长使用机器语言的科学家们参加他的竞赛。

卢米斯实验室的科学家在行将改变"二战"进程的雷达和核裂变方面竞相取得了突破;哈斯廷斯则希望"网飞奖"能迅速取得成果,以终止和百视达的战争。他欣赏的是英国政府 1714 年为海上经度测量法发明人颁发的价值 2 万英镑的"经度奖",或者 2004 年为第一个可重复使用民用飞船发明人颁发的价值 1 000 万美元的"安萨里 X 奖"。

100 万美元现金奖将颁给一线团队,旨在将 Cinematch 的预测能力提高 10%。此外,还有 5 万美元"进步奖"用于在每个竞赛发起纪念日颁给领导者。竞赛将向任何教育程度和任何背景的人开放,只要其原籍国获准与美国打交道。网飞将提供一个包括 1 亿订阅用户电影评分结果的数据库(剥离了个人识别信息),供参赛者以真实数据测试他们的方程式。网飞将在一个公开排行榜上持续统计各团队的进展情况,获胜者将持有算法,但必须授予网飞使用权。

就网飞五星级系统而言,10% 的提高相当于将预测订阅用户电影评分结果的误差持续控制在 1/2~3/4 个星级。竞赛的执行任务由推荐系统副总裁詹姆斯·贝内特(James Bennett)和 Pure Atria 前工程师斯坦·兰宁(Stan Lanning)承担,后者曾和哈斯廷斯一道改进了 Cinematch 并负责电影评分系统。

兰宁面目和善，头发稀少，留着长长的灰白胡须，他的黑黝黝的办公空间摆了一排监视器，角落里还摆着一副脚踏弹簧、真人大小的塑料骨架。

史蒂夫·斯韦齐和肯·罗斯在《纽约时报》上发了一篇关于"网飞奖"的报道，但在2006年10月2日竞赛发起时，该报道以头版新闻方式见报还是让他们感到惊讶。美国和国际媒体纷纷报道这则新闻，截至当天结束时，有超过5 000个团队和个人报名参赛。斯韦齐对自己当天的工作评价必然和网飞的新闻报道密切相关，对他而言，媒体对于公告的亢奋反应就像看到选举结果扑面而来，同时又得知其候选人以压倒性优势获胜。斯韦齐后来把这个奖项比作为极客而设的"普利克内斯大奖赛""世界杯"和"超级碗"奖项的合体。

在接下来的3年里，来自186个国家的4万多个团队报名参加了这个百万美元大赛，他们被有史以来发布的最大数据集和此次竞赛的友好氛围深深吸引。随着他们开始在网飞维护的即时排行榜上发布自己的成果，并在讨论组中谈论自己的进展情况，科学家、数学家和感兴趣的业余爱好者们逐渐从零起步，创建了世界上最精确的推荐引擎。

其中有一个统计人员团队，他们致力于寻找预测人类行为的新途径。

美国电话电报公司香农实验室位于一处绿色原野的浅洼地，紧挨着新泽西州弗伦翰公园郁郁葱葱的参天大树，这里距离曼哈顿有 90 分钟的火车车程。这片综合建筑是方正的几何体，有一个干净、设计低调、整齐的大厅，中规中矩的走廊从大厅向外辐射。一面墙壁变成了画廊，展示的照片要么是这个独立王国里的知名科学家，要么是一些文物，比如作为装饰的早期电话机和古董级电子设备。

每层楼都有一间舒适的休息室，围绕着老式黑板布置有艺术风格的沙发和椅子，大家会坐在这里酝酿头脑风暴。网状过道营造出相当宽敞的办公面积，走廊一侧有一面大白板，另一侧则是一排窗户，可以俯瞰修剪整齐的绿地。家具非常实用，包括研究员罗伯特·贝尔（Robert Bell）在内，许多人的办公空间都沿墙整齐堆放着齐腰高的资料。

贝尔是个腼腆的加州本地人，1998 年来到美国电话电报公司香农实验室。网飞宣布举行竞赛之后一两天，公司研究事务执行董事克里斯·沃林斯基（Chris Volinsky）就给弗伦翰公园的大约 20 名研究人员发了电子邮件，贝尔就是这样听说了"网飞奖"。沃林斯基领导着美国电话电报公司的数据挖掘小组，该小组 10 多年来一直在大规模预测客户潜在行为：哪些客户有可能购买 iPhone，哪些客户有可能开设欺诈账户，与美国客户群相关的日益演变的风险有哪些。

数据挖掘是在庞大数据集中寻找预测性或关键性模式的过程：在生成谷歌搜索排名结果的数十亿个网站页面进行即时分类和筛选；在计算机辅助医学扫描过程中检测正常细胞的异常情

况；或者猜测一组信用卡持有人的收支情况，从而揭示其对美国的潜在威胁。

科学家主持的数据挖掘必须写出算法，这种算法能观察数据集的重要模式，还能清除看似重大但不会有什么结果的关系。

沃林斯基是个合群的人，他童年时代对棒球统计数字的酷爱使他从事了数据挖掘工作。他喜欢竞赛的原因，不单是为了展示美国电话电报公司实验室的能耐，他很想在新兴领域内和世界级天才一决雌雄。沃林斯基同样爱看电影，他和同样在棒球统计领域发现自己事业所在的贝尔很高兴有机会测试浩瀚的网飞真实数据，这些数据规模超过他们所见到的其他数据。

贝尔曾经在"网飞奖"之前参加过多次竞赛并从中胜出，但本次比赛的百万美元悬赏和开放性——只要有个人电脑和互联网连接，任何人都可以参加——给竞赛平添了特殊魅力。它很快成为贝尔参加的各个学术研究团体的主要话题，他渴望通过这次机会了解自己和同行之间的胜负情况。

沃林斯基在"网飞奖"宣布不久就组织了一次头脑风暴会议，与会者大约有15人，但几周后活跃分子就锐减到3人，分别是贝尔、沃林斯基和他们年轻的以色列同事耶胡达·科伦（Yehuda Koren）。

最初，他们只是持观望态度，看到网飞发起的排行榜提出了数百个解决方案，其中至少有两个在一周内对Cinematch实施了改进。一个月后，参赛成员已经有几千个团队，其中最棒的一个团队已经利用完全原创的解决方案将 Cinematch 的预测能力提高了 4%。百万奖金的角逐赛不仅吸引了数据挖掘精英，还吸引了精通机器语言的专家和数学界精英，以及绝顶聪明的软件开发业余爱好者，甚至包括心理学家。

每个团队每天仅可提供一个方案，但大家都在没日没夜地热烈讨论，不断有来自世界各地的参赛者登录网飞维护的论坛。

对科伦来说，这种汇聚天才头脑探讨同一个问题的非正式交流很有吸引力。他会在家里和办公室花费数小时鼓捣他们的方程式，试图在进展神速的排行榜上保持领先地位。每次调整方程式都要花费至少一周，这只能压缩常规工作时间，从而保证用一天写出拟定解决方案，用几个小时在功能强大的计算机上运行庞大的数据集，用更多时间分析结果、进行调整，然后花几个小时重新运行数据。每个人都会在闲暇时思考竞赛事宜，或许一觉醒来，就想出了一个更好的改进方法。

他们准备在比赛进行到第 4 个月时将自己的参赛团队 BellKor 推上排行榜。网飞使用一组秘密测试数据验证了他们的结果，然后允许 BellKor 团队进入第 20 名赛位。从那时起，科伦就为之痴迷，推动沃林斯基和贝尔奋力冲顶排行榜。他说："让我们看看是否能进入前 10 名，然后是前 5 名，前 3 名。"

2007 年 4 月，他们短暂占据第一赛位，不过几天后就被挤了下来。在几周时间内，他们一直和来自普林斯顿的"恐龙星球"、4 支匈牙利研究团队之一的"重力"团队开展争夺头把交椅的拉锯战。BellKor 在阶段性的第 8 个月再次夺魁，而这次他们守住了名次。他们将 Cinematch 的预测能力提高了 8.4%，从而获得了第一笔金额达 5 万美元的"进步奖"。随着他们进入第二年赛季，似乎就要将大奖收入囊中。

算法推荐

1999 年，当包括哈斯廷斯在内的网飞创始软件工程师打算设计一个推荐引擎时，他们的初始方法都相当幼稚，想通过共同属性，即流派、演员、导演、背景、戏剧或悲剧将电影归类。随着电影库存的增多，这种方法被证明很烦琐，而且不准确，因为无论他们赋予每部电影多少属性，他们都无法捕获《风月俏佳人》（Pretty Woman）和《美国舞男》（American Gigolo）的区别所在。这两部电影都是理查·基尔（Richard Gere）主演并以美国大城市为背景的卖淫题材影片，但两者不可能吸引同一批观众。

早期推荐引擎无法进行预测。一次广为人知的失误是，沃尔玛网站向寻找"黑人历史月"相关电影的购物者推荐了电影《人猿星球》（Planet of the Apes），之后它不得不致歉并终止其引擎运行。

接下来，网飞的软件工程师转向了一个"最相似"算法，这种算法主要是基于用户的电影爱好对其进行分组，而不是将影片串联起来。

到"网飞奖"宣布举行时,订阅用户已经对6万部电影和电视节目进行了10亿次评分,这是一个丰富的数据集,只是Cinematch没有探测到它的微妙之处。

BellKor和其他团队从零起步,写出了各自的推荐算法,而且他们在短短几个月内就经历了网飞花费数年时间走过的学习曲线,之后更是超越了这一局限。他们创建的算法发现了庞大数据集的玄妙之处,而这些对沃林斯基、贝尔和科伦来说是完全陌生的。算法分析了根据订阅用户评分创建的模式,给电影分配了它自己的描述符,这些描述比"导演""演员""流派"之类的标签更丰富也更精确,但对人类思维而言没有任何实际意义。

例如,贝尔注意到,这个算法"学习"到喜欢伍迪·艾伦电影的订阅用户往往只关心艾伦主演(或者在他职业生涯的某个时期或者在特定背景下主演)的特定类型电影,从而不再推荐相关导演的其他作品。

第二年赛季的进展放缓了,尤其是BellKor在"网飞奖"规则要求的一篇论文中泄露了它的解决方案,BellKor团队眼睁睁地看着别人借助他们的方法日益逼近。他们开始在对Cinematch 8.6%的改进率上停滞。

第二年赛季即将过半时,科伦在雅虎以色列研究院谋得一份工作,他不确定自己未来的发展方向,只好在离开前全力解决这个难题。他们的发展势头时而放缓到 0.5 个百分点，时而放缓到 0.1 个百分点，于是贝尔和沃林斯基把目光投向了排行榜，要寻找能带领他们走出低谷的新鲜血液。

一个被称为"大混沌"的新团队（两个年轻的奥地利数学家，他们曾为 BellKor 奠定开局年基础，其排名正在飙升）吸引了贝尔和沃林斯基的注意。在一次旨在观察其解决方案和性格是否符合要求的科技"相亲"中，贝尔给这个团队的安德烈亚斯·托斯凯尔（Andreas Toscher）和迈克尔·亚赫里尔（Michael Jahrer）发送了电子邮件，探讨达成某种联盟的可能性。BellKor 团队在一系列电子邮件沟通之后，确信托斯凯尔和亚赫里尔会坦诚以待，他们在越洋电话中达成联手，结成"大混沌中的 BellKor"团队。

接着，他们开始寻找会影响人们以特定方式进行电影评分的环境和心理因素。订阅用户在周末评分时会不会比平日多少宽容些？一次给很多电影评分会导致什么后果？人们会不会基于心情给出不同评分？如果是，怎样将其量化？

作为苛刻评分人或者宽容评分人的个人性格是否会随时间发生变化？如果是，变化的方式和原因是什么？

每个问题都变成了有关其自身的一个有待测试的方程式，在结果一致且相关的情况下，这个方程式会被并入构成其制胜公式的方程组中。

由于对 Cinematch 的改进停滞在令人痛苦的 0.5 和 0.1 个

百分点，有一小部分电影逃避了分类，并在第二年成为横亘在"网飞奖"参赛选手及百万美元支付日之间的主要障碍。这些电影通常具有讽刺性或争论性，至于它们是杰作还是垃圾，观众和评论家有迥然不同的看法。

这类电影中的典型，是独立制作的荒诞片《大人物拿破仑》（*Napoleon Dynamite*）（这个片名在所有 BellKor 模型中导致了最大出错率）以及具有政治倾向性的电影，后者如迈克尔·摩尔的纪录片《华氏911》（*Fahrenheit 9/11*），讲述针对纽约和华盛顿的恐怖袭击及第二次伊拉克战争。

当对《我爱哈克比》（*I Heart Huckabees*）《迷失东京》《水中生活》（*The Life Aquatic with Steve Zissou*）和《耶稣受难记》（*The Passion of the Christ*）之类的电影打分成为一种冒险行为时，预测订阅用户会选择哪一方评分会带来歧视性。此前的评分完全没有表明人们对这类电影的感受。

贝尔推论说，《大人物拿破仑》问题的解决方案不仅在于找到类似电影，还要教会算法在它并未足够了解某个订阅用户的情况下进行大胆预测。这样的结果就是一个方程式，它会忽略那些评分过低或者那些对每一类型电影打分过高的订阅用户，或者忽略少量忽高忽低的评分。

尽管第二年有了开创性见解，团队只是在上一年进展的基础上勉强实现了 1% 的提高。"大混沌中的 BellKor"再次斩获 5 万美元的"进步奖"，其奖项宝库日益充实，其中包括他们上一年赢取并放置在美国电话电报公司香农实验室大厅的"好莱坞星光大道"之星的俗气复制品。

2009 年退休的网飞员工贝内特怀疑究竟有没有人能拿到百万大奖。2009 年 1 月，竞赛再次隆重启动。为了赢取大奖，各团队拼命拉近与"大混沌中的 BellKor"成果之间不足 1% 的差距，使得排行榜上热闹非凡。

各团队开始了规模宏大的组合，希望各种方法的结合有助于弥合最后几个千分点的差距，使其超越 10% 的阈值。"大混沌中的 BellKor"也开始寻找新思路。他们找到了两个法裔加拿大软件程序员马丁·沙贝尔（Martin Chabbert）和马丁·皮奥特（Martin Piotte），两人结合了"进步奖"获胜方程式和自己的非主流解决方案，刚刚进入排行榜。

沙贝尔和皮奥特自称"实用主义理论"团队，他们没有接受过任何有关数据挖掘方法的培训，而且他们有意不去学习大奖赛前两年生成的研究结果。他们说，他们喜欢的解决方案是发现订阅用户数据或心理因素方面的模式，并将其转化为有效的软件模型。他们排斥外部电影数据，注重预测评分结果，而不尝试利用它们的公式对其加以说明。

"这个算法能发现存在于无穷灰影部分的实际数据模式，它比分配给黑白盒的任何形式的元数据更加强大。"沙贝尔说。

他们的创造力将其联合团队（现在被称为"BellKor 的实用主义混沌"）的改进速度提高了关键性的 0.65 个百分点，使他们在 2009 年 6 月 26 日突破了 10% 这一阈值。

"网飞奖"要求一个为期 30 天的最后挑战期，参赛团队可以在此期间挑战 BellKor 可能胜出的提案，这让他们所有人都感到伤透脑筋。几个排名靠前的团队结合为"合唱组"团队，并在 2009 年 7 月 25 日提交了一个领先 BellKor 团队 0.04 个百分点的解决方案。

在竞赛截止前扣人心弦的 24 小时里，科伦和"BellKor 的实用主义混沌"团队不停地接触，竭力从其方程组中额外取得 0.1 或 0.2 个百分点。他们最终提交了自己最后也是最好的解决方案，并分别在 4 个国家等待竞赛落幕。20 分钟后，"合唱组"的结果领先了"BellKor 的实用主义混沌"0.01 个百分点。

比赛结束大约一个小时之后，网飞陷入了沉默。正在西雅图度假的沃林斯基每隔一段时间就会溜到一边检查他的电子邮件。当初他们赢得两项"进步奖"时，网飞在获奖几分钟之内就发来了通知。

心情沮丧的沃林斯基与回到新泽西的贝尔和其他团队成员交换了意见，并决定关掉自己的手机。他忍不住一次次点击刷新按钮，当电子邮件完成加载时他看到了想要的东西：来自网飞的信息。

他们赢了。

"BellKor 的实用主义混沌"团队成员们第一次现身，他们聚集在纽约市四季酒店的新闻发布会上接受哈斯廷斯颁发的奖章，出席会议的有美国电话电报公司实验室主任、哈斯廷斯、网飞首席技术官尼尔·亨特、"合唱组"团队，还有一个记者团。

哈斯廷斯本不愿意去纽约召开新闻发布会，而是希望在洛斯加托斯举行，但斯韦齐坚持这么做。他知道，这个奖项及其将近3年来的争夺战已经吸引了全球科学界及相当多普通人的关注。他们的成就值得通过一个全力以赴组织的正式典礼加以庆祝，仪式上要有演讲、要有授予获胜者金牌奖章的环节，还要安排媒体采访。

典礼结束后，获胜团队召开了一次技术简介会议，对他们的成功之路加以说明。到场人数让斯韦齐非常兴奋，几乎所有媒体都愿意留下来听取极其晦涩且长达一个小时的情况介绍，这更让他感到喜出望外。这次会议强调了斯韦齐3年来在幕后所做的扎实工作，因为他激发了媒体对一场科学竞赛的兴趣。为了庆祝自己当天成功制造头条新闻，他从四季酒店的拐角处溜出去，一个人享用了价格不菲却平淡无奇的寿司晚餐，一切乐趣戛然而止，这让他感到一丝凄凉。

"网飞奖"的新闻发布会形式及其品牌横幅、醒目的道具和高科技硬件，后来成为低调的网飞国际服务推介会的范本。

贝尔和沃林斯基并未保留这笔奖金，而是各自指定了一个慈善机构作为捐赠对象。根据竞赛规则的要求，美国电话电报公司授权网飞使用胜出算法，并将它应用到自己的U-verse电视服务中，以监测用户的观看习惯，并推荐他们可能喜欢的节目。

这次比赛成就了一个颇为先进的推荐系统，它能从行为线索中读取人们的观影喜好，也不再需要评分系统提供过多信息，尤其是当它搭配一个流媒体应用程序时。例如，这个系统可以快速测定特定订阅用户在星期一至星期五的某个晚上观看喜剧、在周末肆意观看几集警察题材的电视剧，或在特定演员或场景出现时回看剧情的情况。

"我们在获取你的喜好信息，而你什么都不用做。"沃林斯基在比赛结束后告诉我。订阅用户甚至不需要再为电影打分，因为嵌入机顶盒或网飞网站的一个程序会监测他们观看的节目和电影及观看方式，从而弄清楚其选择是否值得记忆，以及如何在流媒体库提供的电影上重复这一经验。如果算法精确的机会比失误的机会多，它就具备了一个成功品牌的要素——用户的信任。

Cinematch算法代表着市场营销和技术的联姻，它赋予了网飞如此非凡的成就。由于用户在有限的DVD仓库中发现了他们想要的东西，他们会在离开视频门店之后上网追随网飞。他们给予这家公司的信任（辅以伦道夫的直观用户界面和无敌客户服务，以及哈斯廷斯的美妙算法），使得它可以将电影租赁模式顺利转向流媒体传输，而其他诸多公司曾在这个领域遭遇了滑铁卢。

# 12

《正午》

High Noon

(2007—2008)

圣丹斯电影节

"即时传输"服务推出一周之后,哈斯廷斯和他的团队参加了圣丹斯电影节。电影节在白雪皑皑的帕克城举办,网飞和百视达通常会在这里会见独立制片人。哈斯廷斯让所有员工都飞赴帕克城参加电影节。员工们会参加放映活动,到已被哈斯廷斯归置成度假屋的老教堂闲逛。他在以自己的方式强调,他们同属于一家正在建功立业的伟大公司。

那个星期日,哈斯廷斯兀自坐在教堂度假屋里,等待对手的到来。这是1月一个阴冷的下午,浅色红砖建筑外面的雪巷里回荡着电影节与会者的说话声和皮靴声,他们正漫步走下山坡,要去小镇里的临时放映厅看电影、谈生意、出场亮相。

几个小时后,哈斯廷斯将跟随他们下山,到一个仓库参加网飞一年一度的邀请派对,那里有迎接名流的红毯、一系列开放式酒吧和一个舞池。这个派对已经颇有名气,就在前一年,埃万杰利斯特和百视达在线的工作人员还曾装扮成网飞员工,试图搞砸它。他们当时在门口遭到拦截并被打发走，因为其中一个20岁出头的小伙子自称是哈斯廷斯。

本年度的派对是为了庆祝一年前在圣丹斯首映的《阳光小美女》（Little Miss Sunshine），这部电影获得了4项奥斯卡奖提名。网飞营销团队对仓库内部进行了装修，以恢复荒凉的郊区场景——从图案欢快的塑料桌布，到作为影片中特写的黛娜鸡肉桶。

装修人员甚至在一个角落里停了一辆年代久远的黄色大众巴士，就像格雷戈·金尼尔在电影中驾驶的那辆。派对旨在重现10年来网飞精心打造的那种吸引消费者的耍酷做派。

圣丹斯电影节是网飞的年度顶级营销盛事，部分原因在于，非主流而又极尽奢华的电影节氛围与网飞作为一匹一鸣惊人的黑马的娱乐业历程相呼应。哈斯廷斯竭尽全力让网飞标识出现在适当的电影人视野内，因为有能力授予流媒体版权的制片厂老板和制片人可以发挥关键作用，满足网飞成为在线电影提供商的愿望。

2007年，哈斯廷斯征召数十名年轻员工，让他们身着印有网飞红白双色标识的红袍，现身帕克城的大街上进行宣传。公司营销部门则将豆袋椅、棒球帽、围巾和其他促销产品放进礼品袋和接待厅里。

埃万杰利斯特从他和克拉夫特、库珀租住的度假屋向外望，注意到帕克城大街上几乎布满了网飞标识。作为反击，埃万杰利斯特雇了 6 名模特,让他们身着紧身牛仔裤和印有百视达在线标识的白色大衣招摇过市。

哈斯廷斯肩负着一个紧迫的秘密使命。他此行的重点是找到合适的机会和安蒂奥科达成一项拯救网飞的协议——让"并网"方案(最好是百视达在线)消失。

"并网"初见成效

"并网"方案推出之后,有近 100 万新订阅用户加入了百视达在线。市场研究显示,消费者差不多达成了一个重要共识,即本次推广超越了网飞被迫提供的任何服务。哈斯廷斯认为,公众对"并网"方案的了解将导致百视达在线吸引 100% 的在线订阅新用户,甚至挖走一些网飞的忠实用户,而他只有 3 个月的应对时间。

在与华尔街金融分析人士和新闻记者的谈话中,哈斯廷斯曾经嘲笑百视达在线与网飞相比处于"技术劣势",他说得很对。不过,在达拉斯仓库中运行百视达在线的那帮年轻气盛的工商管理人员已经发现了面对美国消费者的唯一制胜法宝,即超越技术的大酬宾。

安蒂奥科终于明白了如何利用其 7 000 多家门店推广百视达在线,哈斯廷斯一度对此心生妒意,但现在妒意已经变成了恐慌。在哈斯廷斯和执行团队(麦卡锡、基尔戈、罗斯和首席技术官尼尔·亨特）苦苦思索对策的同时，连网飞通常坐享强劲增长的冬季假日也变得有些乖戾。

基里辛科和齐格勒创建的模型显示，如果持续提供合二为一的租赁服务超过一个或两个季度，百视达就会面临破产。最终，网飞团队一致认为哈斯廷斯必须说服安蒂奥科停止推广，以免两败俱伤。圣丹斯会面是他唯一的机会。

关键会面

让两位首席执行官在2007年1月21日会面，其沟通难度几乎相当于让存在外交障碍的两国元首实现互访。经过双方公司的中间人主持三方短信联络，哈斯廷斯和安蒂奥科终于同意当天晚些时候在前者的度假屋会面。

安蒂奥科或谢泼德没必要询问他们的竞争对手想要讨论什么。因为自从几天前抵达圣丹斯，百视达团队在和制片厂高管们的会谈中已经听说"并网"推广在第四季度让网飞深受重创。安蒂奥科决定单刀赴会，以淡化事情的严肃性，也好让哈斯廷斯有暇诉说心声。安蒂奥科和谢泼德商定，一旦他和哈斯廷斯交涉完毕，两人就在午餐时碰头。谢泼德很失望，他将错过希望听到的内容，即网飞承认因为"并网"推广而陷入了麻烦。

安蒂奥科乘出租车沿着俯瞰帕克城拥挤主街道的山坡，前往哈斯廷斯指定的地址，他此时想起了3年来的冒险、牺牲和苦挨，所幸的是，他最终战胜了这个成功建立在视频门店消亡基础之上的竞争对手。他当初没能趁机以 5 000 万美元收购网飞，从而为纠正这个错误付出了超过 5 亿美元的代价。在随后的几年里，网飞持续投入了几乎与百视达相当的资金用于建立和推广自己的服务，不过无可反驳的是，它的卓越平台是数年测试、微调和改进的产物。到达目的地之后，安蒂奥科付了车钱下车，走入红砖尖顶建筑。网飞首席执行官亲自开门迎客。当两人坐下来享用饮料时，哈斯廷斯不再寒暄，气氛一下子变得严肃起来。

他祝贺安蒂奥科的"并网"方案取得成功，并承认其推广行为在整个假日季确实吸引了网飞的关注。

哈斯廷斯继续说，这是一个伟大的命题，网飞确实无法与之匹敌，不过据他的分析师计算，百视达要为每次店内交易支出 2 美元。鉴于没有限制"并网"订阅用户（当时已超过 300 万并在不断增多）每月可租看的影片数量，百视达的债务将会快速累积，哈斯廷斯评论说。

安蒂奥科等着哈斯廷斯切入正题。

哈斯廷斯补充说："'并网'导致了惊人增长，但保持增长的唯一途径是把自己逼入窘境。为了盈利而终止免费交易并提高价格的那一刻，你们就会丧失优势，而我们会重新开始实现增长。"

"那么你有什么建议？"安蒂奥科问。

哈斯廷斯说："让我们买下你们的订阅用户。我们擅长做在线租赁，在技术上更精通。"

哈斯廷斯的建议听起来像是在关心百视达，但安蒂奥科明白，这几乎等同于哈斯廷斯承认了网飞的失败。

"我不知道，"安蒂奥科说，"我认为我们进展顺利。此外，我不知道我们怎样才能达成交易，毕竟这要通过联邦贸易委员会反垄断部门的审查。"哈斯廷斯提出了组建合资公司的主意，旨在绕过监管障碍购买订阅用户，他还漫不经心地讨论了其他方案，不过压根儿没提钱的事。两人告别前一致同意由其团队磋商此事。

安蒂奥科满心欢喜地离开了度假屋。

关于持续盈利

谢泼德也满怀激动地离开了圣丹斯。他询问了安蒂奥科与哈斯廷斯的会面情况，并因此激发起了战斗欲望。迫使网飞承认它无法与"并网"竞争的快感占了上风，他不再惧怕在安蒂奥科和埃万杰利斯特摸清盈利途径的同时继续无限期的烧钱推广。

在去年的两个月时间里，他和齐纳乘公司专机多次前往洛杉矶，乞求制片厂提供百视达无力支付的新发行 DVD。那是段难熬的日子，是他绝对不想重复的经历。

他必须以某种方式迫使安蒂奥科和埃万杰利斯特正视由百视达在线的爆炸性增长引起的迫在眉睫的周转危机。

由于两家公司对在线租赁营销均有数千万美元的投入，在线订阅用户规模的扩展速度出乎所有人的预料，到 2007 年年底超过了 1 200 万人。埃万杰利斯特和安蒂奥科夸口说网飞即将完蛋，但令谢泼德感到疑惑的是，在给予 200 万新用户无限制免费租赁机会、遭受正在拖垮影库和好莱坞视频的痛苦的门店收缩的情况下，百视达怎样才能保持季度盈利。

谢泼德想，百视达在接下来的几个月里会举步维艰。

百视达内部争斗

哈斯廷斯在圣丹斯电影节之后返回洛斯加托斯，他面对的是来自市场研究团队的坏消息和有关季度收入的坏消息。哈斯廷斯和麦卡锡告诉《华尔街日报》的记者说，网飞已经觉察到了"并网"方案实施 3 个月来的局势逆转。

沃尔玛即将推出一项由所有好莱坞大制片厂提供支持的视频下载服务，它将迫使苹果的 iTunes 服务以及亚马逊的 UnBox 新视频下载服务降低价格。数字交付的市场尽管很小，但正在吸引越来越多的用户。而 Redbox 在美国各地已经拥有一万多台售卖机，它已成为一个潜在威胁。网飞最终需要和百视达再展开一场惨烈的战争。

百视达在线在过去 3 年里所做的一切——降价、提供免费优惠券、巨额广告支出——都没能严重削弱网飞在吸引新订阅用户方面所具备的优势。网飞在2006年各季度较上一年同期的订阅用户增长率令人称羡，分别是74%、76%、60%和51%。2007财政年度的增长预期则降至相对惊人的17%。

如果安蒂奥科继续兑现他在圣丹斯电影节之后的承诺，即再向"并网"方案投资170万美元，那么到夏季时，网飞的新用户订阅量似乎有可能趋于零。

网飞陷入了困境，哈斯廷斯第一次被迫降低他对订阅用户年度增长率的预期。他和麦卡锡提醒分析人士注意百视达的巨额负债，以及安蒂奥科的费用支出有可能对其公司信贷协议造成的影响。他们指出，一旦这种情况发生，网飞可以凭借其资产负债表上的零负债和大量现金坐等百视达失败。

不过，"并网"方案构成的严重威胁并没有在华尔街烟消云散。

"我不知道网飞怎样在这方面取胜，"韦德布什·摩根公司的分析师帕赫特在听取网飞第一季度电话会议发布的坏消息之后说，"他们恢复增长的唯一途径是百视达不再挡道。"

这正是哈斯廷斯为之担忧的地方。

圣丹斯电影节之后，哈斯廷斯发送了一个购买百视达在线订阅用户的非正式报价。报价为每个用户200美元，总额约为6亿美元，另加支付给百视达各门店的费用，旨在接管之后为"并网"订阅用户提供服务。

谢波德将该数字看作一个起始点，他相信他们可以通过继续谈判要求一个更高的出价。他认为一定量的现金将有助于他们从债务中脱困。但安蒂奥科和埃万杰利斯特却对低廉的每个用户的价格感到耻辱，并确信他们可以在哈斯廷斯的用户持续数月逃离的情况下做得更好，他俩因此建议百视达董事会拒绝这个报价。

2月，在曼哈顿通用汽车大厦伊坎办公室召开的一次董事会议上，百视达董事会讨论了网飞的报价。

埃万杰利斯特向董事们介绍了出售百视达在线业务的利弊，当时其订阅用户群正以每天2万~2.5万人的速度增长，并有望在夏季结束时拥有超过400万订阅用户。埃万杰利斯特说："分析过于简单。我们不想按网飞的报价出售。等他们的订阅用户开始流失时，我们再来看看他们的出价吧。而现在，百视达在线势头正好，为什么要卖掉呢？"

伊坎和董事会表示同意。

在圣丹斯和哈斯廷斯会面之后，安蒂奥科曾向埃万杰利斯特（他因为业务瓜熟蒂落而面临失业前景）略微提及这个潜在出售事宜。埃万杰利斯特的最初反应是欣喜若狂。尽管如此，当董事会否决哈斯廷斯的报价时，他还是感到欣慰，因为他可以有更多时间品味自己的成就。

然后，董事会转而讨论一个常规议程项目，与决定不向网飞出售百视达在线相比，这个项目会给百视达的未来带来更加深刻的影响。这个项目即是批准公司高管的年度奖金，包括将安蒂奥科的380万美元绩效奖金翻一番。安蒂奥科和伊坎的关系仍不和谐,但他几乎不怎么考虑自己的业绩考核和奖金表决结果。网飞收购百视达在线的提议及影库和好莱坞视频的持续恶化已经证实了他的战略。当董事会谈及冗长的奖金清单时,他们没有过多讨论就表决通过了各人的奖金,直到名单上的最后一位:约翰·安蒂奥科。

伊坎盯着奖金数字——760万美元——愣了一下,很快怒从中来。

"我们绝对不会支付你这笔钱。"伊坎对安蒂奥科说。

"你这是什么意思,"安蒂奥科吃惊地说,"你批准了,你是薪酬委员会的成员。"

根据董事会去年为安蒂奥科设定的合同条款,如果百视达在12月31日之前实现2.85亿美元的调整毛收入,同时百视达在线的注册订阅用户达到200万,安蒂奥科就应得到额外奖金。他实现了目标,他知道这一点。

2005年,百视达公布的损失金额为5亿美元(尽管非现金收费占损失金额的比例超过了一半),原因是DVD发行薄弱、沃尔玛和百思买竞相出售DVD、取消不受欢迎的滞纳金所造成的成本导致门店收入陷入停滞。安蒂奥科不得不在两年内4次重开谈判,磋商公司信贷协议的负债收入比率,以保证现金流入百视达在线。他曾在2006年扭转了局面。公司勉强维持了少量盈利,但其股价跌至每股7美元的最低谷,而这是投资人关注的唯一衡量标准。

"我不知道你的奖金会有这么多。"伊坎说。

"哦，那你本该计算一番的。"安蒂奥科反驳道。

在伊坎的敦促下，董事会投票决定将安蒂奥科的奖金削减一半。如果董事会同僚请求安蒂奥科自愿放弃部分奖金，从而照顾在代价高昂的网飞战争中遭受损失的股东们的情绪，他本来是有可能同意的。他毕竟是个富翁，而奖金只是强调其董事会地位的一个途径。不过，同意请求并非安蒂奥科的风格。

2月下旬，董事会将安蒂奥科的支票金额削减了200万美元，并委托齐纳把支票交给了这位首席执行官。

安蒂奥科交回了支票，告诉齐纳说："非常感谢你。你可以把它拿回去。"安蒂奥科的律师很快就董事会涉嫌不当行为提交了一份仲裁申请书，计划由安蒂奥科在接下来的星期一递交给百视达的外部法律顾问。百视达董事会表决预留400万美元现金以备支付争议资金，并在2月23日的证券登记中告知投资人：百视达现在和自己的董事长兼首席执行官已经正式结怨。

在仲裁日之前的星期五晚上，安蒂奥科的达拉斯家中的电话响起。纽约时间已经过了午夜，打来电话的是伊坎，已经喝了一两杯马提尼酒的伊坎想要酒疯了。

"嗨，卡尔。"安蒂奥科说，听筒里熟悉的声音让他警觉起来。他的妻子莉萨听到了伊坎的名字，于是默默下楼给他拿了一瓶龙舌兰酒和一只酒杯。

伊坎立刻在电话中发起了攻击：安蒂奥科为何要在这次的薪酬纠纷问题上将公司再次拖入尴尬境地？他凭什么不能接受少一些的奖金？他难道不在乎在短短3年内损失40%投资的那些人怎么看待双倍奖金吗？

安蒂奥科终于忍无可忍。龙舌兰酒点燃了他胸中的怒火，他开始咆哮着反击。他以前从没对这位百视达的最大投资人发脾气，但他的情绪和理性都已达到极限。

安蒂奥科在争吵中突然意识到，为了一笔他最终会捐给慈善事业的奖金和伊坎较劲儿毫无意义。他在百视达度过了10年之久的职业生涯，将它从维亚康姆旗下的一家弱小公司打造成一个横跨电影租赁业的行业巨头。在他的勇气和直觉的带领下，百视达从一个技术领先的对手那里夺取了增长最快的在线租赁企业美誉。在历经多数公司都无法幸存的诸多打击，包括技术革命、管理危机、信贷问题、加盟商叛乱之后，安蒂奥科正要让百视达重回巅峰。

他曾将自己的业内声誉押在一个危险赌注上，即超大规模的在线租赁投资终将获得回报。每天涌入的市场研究报告证明他是对的。随着"并网"方案的推出，该方案甚至让网飞订阅用户都再次关注百视达在线，百视达门店的客流量一直处于增长态势。

2007年年初，影库被迫为它收购好莱坞视频导致的14亿美元债务再筹资金，这标志着"并网"正在加速百视达门店对手的灭亡,这正是安蒂奥科预期的结果。影库首席执行官马卢金曾经被迫放弃自己的立场,即认为在线电影租赁是其乡村用户无法理解的"小众"服务。马卢金宣布,影库将在本年度晚些时候提供一个在线租赁选项,并将购买属于以迪士尼为首的某合资企业的 MovieBeam 在线下载服务。

伊坎对安蒂奥科在"并网"方案上的远见和成就表示公开支持,但在安蒂奥科看来,未来将只有争斗。如果连强有力的数字都无法让百视达董事会相信他的价值,安蒂奥科宁愿退休回到牧场,去陪莉萨和孩子们。

"谈谈我的退出吧。"他对伊坎说。

伊坎表示同意,谈话转向薪酬和福利的具体细节。安蒂奥科将获得 800 万美元的遣散费和奖金(他根据合同有权获得的部分资金),加上按最后一个工作日(可能是 2007 年 12 月 31 日)给出的 500 万份股票期权。安蒂奥科没法儿不在意减薪问题,这个问题就像一个心结,在拖累他两年之后再次浮现。

2007 年 3 月 20 日,百视达宣布安蒂奥科离职,伊坎对金融媒体说,这位首席执行官的退出条件"显然符合股东们的最佳利益"。

安蒂奥科只是说他"很高兴"达成了和解,为了保证下任首席执行官的平稳过渡,他将至少留任到 7 月 1 日。在此期间,他计划"加速"运作"并网"推广事宜,以便在百视达董事会寻找继任者期间尽量实现较高的订阅用户增长率。

安蒂奥科提前一天召开了包括埃万杰利斯特在内的高层管理人员会议，给大家透了口风。他提醒他们有很多工作要做，要让在线业务赚钱，还要持续向好莱坞视频和影库施加压力。尽管正在寻找首席执行官继任者，安蒂奥科还是希望大家保持工作重心，即持续实施"并网"方案。

突如其来的宣布震惊了会议室中的人，不过没有人不理解安蒂奥科的决定。大家都清楚他曾面临与伊坎和董事会的斗争，尽管他没有明确提及此事。会议结束后，埃万杰利斯特回到办公室，打开了台式电脑，是时候更新简历了。他一直在回绝猎头公司的定期召唤，他想，或许到了回复的时候了。

安蒂奥科在年底离开之前的目标是，使百视达过渡到一个拥有较小规模的门店基地，推出一个能够匹敌网飞即时传输服务的电影交付选项，并借助"并网"方案的全面推动，最大限度地提高订阅用户增长率。

6月，安蒂奥科不得不硬着头皮向其债权人报告说：门店销售额与去年同期相比已经下滑了近16%，他需要再一次启用公司信贷豁免条款——2005年以来的第四次，以便向"并网"方案拨付他此前承诺的1.7亿美元。

影库在同年夏天表示，鉴于第二季度业绩不佳，它已深陷困境，无法履行新的债务条款。加州太阳证券公司的分析师玛拉·巴克尔（Marla Backer）将影库股票的评级从"持有"下调至"卖出"，声称这家第二大租赁连锁公司的困境"凸显了视频零售商目前面临的共同挑战，以及百视达'并网'方案导致的竞争性影响"。

这个问题无法回避：门店租赁业务正在寻求突破，安蒂奥科确信百视达要实现过渡。

百视达曾在6个月内将其在线订阅用户群扩充3倍，达到360万人。百视达在线正和每个在线租赁新用户以及从网飞投诚过来的用户们签约。埃万杰利斯特欣喜若狂。他知道哈斯廷斯不得不孤注一掷了，现在是迫使网飞达成更有利协议的适当时机。安蒂奥科犹豫不决。他知道伊坎急于取代他，他也不想让如此重要的交易在自己离开时只完成一半。

"但那是接下来那个家伙的事了。"他告诉埃万杰利斯特。

网飞的低潮

百视达在宣传"并网"方案方面的巨额营销开支，已经让普通美国人对在线租赁业务有了初步了解。首次尝试在线租赁的新客户（1 000万人）证明了哈斯廷斯的理论，即其市场规模远远超出了华尔街的想象。令网飞遗憾的是，随着夏季的到来，这些新用户中的大多数仍在百视达在线注册。

"我们关于在线租赁规模将有极大扩张的论点似乎越来越可信，"哈斯廷斯在4月召开的网飞第一季度电话会议上说，"我们关于大多数订阅用户都将选择网飞的想法似乎更值得商榷，至少目前是这样。"

网飞第一季度末的收入、用户数和盈利情况均不及预期水平的一半，这是它上市20个季度以来的第一次。更糟糕的是，哈斯廷斯和麦卡锡不得不修改他们的年终预期，宣布到2012年实现50%年盈利增长率并达到2 000万订阅用户的长期计划。

另外，即时传输的进展好于预期。哈斯廷斯、特德·萨兰德斯及其比弗利山庄内容采集团队全速运转，以增加片名选项，并将这个软件嵌入足够多的媒介（手机、游戏机、DVD播放机）上，让它同时成为视频门店和在线DVD租赁的方便替代品。在流媒体传输方面取得进展的同时，哈斯廷斯首先摒弃了网飞商业模式的部分关键性目标，让公司致力于满足更高层面的消费者诉求。

网飞差不多解决了一个难题，即利用准备在2008年推出的机顶盒实现互联网和电视机之间的连接。问题在于，其速度是否足以让公司避免另一次毁灭性的股价崩溃？

基尔戈启动了市场测试，以确定如果将two-out计划降价1美元，会对市场营销成本、订阅用户增长及用户留存情况造成什么影响。测试表明，在"并网"方案制造的白热化氛围中，网飞可以降低目前获得新订阅用户的创纪录的人均价格——47美元。

哈斯廷斯和基尔戈推动削减了3个网飞订阅用户计划的价格，声称他们必须制止到6月时已然成形的以百视达在线为目的地的用户流出。自1999年执行订阅用户计划以来，网飞第一次出现了用户流失。尽管网飞拥有最宝贵的营销工具，即无可匹敌的良好口碑，但其吸引力已经不足以阻止订阅用户投奔一个看似更好的协议。

7月，哈斯廷斯面临的任务是向市场公布网飞的第二季度财报，他要报告公司已流失1%的订阅用户，并将在6个月内第二次修改本财年的订阅用户增长及净收入预期。他们曾在2006年提起旨在制止百视达在线的专利侵权诉讼，现在这方面的希望也成为泡影。他们必须向市场说明此案已获庭外和解，其结果是网飞获得了象征性的一次性赔付，而持续获得许可使用费用的希望已经落空。

在财报电话会议之前的几天里，麦卡锡和基里辛科极力反对实施第二轮价格削减。网飞高管团队一致同意将降价事宜提交下月讨论，以验证麦卡锡的预言，即"并网"的潜在损失（2007年达到或超过2亿美元）将刺激百视达在线修改方案，以便通过提高价格或者终止免费店内租赁来实现盈利。

不过，哈斯廷斯已经无法承受相关压力和持续出差导致的疲惫感。第二天，他单方面决定让网飞全线降价。

这个大逆转震惊了某些员工，他们认为哈斯廷斯迷失了工作重心。是的，他们都很害怕，而且年初以来的股价跌势已经超过了30%，但他们发展到今天这一步，靠的就是对自身战略激光般的专注和系统化的执行。

他们公布了降价幅度和 2008 年的预期,将订阅用户增长率和利润下调。所有数字都呈逆行态势。麦卡锡告诉投资人说,收入、利润乃至订阅用户在网飞的平均消费金额都将在未来两季度内下降。

"一旦百视达决定实施在线业务的营利性运营,我们的财务业绩也会得以改善。不过即使到了那个时候,订阅用户增长率和利润仍将承受压力。"麦卡锡在 7 月 23 日的第二季度电话会议上对分析师们说。

本次财报的唯一亮点是,米奇·洛日益壮大的 Redbox 售卖机队伍开始对视频门店造成了压力。"它们的规模依然很小,所以不显山露水,但它们将在未来 3 年里发挥极大潜力,多半会对门店造成负面影响,当然,这对我们而言是正面影响。"哈斯廷斯说。

那年夏天,网飞的每个人都精疲力竭,士气低落。哈斯廷斯的表现像个废人,而基尔戈则非常非常担心。

13

《胜利大逃亡》

The Great Escape

(2007—2009)

百视达新首席执行官上任

后来，伊坎将意识到安蒂奥科在建立"并网"服务方面其实做得很出色，而且如果安蒂奥科没有因为奖金的事一怒之下离开公司，事情的发展有可能截然不同。

但在2007年夏天，伊坎几乎迫不及待地要摆脱安蒂奥科。在他看来，安蒂奥科对百视达相当不以为然，他在乎的是赚钱和逃回牧场享受他的龙舌兰酒。伊坎希望有人能尽快取而代之。在物色安蒂奥科的继任者期间，伊坎通过另一位百视达大股东迈克尔·齐默尔曼（Michael Zimmerman）见到了7-11（7-Eleven）的前任首席执行官吉姆·凯斯，凯斯正在运营普伦蒂斯资本管理公司。齐默尔曼平时会就百视达门店改造事宜定期打电话给安蒂奥科提建议，他现在在说服伊坎相信凯斯具备坚实的零售业背景，足以支持门店业务并掌握行业诀窍，带领百视达挺进数字交付领域。

时年50岁的凯斯在7-11工作了20年。2007年，他在东京

7-11以14亿美元买断价格收购这家便利店时退休。在主持精简这家连锁店的运营方式并在收购当年实现股价翻番之后，他带着6 400万美元高管离职补偿金离开了7-11。退休之后，凯斯打算全力经营自己的"教育即自由"慈善项目，或者在有飞机驾驶执照的情形下再考个直升机驾驶执照。

20世纪90年代初，在被加油站小超市夺取市场份额之后，时任规划事务副总裁的凯斯曾协助7-11美国连锁店实现浴火重生。伊坎相信，凯斯可以在百视达的门店经营方面再试身手，并带领在线业务实现盈利。

就在凯斯退休前的2005年，食品代理商米莉萨·布瓦索（Milissa Boisseau）提起一项诉讼，令人尴尬地指控凯斯等7-11高管曾经违法收过供应商的礼品。这家便利连锁店和布瓦索因此断绝了关系，被指控从她手里收取回扣的4名7-11行政助理被解雇或被迫退休。据说，这一诉讼的诱因是凯斯和另一位代理商德布拉·米勒（Debra Miller）走得很近，后者试图事后接手布瓦索在7-11的生意。

不过，调查程序显示，凯斯本人曾接受安海斯-布施（Anheuser-Busch）的邀请，有几年参加过圣路易斯红雀队的梦幻棒球营，并曾在圆石滩全国职业/业余配对赛上接受过美国电话电报公司赠送的一盏聚光灯，而且收受过供应商的其他礼品。诉讼文件记载，其他高管也在同一时间接受了供应商提供的特殊待遇，但他们决定解雇4名低级助手，理由是这4个人曾接受金钱贿赂，在报告中替布瓦索夸大其产品在 7-11 门店的销售情况。

当听说董事会正在慎重考虑他昔日的同事凯斯时，安蒂奥科很是惊喜，不过他不相信凯斯能比谢泼德更胜任这份工作，后者已经因为成功推出"并网"方案而在 4 月升任首席运营官。在认识到百视达内部缺少运行流媒体服务的人才之后，谢泼德曾在当年春天的 6 周时间里，在旅途中学习业内最佳经营者的数字交付经验。随着百视达和整个影碟租赁行业向数字交付迈进，安蒂奥科怀疑凯斯简历中的零售业方面的优势是否契合要求。

声称被凯斯的数字业务概念吸引的伊坎找到了对付安蒂奥科的人选凯斯。

走马上任首席执行官之前，凯斯一直在考虑收购大量百视达股份，作为公司私有化的先期步骤。

就在百视达宣布其新任首席执行官人选的当天，百视达董事加里·费尔南德斯（Gary Fernandes）告诉我，董事会之所以选择凯斯，是因为他成功扭转了 7-11 门店销售下滑趋势，并和零售商建立了伙伴关系。

"同样的方法对于百视达来说也是至关重要的。"费尔南德斯说。听起来似乎董事会希望凯斯落实安蒂奥科的计划。费尔南德斯声称要充分发挥零售门店的盈利能力，同时努力拓展在线业务，创建一个电子交付选项。

但凯斯的想法不同："我们将重新审视整体战略。"

凯斯是个娃娃脸，在公开场合总是彬彬有礼。很多年前，他曾在7-11连锁店为安蒂奥科工作，后来似乎负气而去。有次，安蒂奥科还送不善交际的凯斯去他戏称的"主管魅力学校"补课。2007年7月2日，凯斯到百视达履职，之后不久，新同事们明显看出，时间的推移并没有让他吸取教训。他们发现凯斯性格急躁，霸道专横，不愿意听取或者包容与其观点相悖的数据，并决意消除安蒂奥科的任何痕迹。和凯斯的第一次会面就让他们领教到，此人的鲁莽能达到无礼的地步，他还会在情急之下提高嗓门，威胁或嘲笑下属。

在宣布聘用凯斯的新闻发布会上，百视达表示安蒂奥科会留下来保证顺利过渡，但安蒂奥科还是在凯斯莅任的前两天离开了公司。

在复兴大厦举行的宴会充斥着溢美之词和依依惜别。不得不退回办公室暗自落泪的谢泼德先用自己的手机给安蒂奥科拍了一张照片。在随后几个月里他一直把这张照片设成壁纸，来提醒自己乐天派是什么模样。接下来，安蒂奥科坐等他的最后一张薪水支票被削减金额，然后让助理帮忙存入他的银行账户。他后来把这笔有争议的奖金捐给了美国男生女生俱乐部。

然后，他驱车前往达拉斯的拉夫菲尔德，跳上一架私人飞机前往汉普顿，他计划陪莉萨和3个孩子在那儿休息一个月，并看望他的姐姐、7-11的朋友和老街坊们。是时候离开百视达了，他很平静地做出了走人的决定，确信自己的离去是正确选择。

飞机冲向跑道时，安蒂奥科感到解脱了。

巨大分歧

与安蒂奥科相比，谢泼德和百视达董事会的关系一度有过之而无不及。当伊坎的异见董事们加入董事会并要求了解门店持续赔钱的原因时，他被逼到了墙角。尤其是爱德华·布莱尔，他似乎喜欢怪异的想法。"尼克，来你门店的人都穿着牛仔裤吗？" 80岁的布莱尔问道，而这只是前奏，他接着建议百视达在其新发行区的墙面上腾出位置，安装一些蓝色牛仔裤搁架。

"他们穿运动鞋难道我们也要让鞋子上墙吗？"谢泼德说。这种紧张的互动表明，董事会眼中的管理方式比较僵硬，而管理人员确信董事会的机能失调。最后，谢泼德邀请董事会召开为期一天的集思会，解释为何他们提出的诸多门店复苏建议都行不通。对4年来接受过测试的数十项方案，谢泼德的研究形成了6箱资料，详细解释了方案的目的、执行方式及其结果。

所有这些指向同一个结论：门店业务已经无法挽救了。基于门店的租赁服务也已经是穷途末路了。未来的租赁业务将是数字交付。

最后，斯特劳斯·泽尔尼克叫停了报告。"我明白了。"他说。大多数董事的意见都一致，他们似乎认可了管理人员的策略，尽管这并没有阻止布莱尔时不时提出建议，诸如与霍尔马克贺卡公司或巴诺书店合作，或者在门店里销售比萨。

谢泼德为不能成为百视达的首席执行官感到失望。此外，他现在不得不接受凯斯的套路，后者正在重演他的7-11剧本，要以食品和商品的新组合重振门店业务，这和安蒂奥科的前任比尔·菲尔茨的计划类似。谢泼德打算先帮助凯斯过渡到新角色，然后在10月离开，他决心保持一种职业风范。

谢泼德和布赖恩·贝文建议凯斯了解一下菲尔茨的失败计划及其他市场研究的结果，但这位新任首席执行官不予采纳。他原封不动地退回了他们送来的报告。

菲尔茨曾把百视达视为一个便利连锁店，还假定客户们会完全改变购买习惯，去购买店内提供的任何商品。令人沮丧的是，凯斯眼看着就要犯同样的错误。谢泼德明白，百视达品牌在消费者心目中仅仅是一个可以租到最新发行的DVD的所在。

谢泼德说，百视达必须关闭业绩不佳的门店，并利用剩余门店支持电影的在线租赁和数字发行。

"我们是零售商，我们开设门店，我们不能关掉门店。"凯斯反驳说。

此后不到一周，贝文就在有凯斯出席的一次员工会议上拂袖而去，退出了公司。他无法忍受听取这位新任首席执行官的计划，它必将葬送百视达的前途。

❭

对于埃万杰利斯特来说，自从和凯斯第一次见面，他就知道对方对在线业务抱有个人成见。

"'并网'会毁了业务，"凯斯告诉埃万杰利斯特，"你们在让企业破产，你们不能再赤字经营了。"

尽管承认在线租赁将在 2007 年导致巨大损失，但埃万杰利斯特和安蒂奥科已经计划一旦用户群达到相当规模，就通过提价和简单规模经济在来年实现业务的盈利运行。埃万杰利斯特解释说，他将把 DVD 邮寄业务从"并网"中剥离，使其价格略低于类似的网飞计划。最重要的"并网"用户和新用户的订阅价格将从 2007 年第三季度起增长 25%。

埃万杰利斯特很快就认识到，凯斯的想法意味着基本放弃"并网"方案，全面提高订阅价格，将安蒂奥科承诺的在线服务投资分流到百视达门店。

"吉姆，你把这事儿搞错了，"埃万杰利斯特说，"这个出色方案可以同时打击好莱坞视频和网飞。你不能用其他计划取代它。"

安蒂奥科曾多次短暂削减百视达在线的资金投入，以便重新谈判母公司的债务问题，埃万杰利斯特由此得知一个强大的营销方案极具关键性，它可以不断取代取消订阅的用户。据埃万杰利斯特预测，如果不通过广告吸引新的订阅用户，到年底时，百视达在线的用户将从凯斯7月接手时的370万萎缩到150万。

2007年7月30日，百视达在达拉斯以南约90英里的一处奢华度假村Rough Creek召开集思会，凯斯在会上向公司高层管理人员阐述了以门店为重心的战略。百视达门店作为娱乐目的地将重现"辉煌"，门店将出售方便食品新组合，诸如比萨和饮料，以及iPod、DVD播放机等电子产品。他的阐述让在座的老手们毛骨悚然，他们已经见识过几乎相同的推广活动在菲尔茨和安蒂奥科治下遭遇完败。

凯斯的论点更令人震惊，因为这表明他对数字视频技术的了解有欠缺。凯斯认为，消费者总有一天会养成在路过百视达门店时使用店内售卖机的习惯，以便将电影和游戏下载到闪存驱动器或视频播放设备上，而不只是使用自家的家庭宽带。

门店收入绝对不会从2005年开始的颓势中复苏，除了凯斯，房间里的每个人都明白这一点。

集思会是灾难性的，以至于一些高层主管（其中包括埃万杰利斯特、谢泼德和已经宣布退休的齐纳）在下一个法定"开放"期内纷纷通过电话委托抛售其大部分或全部百视达股份。包括埃万杰利斯特、齐纳和安蒂奥科（他听说了凯斯的计划）在内的一些人将自己的收益投资了网飞股票。他们不需要知道关于网飞的内部信息，他们很清楚百视达会发生什么事情。

凯斯在看到披露股票销售情况的证券备案时怒不可遏。由于新聘用合约允许他最多持有 4% 的百视达股权,他最终以个人名义回购了他们的股票。"你们可以卖出股票,但应该事先告诉我。"他对他们说。

尽管同僚发出了无声的尖锐警告,凯斯仍然坚持自己的计划。

›

百视达董事会听从了伊坎的建议,听任凯斯推行他的计划,即从"并网"中撤资,并在门店内销售商品和寄售货物。凯斯关于竞购业绩不佳的电路城电子产品连锁店的计划也获得了董事会批准,尽管这个主意受到华尔街分析人士的严厉批评。

凯斯遵照承诺提高了针对所有百视达在线用户的订阅价格,并将安蒂奥科承诺的数百万美元"并网"资金转移给门店。他还拒绝了埃万杰利斯特关于出售百视达在线(现在的价值接近网飞的原始发行价 10 亿美元)的一再请求,声称他需要通过在线服务这个桥梁实现数字交付。后来,他拒绝了哈斯廷斯提出的购买订阅用户群的第二次报价。

华尔街对凯斯提高"并网"方案价格的反应很消极,因为它将把这个高价计划的单月成本提高 10 美元,达到 34.99 美元。花旗集团(Citigroup)分析师托尼·威布尔(Tony Wible)在致客户的报告中上调了对网飞的评级,据他预测,提价会赶走多达一半的百视达在线订阅用户。

高管陆续离开

网飞对安蒂奥科的离去和凯斯的百视达盈利运行计划深感欣慰。凯斯公开表示"并网"方案一直在摧毁百视达，这佐证了麦卡锡和哈斯廷斯几个月来向分析人士和新闻记者传达的一切观点。百视达最终会被迫执行一种可持续的商业战略，而且他们相信网飞会抗衡那种方式并最终胜出。

包括罗斯、基里辛科和戴维·韦尔斯在内的一众网飞高管听了凯斯面向华尔街人士的首次演讲，凯斯在这次演讲中抛出了利用所谓"撼动街区"概念重振门店的计划。他介绍了新门店的复杂布局，罗斯表示赞赏，但他认为那看起来很像时代广场上镜光闪闪的玩具反斗店。

和百视达老手一样，罗斯等人知道凯斯绝对挽救不了门店，无论怎样改造都无济于事。不过，如果凯斯想在这个没有结果的项目上耗费人力和资源，他们倒是乐于看他犯错。哈斯廷斯在公开场合称赞其门店概念，而网飞员工私下里都为百视达不再关注在线租赁业务而激动不已。

一如埃万杰利斯特的预测，凯斯一削减营销预算，百视达在线的订阅用户就立刻开始流失。埃万杰利斯特警告说，分析人士认为原计划在 12 月实施的价格上涨会削减一半用户群，他们是对的。

2007 年秋，在与凯斯和百视达首席财务官汤姆·凯西（Tom

Casey）的一系列气氛紧张的战略会谈中，埃万杰利斯特再次提出了向网飞出售在线服务这个议题。"通过出售获得向其投资的资本，"他说，"保证我们的订阅用户可在大约一年内进行店内调换——只收取必要的服务费用。此项服务对网飞用户开放，告诉他们可以花2美元到我们店里调换他们的DVD。"

凯斯再次拒绝了他。"谁会买它呢，埃万杰利斯特？"他嘲讽地问。

"我不知道，吉姆。我们为什么不从那个出价200美元/用户的加州开始？"埃万杰利斯特说，"派我出马吧，6个月我就能把它卖了。"

埃万杰利斯特试图阻止凯斯从内部摧毁百视达在线，而这个日益绝望的尝试毫无结果。最后，凯斯在一次会议结束时重申了他的计划，即削减对在线服务的投资。他转向埃万杰利斯特说："如果你不喜欢它，就走人吧。"凯斯给他提供了几个百视达高层管理职位，埃万杰利斯特在当晚开车回家的途中还接到了百视达人力资源部的来电，询问他对凯斯最后通牒的意见。"只管起草我的合同，"他说，"我不愿意为他工作。"

那个晚上，埃万杰利斯特在屋后门廊坐看得克萨斯州的夕阳西下，他忍不住开始啜泣。他突然想到，自己刚刚断送了一段为期4年的职业生涯。

得知埃万杰利斯特辞职的赫塞尔抑制住情绪，回到自己的办公室，锁上门大哭了一场。几周后她也辞去了工作。

›

大约 3 周后，埃万杰利斯特参加了在硅谷投资人埃伦和戴维·希米诺夫家里举行的晚宴。埃伦·希米诺夫是汽车配件网店"美国汽车配件网"的董事，埃万杰利斯特刚受聘担任这家网店的首席执行官。戴维·希米诺夫还邀请了好友里德·哈斯廷斯共进晚餐。

这是埃万杰利斯特和哈斯廷斯初次见面。他们面对面坐在餐桌旁礼貌性地交谈，到甜点上来时好奇心已经占了上风。

在随后的热烈讨论中，埃万杰利斯特得知哈斯廷斯准备开给百视达在线的价码已经高达 300 美元/用户，这会把埃万杰利斯特和他的团队晾在一边。

"你将了我们一军。"哈斯廷斯说，他承认，尽管网飞知道百视达在线在烧钱，但"并网"仍是一个他们无法与之匹敌的方案。

话题转到了凯斯的新举措方面，尤其是这位百视达首席执行官的第一要务，即改造门店基础。两人都明白凯斯会失败，董事会有可能用一个更熟悉技术的高管取代他，这只是时间问题。

"你认为我有多长时间？"哈斯廷斯问。

"两年，最多。"埃万杰利斯特说。

晚宴结束时，哈斯廷斯邀请埃万杰利斯特向他的团队发表讲话。几个月后的 2008 年年初，他们重新开始晚餐交流。两人一起坐在洛斯加托斯剧院的舞台上,就多年价格战期间一直想提出的问题询问彼此的看法。

网飞恢复增长

就像埃万杰利斯特预测的那样,网飞在 2008 年突然发力,重新迎来增长。仿佛凯斯一终止"并网"方案,增长机会就立即显现。这种恢复性增长使网飞的新增订阅用户数量、收入和盈利回归到上一年的水平,但哈斯廷斯报告说:"我们今天比 90 天前更高兴,但我们在订阅用户增长方面尚未达到预期目标。"

陷入 Redbox、"并网"方案和网飞四面包围的影库已在夏天申请破产。网飞的即时传输功能正以更快的速度得到完善,事实证明,它的受欢迎程度超过了哈斯廷斯的预期。总体而言,在线租赁方面的竞争环境比之前 4 年的任何时候都更有利于网飞。

哈斯廷斯提醒投资人,在线交付现在表现为 3 个明显不同且仅有部分重叠的细分市场:网飞的订阅传输,苹果 iTunes 的文件下载,以及优兔作为创新者的免费传输。网飞有意拥有订阅传输部分,从而令公司与市场资本达 810 亿美元的有线电视行业发生正面冲突。

网飞现在无可争辩地控制了在线租赁市场,这给予了它不断增长的订阅用户及现金流,由此可以开展电影版权谈判了。

"我们现在拥有更多资源、更大的竞争对手和更大的奖赏。"哈斯廷斯说。

不过，单一的传输服务要过至少 10 年才能赢得消费者，原因很简单，网飞的 DVD 库存共有 7.5 万部电影，要获得它们的版权至少需要 10 年。2006 年，制片厂 41% 的收入来自 DVD 销售，它们将尽可能长久地保护这一现金来源。

哈斯廷斯说，争夺高清视频市场的蓝光和 HD DVD 格式战将延长 DVD 的存在时间，网飞也乐见 DVD 市场的自然萎缩。

2008 年年初，网飞宣布它的第一个消费类电子产品合伙人已将其传输软件置入 LG 电子公司的一款机顶盒中。它的目标是把来自互联网的流畅传输信号直接输送到用户的大屏幕电视机上，并获得可与有线电视和卫星电视媲美的体验。几个月后，哈斯廷斯和安东尼·伍德在网飞洛斯加托斯总部酝酿的 Roku 流媒体技术公司已经就绪，并开发出了由网飞提供技术支持的自有机顶盒。

这款 Roku 机顶盒的大小和形状类似一个方形冰球，标价 99 美元，它的直观用户界面和超简单的安装要求立即得到了高科技评论家和消费者们的一致好评。消费者和评论家纷纷反馈他们的豪华体验：在包括 1.2 万部流媒体电影的相对庞大的（根据按次付费标准）目录中挑选，然后只需大约 20 秒钟等待时间，就能显示并流畅播放 DVD 品质画面。

第一批 Roku 机顶盒在产品推出数周内即告售罄，其被接纳程度为其他合作伙伴打开了大门。

2008年5月推出Roku的时间安排，导致哈斯廷斯和罗斯在公共关系战略方面出现了第一次分歧。罗斯认为，在宣布与索尼PlayStation或微软Xbox之类的主要平台达成重要的流媒体伙伴关系之后，他们应该引入这种小盒子，以免让大众觉得网飞未能顺利找到其他即时传输平台。事实上，几乎众口一词的Roku好评为网飞带来了极大的宣传福音，因为它向世界表明，网飞有能力创建完美、优雅的用户友好型硬件。

网飞开始通过热门游戏平台调查订阅用户对流媒体电影的兴趣，这之后的博客里充斥着网飞和Xbox达成潜在合作的兴奋情绪。引入Xbox比让网飞接触1 000万个Xbox拥有者更有效果。微软接纳了网飞这样的公司（尽管哈斯廷斯一年前就加入了这个软件巨头的董事会），准许这项尚显幼稚的流媒体服务使用声名显赫、无处不在的微软品牌。

两家公司在洛杉矶举行的E3媒体与商业峰会上宣布，微软将在假日季到来之前将其流媒体平台升级至Xbox 360，并推出订阅形式的网飞服务。罗斯感到失望的是，微软互动的约翰·沙佩特（John Schappert）把网飞的消息塞入了其他公告中，不过，媒体和消费者的反应令人满意。

Roku和Xbox的成功推出为类似交易打开了闸门。源源不断的流媒体新伙伴蜂拥而至：蓝光播放器、机顶盒、电视机、笔记本电脑和移动设备都配备了网飞软件。在接下来的3年时间里，网飞将其流媒体软件植入了200余种互联网可视设备中。

罗斯和斯韦齐要同时处理多个交易，一旦达成某项协议并定型其软件，就忙不迭地将公告事宜纳入网飞的日程表。网飞不断高调发布伙伴关系公告，给人的印象是数字交付势必超越物理媒介。

在内容方面，萨兰德斯与哥伦比亚广播公司和迪士尼达成了向网飞传送电视节目的协议。星光娱乐公司也签署了一项为期3年的协议，允许网飞传输原计划向现在已不存在的星光Vongo在线电影服务提供的2 500部电影。

罗斯相信，成功孕育成功，伙伴关系也能孕育更多的伙伴关系。如果网飞能形成源源不断的交易势头，电子产品制造商和电影制片厂就会担心错过流媒体传输的腾飞时机。

沃尔玛在2008年年底关闭了它的电影下载服务，此时距离它推出此项服务还不到一年。对于第二次失败，沃尔玛强调说，单靠规模和资金并不能保证在数字交付领域取得成功。

百视达的新业务

在百视达，凯斯也在寻求达成协议，目的是让电子消费产品成为其电影租赁计划的重要组成部分。2008年4月，他为收购电路城连锁店主动报价10亿美元，旨在加速百视达向电子零售商的转型。这项交易计划在凯斯个人报价被拒绝之后数月公开，因为电路城董事会认为百视达无力为交易融资。

CNET的吉姆·科斯泰特（Jim Kerstetter）在公布当天捕捉到了华尔街对合并计划的反应："和星期一上午得知此项交易的大多数人一样，我百思不得其解，我还嗅到了绝望的味道。"

电路城董事会也同样困惑，他们起初拒绝向百视达亮明态度，直到伊坎声称，如果百视达无力融资，他和其他投资人将收购该连锁店。3个月后，百视达在电路城和公众对其想法的嘲弄面前低头认输，撤回了自己的报价。

"尽管我们撤回了对该公司的报价，而且没有任何进一步的行动计划，但我们仍然确信，电子消费产品尤其是便携式可视设备仍是百视达门店保持未来相关性和可行性的一个机会。"凯斯对投资人说。

一年多以来，凯斯一直在公开贬低在线DVD租赁和数字交付的重要性，在这之后，他终于转而寻求一个可行的传输计划。在接受技术博客网站PaidContent.org的采访时，凯斯为在线DVD租赁方面的营销削减战略辩护，坚称百视达过去一直"引导人们离开240亿美元的店内市场，现在则迫使他们进入这个规模较小的邮件市场"。

"事实上，门店是全部资金的集散地。"凯斯说。百视达为此投资了店内售卖机，而且总有一天，这些电影售卖机会转型为数字下载机。"试想，未来的售卖机有可能捕获全部库存电影。"他热情洋溢地说。

埃万杰利斯特离去前曾说服凯斯以 660 万美元收购 Movielink，这主要是为作为附带的内容交易考虑。在网飞宣布其第一个流媒体合作伙伴关系将近一年之后，百视达也宣布它将开启机顶盒业务。2008 年 11 月，百视达引入了标价 99 美元的数字媒体播放机，用户可以通过宽带将高清画质电影下载到电视机上。

尽管百视达 OnDemand 的影片选项少于网飞的即时传输服务，但却拥有较新的影片，原因是作为创建者的制片厂将电影版权授予了 Movielink。不过，凯斯仍未意识到用户不愿意被告知以何种方式在何时观看电影：百视达 OnDemand 的租片价格是 1.99 美元，一旦租赁用户按下播放键，他们有 24 个小时的观片时间。即使用户从未观看，租赁也会在 30 天后到期。

协同消费

当经济衰退在 2008 年年底致使美国经济脱轨时，网飞发现自己处于明显的优势地位——可以利用协同消费这个新趋势。用户们可以待在家里，享受网飞提供的廉价娱乐服务，沉迷于越来越多的即时传输设备，包括游戏机、手机、DVD 播放机。网飞的应用无处不在，2008 年年底和 2009 年年初的用户订阅率达到了每天一万人次。

DVD 邮寄业务也达到了功能极限，60 个配送中心单个营业日就能交付 97% 的邮件，还在电子商务客户满意度调查中获得了高分。

在网飞订阅用户超千万约一个月后的 2009 年春天,我在网飞比弗利山庄办事处采访了哈斯廷斯。在 45 分钟的谈话中,他显得既放松又谨慎,流利回答了从经济衰退对订阅用户增长的影响(没有任何影响,他们在那个季度公布了创纪录的新增订阅用户数量)、蓝光 DVD 渗透率的增长乏力到网飞获得新发行电影流媒体版本播放权所需时间(至少 10 年)的各种问题。

当我们准备讨论竞争格局时,我终于有机会提到一些已经发生深刻变化的事情。那一周里谣言纷飞,说百视达正在考虑一个计划周密的破产申请——百视达后来对这个谣言予以否认。哈斯廷斯通常会在他们激战正酣时相当慎重地提及百视达。我从不确定的是,他是否希望避免向投资人或是百视达表明自己对竞争态势的任何看法。

"现在,让我们谈谈你们的主要对手百视达。"我说。

"谁?"他问,一副佯装不知的样子,"我们的主要对手是 Redbox,百视达还不够格。"

我吃惊地笑了。我实在是忍俊不禁。哈斯廷斯难得开百视达的玩笑,我上次听到他开这种玩笑还是 5 年前第一次否定百视达在线的时候。

如果维亚康姆及早让百视达斥资攻击网飞,或者不提取其 10 亿美元股息,或者像哈斯廷斯说的那样"吻别","今天的情况有可能完全不同"。

"你对百视达正在寻求破产的传言怎么看?"我问。

"喜忧参半。"他说,"忧的是,他们是正派人,而且一直很努力;喜的是,这家公司很久以来一直想搞垮我们,而他们自己现在是日薄西山。"

"看到他们的门店纷纷关闭、岗位流失,而我们发展顺利,实在令人感到悲哀。"他补充说,"当他们要杀死我们时,我对他们更多的是仇视,但现在我对他们致以最衷心的祝愿。我们有自己的下一轮对手。"

他提出,网飞针对取消服务的订阅用户开展了退出调查,结果表明,越来越多的用户正将其电影租赁习惯转移到 Redbox 售卖机上。到 2009 年年底,Redbox 已经装置了 2 万台售卖机,其对市场的扰乱程度,足以让刚摆脱 2007 年破产危机的影库将这家售卖机公司视为自己重尝败绩的主要原因。

哈斯廷斯说,Redbox 将是一个强劲的竞争对手。

❯

在结束采访当晚的洛斯加托斯宴会上,网飞员工从仿地中海风格别墅的一楼厨房和一个可爱的庭院帐篷里纷纷涌出,享用着冷盘和葡萄酒。当天晚上,哈斯廷斯的脸上印了一个心形,里面写着"1 000 万"。这是一个完美时刻,是对其立足点的一种田园诗般的概括。

许多专家一度认为绝对不会存在于在线租赁领域的盈利基准点在当时已经显现，伴随着这种满足感和自豪感的是一种百废待兴的感觉。另一个不太可能的成果有待摘取——到2012年达到2 000万订阅用户。突然之间，将近10年前做出的预测再次适用了。他们有3年时间实现用户数量的翻番。

　　他们能将公司带到多远，公司又能发展多快？所有人都不想浪费哪怕一秒钟，尽管他们已经付出了很多艰辛努力，但没有人愿意错过将要发生的一切。

14

《大地惊雷》

True Grit

(2009—2010)

百世达破产危机

2008年年底，信贷市场紧缩，吉姆·凯斯难以修改或是扩展百视达的信用额度，从而无法在3年内第5次执行其门店扩张计划。在任期第一年，凯斯忙于将百视达门店改造成"全方位服务娱乐目的地"，他设想客户会顺便过来享用比萨和可乐，或者购买书籍、平面电视，或者周末带着孩子来这里，一边闲逛一边等着下载电影。

凯斯叫停用户数量报告之前，百视达在线的订阅用户数已经跌至不足160万。凯斯告诉投资人，这个指标对于百视达的财务业绩来说并不重要，因为在250亿美元的美国DVD租赁及销售领域，数字下载和传输业务仅仅达到15亿美元。"底线就是这样，我们认为，专注订阅服务并非百视达开展业务的适当措施。它是一个数据点，让人感兴趣，但在我们看来，它对我们的未来并无重大意义。"他说。

令凯斯遗憾的是，随着较去年同期门店收入持续、稳定地进入负增长，其他人已经不再争论数字媒体是否意义重大。《综艺》(*Variety*)称赞 2008 年是"全球数字媒体收入超过电影院和家庭视频总体收入的一年"。娱乐行业杂志援引了伦敦研究公司战略分析家(Strategy Analytics)在 2009 年年初的一项研究：在线渠道和移动渠道带来的收入在全球收入中占到 900 亿美元，而全球电影娱乐业的收入为 831 亿美元。

"我们现在开始看到，数字媒体正在成为很多公司的重要收入来源，"战略分析家的马丁·奥劳松对《综艺》说，"就在几年前，大家还在讨论电影能否在线发行，现在这已经不是问题了。"

尽管如此，凯斯仍然坚持把百视达拥有的少量资本集中投入到门店业务，并公开向网飞保证，他对其订阅用户没有任何企图。"我们不想攻击网飞，试图窃取其市场份额。我们认为，那将是代价高昂的行为。"凯斯说。

百视达也不会和 Redbox 的 DVD 自动售卖机开展正面竞争。凯斯在考虑一项存在两年的自动售卖机业务，想知道如何避免这种机器的"每天 1 美元"租赁方式蚕食门店的销售额。他接触米奇·洛并建议达成某种店内伙伴关系，但后者以荒谬为由予以拒绝。他们是争夺同一地盘的竞争对手。

到 2009 年凯斯授权全国收银机公司代理百视达品牌售卖机业务，并计划将其主要安置在百视达门店外面时，Redbox 已经在大型百货便利连锁店里安置了超过 1.2 万台售卖机。"我们的售卖方式在更大程度上会是门店的附带业务。"凯斯对投资人说。

凯斯坚持认为，百视达门店仍然是美国主流娱乐生活方式的一个重要组成部分，尤其是在数字租赁对于大多数用户来说过于复杂和费解的情况下。"只要我们改变产品组合以满足不断变化的用户需求，我们的门店就能保持契合度。"

百视达是一笔遗产，凯斯的策略是尽量不去改变这种形象。《洋葱》于 2008 年在优兔上发布的一个热门视频，对这家连锁企业拒不接受数字时代进行了嘲弄。这个视频意在展示位于密歇根州奥本山的一个百视达生活馆，游客在那里可以了解到美国人在网飞和 iTunes 出现之前所面临的"艰辛"。

我从来不知道凯斯是否看到过视频，不过，看来他显然从未获得有关百视达趋于过时的消息，即使在他的主要举措遭遇失败之后。

鉴于公司现金状况吃紧，百视达门店的游戏储备被证明代价过于高昂，出现在几家门店的下载售卖机也只有很少影片可供租看，因为制片厂尚未研究出如何对其加密。而且，所有视频均不能以高清画质播放。

不过，一旦内容开始大量涌入，用户将排长队，把电影下载到他们的 U 盘里，然后"把 U 盘带回家插到机顶盒或任何其他装置上"，凯斯颇有自信地预测说。

当 2008 年年底的经济形势跌入深渊，百视达微薄的门店收入也随之跌至低谷。网飞的订阅用户数量维持着稳定增长，这更刺激分析人士就百视达的糟糕表现做出令人失望的评论。凯斯首先把这种现象归咎于 DVD 发行影片较少导致门店销售及租赁收入降低，然后归咎于一系列热门影片的院线发行导致消费者为票房花钱，从而损害了百视达的业务。有消息称，百视达 2009 年年初通知华尔街说，它聘请了一家律师事务所和一家投资银行探讨重组方案，包括潜在的破产事宜。

百视达没有接受网飞提出的出售其订阅用户的第二次提议，而是要从以往的经验中寻求答案。凯斯提高了店内租赁的价格，并重新规定了滞纳金制度，他称之为"单日费率……我们非常小心，避免把它称为滞纳金"。他对分析人士说。1 美元的单日费率自 5 天后开始累计，若消费者保存 DVD 超过 15 天时间，就得将其买下。

凯斯推出了一个所谓的"直接访问"租赁计划，允许消费者从门店订购往期目录影片，然后送至他们的住处供租看 5 天，这无意中重现了网飞 10 多年前的第一个商业模式。百视达没有资金推广这个方案，只有任其搁浅。

凯斯主张设立电影制片厂提出的"自动售卖机租赁窗口"：包括 Redbox 和百视达在内的售卖机在影片发行后至少一个月内不得购买、租赁。他的目的是依靠制片厂的窗口服务和对手竞争，并加载圣诞节新发行电影，然后就可以坐等消费者涌入百视达门店。

"当然，如果这些窗口确实能行的话，这对门店是有利的，因为它赋予了门店另一个存在的理由，并使它们与消费者的关系更加紧密。坦率地说，消费者知道哪些是刚发行一周的电影，哪些是发行两周的电影，我在电话会议上质问过很多人，让他们告诉我上周发行了哪些电影。"凯斯说。

但这些窗口未能发挥作用，凯斯从新DVD（网飞和Redbox无法从制片厂或者批发商那里大批采购）发行中获利的计划也事与愿违。Redbox和网飞无视制片厂的规则，从沃尔玛等大型零售商那里购买磁盘，因为这些零售商会在假日期间给予它们大幅度折扣。

圣诞节库存滞销产生的费用支出，给百视达留下了一个巨大的赢利缺口。"我们有充分的理由相信……凭借新发布的制片厂窗口，12月尤其是圣诞节会有历史性贡献。"凯斯解释说。

售卖机的安置速度远远落后于预订日程，推出数量也仅有2 000台。相比之下，Redbox的数量已接近2万台，2009年的收入已陡升至11亿美元，并以单机26%的速度不断增长。市场远远不像凯斯描述的那样"过度饱和"。

2010年2月，影库第二次申请破产保护，此时距其2007年的破产申请还不到两年。这次，它将被迫永久性关闭剩余的2 400家影库和好莱坞视频连锁店。这家公司的首席重组官史蒂夫·穆尔（Steve Moore）在破产法庭上声称，这家四面楚歌的连锁公司无力在不断变化的租赁领域参与竞争。"自2007年破产案以来，影响公司业绩的最显著行业因素一直是租赁业内部的自相残杀，这是由Redbox运行的DVD分发售卖机（提供低价位租金和便利性）引发的。"穆尔说。

在随后的一个月里，百视达也开始陷入破产境地。它账目上有10亿美元的负债，报告的损失达5亿美元。伊坎抛售了自己将近17%的百视达股份，离开了董事会。在一次投资人电话会议上，凯斯恳求股东、债券持有人和债权人坚持到底，因为百视达试图在2010年5月再次进行资本重组。

"网飞在经济不景气的形势下保持着增长，百视达面临的是同样的经济形势，"韦德布什·摩根公司的分析师爱德华·吴（Edward Woo）说，"你得考虑投资人有多少耐心。"

当百视达的股票价格跌破1美元时，它面临的是从纽约证券交易所退市的处境。这家昔日强大的租赁连锁店现在只剩下了3 500家美国门店和4 000台售卖机。

Redbox位于芝加哥郊区一栋光怪陆离的玻璃大厦里，占据了6个楼层。大厅有一个巨大的电子屏幕，显示着当天的用户租赁数量（通常数以百万计）和首次访问DVD自动售卖机的人数。安装在墙壁下部的电子地图显示着密密麻麻的红点，那是2010年前以每小时1台的速度在美国各地超市、机场和便利店涌现的Redbox的位置所在。每层楼的电梯旁都安放着米奇·洛喜欢的各式售卖机，其中一款是他于1984年设计并以1.4万美元委托康涅狄格州的一家公司打造的。

Redbox

洛离开网飞之后不久就以顾问身份为麦当劳工作,负责一个旨在增加其快餐店客流量的内部测试项目:一种被称为"Tik Tok DVD 商店"的 DVD 出租机,以及一种从汤食、三明治到尿不湿无所不卖并被称为"Tik Tok 便利店"的大型自动售卖机。一旦人们出现在华盛顿特区的 6 个麦当劳停车场(2003 年的规模),这种 20×10×10 英尺的便利店机器就会吸引他们的注意,但这个快餐巨人很快就停用了这些相当笨重并且容易发生故障的机器,专门采用了 DVD 售卖机。这种 DVD 售卖机是鲜红色的,在聘请一家品牌推广公司为此项业务命名未果后,Tik Tok 团队决定把它叫作 Redbox。

洛几乎可以肯定的是,消费者被某种认购协议锁定后会产生不满的情绪,并将遏制网飞的订阅用户增长速度,使其停留在 200 万人以下。他认为具有挑战性的连锁店存在更多机会,即使在其库存成本从每部 VHS 影片 60 美元跌至每张 DVD16 美元的情况下,这些连锁店也没有下调过价格。

不过,最重要的是,网飞放言不会有人从一台机器那里租看电影,这激怒了洛,他打算证明网飞的荒谬。

这件事具有完美意义:削减百视达和影库所承担的庞大的店面和成本,专注于新发行的大片,从而在消费者从杂货店或快餐店回家路过这些机器时,激发他们的冲动型租看行为。

麦当劳的第一个 Redbox 测试市场是丹佛，洛看到百视达再现了它对网飞犯下的错误，对此感到震惊。它忽视了如雨后春笋般涌现在全市麦当劳餐厅的售卖机。这一疏忽使洛得以在 2004 年至 2005 年修订其产品定价及产品组合，而百视达则完全没有做出反应。

2005 年年初，麦当劳决定退出售卖机业务。一位高管告诉洛，其原因是麦当劳意识到，如果已故创始人雷·克罗克（Ray Kroc）发现麦当劳正在餐厅里宣传 R 级电影，他会在坟墓里打滚的。Redbox 让麦当劳确信，它可以保留半打市场上大约 800 台售卖机所创造的收入。然后，洛和麦当劳的战略事务主管格雷格·卡普兰去寻求来自另一个投资人的 3 000 万美元的融资。洛的头两站是网飞和百视达。

百视达门店后来为了回击 Redbox 的丹佛测试，提供了一项每日 99 美分的租赁服务，在消费者第二天未返还 DVD 的情况下，该租金将变成 4 美元。洛由此意识到，百视达高管将售卖机视为一个竞争性威胁。他打电话给百视达的谢泼德，解释说 Redbox 希望以 3 000 万美元卖出售卖机公司一半的股份，不知百视达是否感兴趣。

谢泼德断然拒绝了他。

洛再次尝试。"这是我第二次和你们这些家伙谈投资的事。"他只能这么着了。但谢泼德挂了电话。

（谢泼德想不起和洛的这次谈话，不过他说他参加过关于和

Redbox 合资经营的 2006 年谈判，由于 Redbox 明显缺乏兴趣，合资公司未能成立。）

洛一直保持向哈斯廷斯通报他的新业务情况，而且他和卡普兰曾就投资 Redbox 事宜和这位网飞首席执行官有过几次面谈。哈斯廷斯似乎越来越感兴趣（尤其是在 Redbox 的全国性扩张之后），但他暗示说，麦卡锡和基尔戈不喜欢这个想法，他们更愿意在流媒体业务方面投资。

百视达的"并网"方案浮出水面大约一年之后，两家公司就 Redbox-网飞混合型服务事宜再次进行了讨论，但未能就其服务结构达成共识。

在 2005 年遭到租赁公司和风投公司的同时拒绝颇有讽刺意味，因为洛和卡普兰知道，Redbox 深具市场潜力。洛想起自己在网飞工作时见过的一个家伙，此人来自一家名为 Coinstar 的自动售卖机公司。Bellevue 是一家总部位于华盛顿的公司，它的名字来源于它安装在超市大厅的大批点钞机，后来其触角延伸到了其他类型的自动售卖机上。2005 年，Bellevue 以 3 200 万美元购买了大约一半 Redbox 股份，并在 4 年后以大约 1.75 亿美元购买了麦当劳持有的剩余股份。

临别礼物

洛和卡普兰起初认为，Redbox 将吸引那些曾经是网飞早期用户的年轻、富有的男性，因为用户必须持有信用卡才能使用售卖机。但在拉斯韦加斯低收入郊区一家史密斯百货商店里偶然安装的一台售卖机却有着不同表现。出人意料的是，这台机器租出的磁盘数量是其他任意一台 Redbox 售卖机租出数量的两三倍。洛在这里和富人区都安排了工作人员，让他们和用户面谈，想搞清楚是怎么回事。

这些调查显示，百货店的有钱用户将信用卡插入这些机器时会感到紧张，另外他们也对 1 美元的价格表示怀疑——实在是太便宜了。不过对于较为贫穷的顾客来说，1 美元的租赁价格颇具吸引力，以至于他们不在乎信用卡的安全性。

于是，Redbox 将售卖机位置调整到了低收入区，而且随着这个品牌越来越知名，更多用户纷至沓来。在 Coinstar 的帮助下，Redbox 抵挡住了其他小型自动售卖机竞争对手的挑战，Coinstar 与百货连锁店的关系也为洛和卡普兰一直寻求无果的事情打开了机会的大门。一旦他们打败了作为对手的售卖机连锁店，Redbox 就将目光投向了百视达。到 2007 年，Redbox 售卖机的数量已经超过百视达连锁店的数量。

租赁售卖机的兴起，并非只影响到有连锁店的公司。洛和卡普兰的创意使得网飞和好莱坞制片厂都开始遭遇惊人的收入下跌。

"对我们或整个行业而言，1 美元租赁新发行 DVD 服务的长期效应无处不在且并不乐观。"哈斯廷斯 2009 年对投资人说。

制片厂一直吵着要一个至少 28 天的期限，以便他们在租赁网点开始提供影片之前出售新 DVD。作为交换，制片厂不会试图阻止租赁公司销售新影片，并将以降低新电影批量采购费用的形式给予租赁公司奖励。

新发行业务涵盖了 Redbox 的整体业务，洛强烈反对这个提议，不过 70% 以上的网飞租赁业务涉及的都是老电影。哈斯廷斯完全赞成这笔窗口交易。

"接受此笔窗口交易的好处是节约成本。华纳在长达 29 天的时间里，以非常有吸引力的价格给予我们大量拷贝，所以我们能够满足消费者的全部需求，而且能够将节约下来的费用投入到更多流媒体服务上面。"哈斯廷斯在 2009 年年底说。

消费者已经接受了即时传输功能。在该功能推出 18 个月之内，网飞有一半订阅用户利用此项功能观看电影和电视节目，Hulu、优兔、亚马逊和苹果的 iTunes 也提供了作为可选择视频文件用于出售或出租的新发行影片，从而正在快速填补网飞的目录空白。

哈斯廷斯说，在线视频服务提供了"观看内容的沧海一粟"，不过他们是在挑战美国住户每天在有线电视、卫星电视和电信网络旁花费的 5 个小时。网飞未来将成为制片厂和网络的最大客户之一，这是代表着互联网电视的第四个选项。

在哈斯廷斯看来，网飞、脸书、优兔是互联网电视的先行者。他设想的是个性化的便利应用，其特征是以社交网络取代充斥着有线电视、卫星电视和电信视频产品并经预定编程的标准通道网格，从而分享并推广内容。哈斯廷斯和他的团队认为，电缆束类似一种当代唱片集，可以作为 iTunes 之类视频节目的片段分拆并卖给消费者。

尽管网飞达成了较大规模的内容交易，也获得了部分在线视频利润，但哈斯廷斯在公开场合还是将在线流媒体传输的崛起与利润率较高的宽带服务的相应繁荣相提并论，试图借此安抚有线及卫星电视运营商和电信公司。"在我们看来，互联网视频的增长有可能提高有线行业的整体利润。"他在一次投资人电话会议上说。

作为内容竞争的新选手，网飞必须努力扩充其流媒体库存，首先是收集零散节目，比如喜剧中心的《南方公园》(*South Park*)；然后是达成批量节目交易，比如迪士尼-ABC电视集团的黄金时间重磅节目《迷失》《实习医生格蕾》(*Grey's Anatomy*)和《绝望主妇》(*Desperate Housewives*)，以及备受欢迎的迪士尼频道儿童节目。

交易情况每年都有所改善，尽管网飞还不是为期10年的家庭娱乐分销协议的成员。人们对在线视频业务的长期增长普遍存疑，以至于网飞无法与付费电视频道 Starz 达成协议，从而以 2 500 万美元获得为期两年的频道电影流媒体播出权。针对 Starz 顶级影片清单的许可协议，赋予了即时传输服务合法性，它作为内容供应商的权限等同于有线电视，而价格仅是后者的一小部分。与 NBC 环球公司达成的旨在深度选择重磅经典电视节目（包括在播出第二天提供"周六晚间直播"节目）的类似协议，同样非常便宜。

哈斯廷斯给人的印象是，网飞有现金可以购买电视节目、电影和抢发版内容，不过制片厂和其他内容所有者都没有注意到这一点。

网飞随后针对属于 EPIX（派拉蒙影业、狮门、米高梅拥有的一项付费电视服务）的新发行及库存影片签署了价值 8 亿美元、为期 5 年的许可协议，从而使二者之间的障碍得以清除。引人注目的价格标签（据报告"接近 10 亿美元"）使得潜在许可人纷纷涌入网飞比弗利山庄办事处，谈论其在线视频战略。包括导演、演员、作家等艺术家在内的电影界人士，则希望讨论他们的在线视频收入分成问题。突然之间，所有人都向网飞投来了关注的目光。

到了 2010 年，制片厂和有线电视运营商已经意识到他们是在引狼入室。网飞和 Starz、NBC 环球达成交易时，其规模几乎无法和区域性的有线电视运营商相提并论。两年后，它的订阅用户群大到已经可以和美国最大的有线电视运营商一决高下。

"问题在于，网飞并非我们几年前刚刚与之打交道时所认为的那种公司，它变了。"一位匿名的制片厂高管在 2010 年年底接受路透社采访时说道。

更糟糕的是，付费电视订阅用户的人数出现了有史以来的首次下滑，引发了关于疲于应付经济衰退的消费者是否会取消其付费电视服务，从而通过网飞和其他网络来源在线观看视频的争议。

不过，特德·萨兰德斯坚持认为网飞"绝对"是有线电视的"补充"。

当网飞与 Starz、NBC 环球续签合同时，其价格已经激增至数亿美元，制片厂还加入了若干限制性条件，旨在保障日益薄弱的 DVD 收入。在可观看电影的订阅用户人数达到上限之后，索尼和迪士尼出人意料地从网飞的流媒体节目单中撤下了热门影片。

分析人士开始担心与多年内容交易相关的管理费用，他们指出，诸如亚马逊、谷歌等正在进入在线视频交付领域的强大竞争对手更有实力购买内容。"网飞只是渠道之一，"韦德布什·摩根公司的分析师帕赫特说，"这些大户将分流订阅用户并哄抬内容成本。总之，网飞会遭受损失。"

马拉松伙伴公司的奇贝利认为是时候卖出他的网飞股票了。鉴于股票价格已达 200 美元，而且有线渠道把网飞视为一个真正的威胁，奇贝利明白这家在线租赁公司已经在娱乐业巨擘里占据了一席之地。他用自己的资金做了逆势投注，网飞不再是局外人。他 6 年前支持的这家高风险小公司羽翼已丰。

数据显示，网飞可传输的数字电影占比是 60%，占美国宽带流量的 20%，从而使得低估这家租赁公司影响力的宽带供应商和有线电视运营商纷纷看衰此项服务。"这有点像阿尔巴尼亚军队要接管全世界,我认为是行不通的。"时代华纳首席执行官杰弗里·比克斯在由瑞银集团(UBS)主办的一次行业会议上说。这次会议变成了针对网飞的声讨会。在另一次采访中,比克斯否认订阅流媒体服务是时代华纳 HBO 电影频道的一个威胁。"我想说,它(网飞)就像一只 200 磅[①]重的黑猩猩,而不是 800 磅的大猩猩。"比克斯对 CNBC(美国消费者新闻与商业频道)的朱莉娅·布尔斯廷说。

网飞的高管们对这些批评不以为然,他们彼此开玩笑说,每当媒体就比克斯的公司进行在线战略提问时,他或许都会陷入 2000 年时代华纳和美国在线的灾难性合并的痛苦回忆中。

当《赫芬顿邮报》发行人阿里安娜·赫芬顿在 2011 年拉斯韦加斯消费电子展上询问哈斯廷斯对网飞有何看法时,他拽着衬衫上的拉链开玩笑说,佩戴阿尔巴尼亚军队的身份识别牌让他很自豪。后来,在硅谷会议中心为期两天的集思会上,哈斯廷斯给高管们发放了阿尔巴尼亚军队的贝雷帽。在 90 多名高管中,很多人在这两天会期内全程戴着贝雷帽。

黑猩猩言论也让网飞人发笑,尤其是在全体员工大会上戴维·威尔斯嘲笑一个旨在说明黑猩猩比大猩猩聪明的 PPT(一种演示文稿)之后。最后一张幻灯片显示的是经过 Photoshop

---

① 1 磅约为 0.45 千克。——编者注

软件（图像处理软件）处理的图片，上面有只黑猩猩戴着阿尔巴尼亚军队的贝雷帽，挥舞着一面网飞旗帜。

与此同时，互联网服务供应商采取了遏制网飞增长可能性的行动，首先是威胁停止提供无限制的宽带接入，然后是按其消费的带宽 GB（吉字节）值向客户收取费用。

康卡斯特在收购 NBC 环球的过程中引起众怒：鉴于互联网服务供应商 Level 3 Communications 是通过康卡斯特的宽带光纤传输网飞流媒体电影的，康卡斯特对此收取了额外费用。哈斯廷斯声称康卡斯特的这笔费用"不恰当"。这一事件引发了网飞和康卡斯特之间的长期不和。

网飞以博客发帖的形式予以回击，它将美国和加拿大互联网服务供应商为家庭提供网飞流媒体视频的速度进行了排名。宽带上限导致的威胁第一次迫使哈斯廷斯退出了政治领域，因为他失去了在加州教育委员会中的席位。

他呼吁网飞订阅用户和公共利益团体要求美国政府加大对互联网中立规则的监管力度，以确保互联网服务供应商无法篡改 Web 流量，避免他们进行损人利己的安排。

网飞在游说政府方面的支出已经从 2009 年的 2 万美元增长至 2011 年的 50 万美元。此外，哈斯廷斯还组建了一个 FLIXPAC 整治行动委员会，目的是在诸多管辖互联网中立性、电影盗版、消费者视频租赁记录共享的互联网相关立法中获得话语权。

2010年年底批准的联邦通信委员会规则，禁止互联网服务供应商和无线服务供应商阻断来自客户的任何内容或应用程序，哈斯廷斯对此表示谨慎欢迎。这位网飞首席执行官此时正踌躇满志，试图利用自己新近获得的《财富》杂志"年度商业人物"的身份去影响有关互联网公开性的论战。

在某种意义上，这个杂志封面是肯·罗斯送给哈斯廷斯的临别礼物。自汤姆·狄龙2006年退休以来，罗斯是离开哈斯廷斯钦定的高管团队的第一人。

《财富》封面是罗斯多年前设定的个人目标，当时网飞正试图强化华尔街的一个观念，即这家公司面对基于门店的对手能幸运地挨过一年。对罗斯来说，《财富》封面是网飞寻求合法性征途中要攀登的一座遥远的山峰，登上封面标志着网飞当之无愧地获得了典型美国品牌的地位。

罗斯每年会带哈斯廷斯前往曼哈顿的时代-生活大厦一两次，去面见包括自由编辑贝蒂·塞勒斯在内的《财富》杂志的编辑们，以求深度探讨租赁业务。哈斯廷斯在这样的非正式谈话中表现极佳——咄咄逼人，坦白直率，聪明机智。

斯韦齐同样延续了此项事业，在罗斯因为严重的健康恐慌离开工作岗位后，他会见过《财富》的资深专栏作家迈克尔·科普兰、执行主编安迪·瑟沃和塞勒斯。就在罗斯重返工作岗位的2010年年中，他们对网飞形象细致入微、不厌其烦的打造得到了回报。《财富》希望推出一个关于哈斯廷斯的重磅故事，但不会讨论在杂志中刊登这个故事的事宜。哈斯廷斯坐等上门采访。故事延迟了两周，接着又是好几周。当罗斯得知这个故事即将与"年度商业人物"报道联系在一起时，他感到心灰意冷。这份保守的杂志永远不会在封面上给网飞这样的高科技公司首席执行官留下一席之地。

罗斯对斯韦齐说："我们上当了，别做梦了。"

斯韦齐安排哈斯廷斯在洛斯加托斯总部为杂志拍照。当杂志的助理图片编辑率领《财富》工作人员带着庞大的照明装备和各式布景，以及一名化妆师兼服装顾问到来时，斯韦齐和罗斯明白这张肖像照注定要上封面的。他们简直不敢相信。

封面故事称赞哈斯廷斯是"新一代硅谷创业家的领军人物"，同时指出网飞正在"扼杀这一事实"，即使按照苹果公司这个硅谷头号输出品的标准衡量也是如此。作为美国最保守的商业杂志之一，它的报道和赞扬有其奇特效应，它使哈斯廷斯和网飞在一个快速演变的竞争格局中实现了令人叹为观止的崛起，而网飞正在逼近300美元的股价泡沫也似乎刀枪不入。哈斯廷斯似乎很快也有了这样的认识。

罗斯在6周后离开了，他很满意自己的网飞生涯结束得正是时候，但他永远不知道《财富》封面是否给哈斯廷斯留下了深刻印象。

这个团结一致的高层团队（包括哈斯廷斯、麦卡锡、麦科德、亨特、基尔戈和罗斯在内）保证了网飞的连续性，使它能在和百视达之间漫长而又艰苦的战斗岁月里抚慰投资人。不过，鉴于缺少导致外患的各种挑战，这些意志坚定的高官们变得更加孤立和保守。哈斯廷斯似乎不太愿意接受挑战和批评。失误责任可以一直追溯到指挥链，而在其属下看来，可以归因为固有的恐惧和不作为的文化。

大半年来，麦卡锡同样在考虑离开网飞，他像所有高管团队成员那样，选择在哈斯廷斯亮相《财富》封面之后不久和他谈判补偿金问题。他帮助公司挺过了对抗百视达和亚马逊的白刃战，对他而言，他在网飞已经起不到更大的作用。

哈斯廷斯深感意外，但他不同意给予麦卡锡更大的责任和影响力，从而让他留在网飞。麦卡锡或许预见到了哈斯廷斯的回应，他已经在此前几个月兑现了他的4 000万美元（51%）网飞股份。他当天就走出了办公室，再也没有回头。当天下午发布的新闻稿轻描淡写地说，他离开网飞是为了"在公司之外寻求更多管理机会"。

麦卡锡拒绝就其离任发表意见，不过他还是按照既定日程出席了一次投资人会议，哈斯廷斯还坐在他身边，以示相互支持。哈斯廷斯提拔了财务计划及分析副总裁戴维·威尔斯接替麦卡锡的职位，尽管如此，一些人认为对于网飞首席执行官来说，这个聪明能干的人只是比直言不讳的麦卡锡更容易被控制的高管人选。

其他人注意到，哈斯廷斯似乎认为《财富》封面所赋予的明星身份确认了他在执行团队或任何其他人面前的话语权，他变得越来越不能容忍反对意见。随着哈斯廷斯缩回他自我营造的"回音室"，投资人和订阅用户很快就会有理由悲叹罗斯和麦卡锡的离去，以及他们可能提出的对现实的检验。

15

《天堂电影院》

Cinema Paradiso

（2011）

网飞的国际版图

百视达的崩溃使它的加拿大业务被废弃,从而给网飞留下了一个机会,可以去实现哈斯廷斯6年前不得不放弃的国际扩张梦想。百视达申请破产时,网飞正在加拿大大张旗鼓而又有几分难堪地推出其流媒体单项服务。

一家协助网飞推出该业务的公关公司在多伦多市中心的一次街头派对中请来演员充数,其散发的广告传单声称"人们看起来真的很兴奋,尤其是接受媒体采访时"。这份广告很快落到了记者手中,并遭到了他们的嘲笑。斯韦齐采取了行动,他第二天亲自会见各大媒体记者,向他们保证这并非网飞的行事方式。演员导致的抗议声很快被平息,但哈斯廷斯在一次采访中认为美国人因为过于"自我陶醉"而不关注世界大事,这需要一个道歉,尽管斯韦齐再次进行了及时的补救,但仍有订阅用户为此取消了服务。

不过,糟糕的舆论并未带来挥之不去的影响。不到一年时间，网飞的加拿大订阅用户人数就超过了 100 万。在加拿大推出 6 周后，哈斯廷斯又在拉丁美洲和加勒比地区亲自推出了葡萄牙语和西班牙语的流媒体单项服务。

促使罗斯决定离开网飞的因素之一，是他估计的预期费用还要将近两年才能用于推广国际业务。打定主意离开后，他有一次从洛斯加托斯飞回洛杉矶家中时，在餐巾纸上记下了几个潜在接班人的名字。名单上的第一位是前《华尔街日报》编辑乔纳森·弗里德兰，他在迪士尼公司的沟通部任职。

弗里德兰是悠闲自得的加州本地人，他在《华尔街日报》的拉丁美洲和亚洲分社奠定了显赫的职业生涯。与此同时，他获得了伦敦经济学院硕士学位。他在得克萨斯州创办了一系列西班牙语报纸，之后于 2006 年进入迪士尼。鉴于他的商业及媒体从业背景，以及他和拉丁美洲的关系，弗里德兰似乎是带领网飞实施国际扩张的公关经理的完美人选。他于 2011 年年初莅任，正好赶上筹划和执行 9 个月后在拉丁美洲的推出事宜。这将是充满艰辛的一年。

2011 年 9 月，弗里德兰和斯韦齐在南美洲和墨西哥花了 8 天时间，辛辛苦苦地宣传网飞在非英语国家首次推出的流媒体服务。在一次宴会上，他们将哈斯廷斯推到了来自圣保罗、布宜诺斯艾利斯和墨西哥城的 400 名记者面前，实现了压倒性的正面报道。不过，网飞在他们回国之后遭到了媒体的抨击，这是因为网飞在其国内市场实施的涨价行为（在 21 世纪目前最严重的经济衰退期间,网飞广受欢迎的混合流媒体服务和 DVD 订阅服务的价格上涨到了令人痛苦的 16 美元)造成了持久的负面影响。

公关团队被不合时宜而且不准确的报告搞得措手不及,因为报告显示网飞将对其美国用户群实施 60% 的全面价格上调。事实上,作为新费率计划的一部分,网飞的 2 500 万订阅用户中仅有半数人会经历价格暴涨,另有 1/3(那些仅需要流媒体或邮寄 DVD 的订阅用户)将享受最高 20% 的费率削减。当年夏天完成的一份机密简报泄露了这个消息,而公关团队没有任何机会阻止此事扩散至整个社交网络并充斥各家媒体的报道。

消息传遍了蓬勃发展的社交网络(脸书、推特和博客圈),而且显然无法平息。消费者群情激愤,无法被说服。股价出现了暴跌,有 100 万订阅用户最终取消了服务。

情急之下被忽略的一个消息是,DVD 邮寄业务将被独立拆分出来并配备专职团队,团队领导人是安迪·瑞迪奇,即汤姆·狄龙的门生兼业务继承人。

哈斯廷斯在过去几年里经常开玩笑说,他将在 2030 年左右的某个时候亲自交付网飞邮寄的最后一张 DVD。这个时限在一些人看来长了些,但哈斯廷斯坚持认为网飞不能弃用 DVD 格式,除非即时传输能为用户提供令人同样满意的体验,还要具备完善的电影和电视库存。我们尚不清楚是什么让他改变了主意,愿意耐心等待订阅用户转向流媒体服务,从而使 DVD 租赁自然消亡，哈斯廷斯后来将其归因于他此前的成就所导致的"傲慢、自负"。

"对我而言，这种价格飞涨的幅度和时机仍然没有任何意义，尤其是网飞过去常被视为一家以消费者为中心的良心公司，"《纽约时报》的高科技专栏博主戴维·波格写道，"它处理这种转变的方式格外生硬、笨手笨脚、情感淡漠。"

斯韦齐承担着应对用户的艰巨任务，他要将价格差淡化到"每个月一杯拿铁"的水平，而不是进行他曾催促哈斯廷斯做出的常识性解释：由于邮寄和运输成本不断攀升，网飞正在 DVD 邮寄业务上赔钱。"拿铁"言论激怒了疲于应付经济衰退的订阅用户们，其中一个用户还在网飞博客的评论区公布了斯韦齐的手机号码。他耐心答复数百个电话，亲自回复语气尖刻的语音邮件，向出乎意料的来电者承认自己发言草率、麻木不仁。

斯韦齐和弗里德兰从拉美返回后，哈斯廷斯将二人召到网飞总部告知他的计划，即试图让用户和媒体再次关注他们所忽视的公告内容——网飞计划将其 DVD 邮寄服务拆分为新业务 Qwikster。他想，如果用户理解网飞需要将其资源用于流媒体服务以便创造一种更好的体验（即拥有更多、更好影片的更时尚的界面），他或许就能阻止日益严重的用户流失问题。

他希望避免错误地保护依然强大但注定难逃厄运的 DVD 业务，因为他见识过百视达试图让其门店基地回避在线租赁服务的后果。不随技术转变的业务必死无疑，这是哈斯廷斯的一个核心原则，网飞就是这一原则的体现。DVD 的消亡是不可避免的，哈斯廷斯只是在促进其进程——为了网飞及用户的利益。

公关团队被他的想法吓坏了：在即将于东海岸时间星期日午夜，在优兔上传的一段自拍视频中发布一则重大产品公告。财经媒体将被激怒。而他计划阅读的脚本则把拆分 DVD 邮寄服务的消息极力隐藏在第九段。这一应景式宣传具备另一场公关灾难的所有特征，但哈斯廷斯不为所动。

哈斯廷斯身着一件皱巴巴的蓝绿色沙滩衬衫来到了网飞总部。他招募不太情愿的瑞迪奇和他一起担任视频主演。他喜欢用一种自制模样的手持摄像机来展现他心目中那种坦率的歉意和解释。他拒绝对自己传达的消息进行排练，但斯韦齐坚持把一个专业摄像团队叫到临时拼凑的拍摄现场。

"我们今天制作这段视频的目的，是为我们最近所做的某件事亲自道歉，或者至少在摄像头前道歉。"哈斯廷斯开始讲话，瑞迪奇在一旁很不自在。

发布在优兔上的这段视频迅速引发了几乎普遍消极的反应。在理性方面，高科技和财经媒体支持网飞将其业务拆分为两项不同的业务的想法，即一项快速增长，另一项逐渐消失，但其结论是，要求混合计划的订阅用户保持其独立账户、清单和队列将是一场客户服务灾难。

用户对此表示了认同。于是哈斯廷斯的博客很快就有了 3 万多条评论，其中大多数留言都充满了怒气。

"里德，你对未来可能有惊人的想象，但你患有严重的乔治·卢卡斯综合征，你手下有一帮唯命是从的空想家。"一条评论写道。

"糟糕的想法。越来越差劲的决定。接下来会怎样，只提供20世纪80年代制作的影片？我厌烦这一切，包括你。"另一条评论写道。

当这样的咒骂看似无以复加时，深夜电视节目和专业滑稽剧开始推波助澜："周六晚间直播"的滑稽演员杰森·苏戴奇斯（Jason Sudeikis，饰演哈斯廷斯）和弗莱德·阿米森（Fred Armisen，饰演瑞迪奇）现身一段 Web 视频中，取笑这次道歉和策略改变行为。《塞恩菲尔德》的演员贾森·亚历山大（Jason Alexander）在"娱乐至死"网站为网飞救济基金募捐，称涨价是"有史以来发生在白人身上的最糟糕的事情"。一位漫画家将拆分流媒体和 DVD 服务比作到一家餐厅买制作三明治的面包，到另一家餐厅买制作三明治的肉片。

公众的嘲笑看来羞辱了哈斯廷斯，他似乎最终意识到了自己的错误的严重性。

视频公布前几天，HackingNetflix 的卡尔彻内听说某个网飞内部人士曾在一封匆匆写就的电子邮件中提到一个命名："Quickster"。"那真是一个可笑的名字。"他想。

当卡尔彻内在邻居兼订阅用户的家庭派对上听到有关 Qwikster 拆分的详细内容时，他傻眼了。卡尔彻内向斯韦齐发了几封电子邮件，同时还要处理一连串来自 HackingNetflix 读者们的信息，他们在问："这是真的吗？"

从斯韦齐的守口如瓶来看，这位沟通高管显然"被他们的过去和未来弄得左右为难"，卡尔彻内后来思考说。

作为程序员，他明白哈斯廷斯不得不拆分这两项迥然不同的服务。但让他震惊的是，数年前的 Profies 和 Friends 挫败的教训，显然丝毫没有教会他如何和他的用户沟通。

让订阅用户保持两个"队列"并在两个数据库中搜索电影的想法很荒谬。卡尔彻内认为，如果用户没能在流媒体站点找到想看的电影，他们显然不会在 Qwikster 订阅，而会直接前往 iTunes 或亚马逊。

让卡尔彻内沮丧的是，哈斯廷斯似乎仍然认为，自己可以写一篇博客文章或是拼凑一段视频，然后一切都会得到谅解。

瑞迪奇埋头推进拆分计划。大约有 200 名 Qwikster 人员已经全部搬到和网飞园区同处一条街道的狭小卫星办公区，以避免分散流媒体业务。哈斯廷斯禁止斯韦齐和弗里德兰帮助瑞迪奇解决他给 Qwikster 带来的公关灾难，二人此时正忙于国际推广。

继价格暴涨几成败局之后，斯韦齐安排了一系列知名财经媒体的采访活动，试图将影响降至最小。但在弗里德兰的支持下，哈斯廷斯在最后一分钟叫停了采访，再次把残局留给斯韦齐收拾。

瑞迪奇于是联系了一位将网飞屡次拯救出公关困境的人物：肯·罗斯。瑞迪奇在优兔视频溃败大约两周后致电罗斯，罗斯建议他将这个问题直接抛给始作俑者。

"这事该里德和莱斯莉费神，"罗斯告诉他，"这是乔纳森和斯蒂夫的问题，他们生的是网飞的气。"

Qwikster 还没有推出，就遭到了愚弄和中伤。网飞未能从玩世不恭、吸食大麻的足球迷杰森·卡斯蒂洛（Jason Castillo）手中得到 @qwikster 这个推特账号，但他利用网飞谋利的计划失败让媒体为之雀跃。

就连 Qwikster 这个名字也成了笑柄，似乎网飞选择这个不可救药的土气名字是为了让用户因羞愧而放弃 DVD 邮寄服务。不过，在瑞迪奇和罗斯的引导下，Qwikster 团队亮出了他们在网飞学到的本领——专注和执行。他们打造了一个计划，将 Qwikster 定位为一座可靠的桥梁，通向拥有无限电影选项的在线租赁未来。

讥讽开始逐渐减少，但对于 Qwikster 来说为时已晚。网飞的股价已经从涨价前的每股 305 美元历史高点降至溃败之后的 65 美元。造成这两个失误的哈斯廷斯取消推出 Qwikster，重新把 DVD 邮寄纳入网飞的一揽子服务——至少是暂时性的。

在网飞打拼 12 年之久的老将瑞迪奇辞职了。另外大约有 100 人失去了工作，其中有不少人离开网飞高级职位是因为猜测哈斯廷斯要致力于 Qwikster。基尔戈很快宣布，她要把自己的营销主管职务暂时让给忠诚的副手杰西·贝克尔。基尔戈进入了公司董事会。

哈斯廷斯出人意料地重组了基尔戈的营销部，有人说这是他长久以来的一个愿望，他要对他最不了解的内容加强掌控——用户及公共关系。

哈斯廷斯是否已经意识到，Qwikster 溃败是对那些多年来树立并保护网飞品牌的热心人的背叛，也是对公司忠诚的订阅用户的当头一棒。这一点无人知晓。

当瑞迪奇和他的团队第一次问及他们应该如何解释这一品牌现象时，罗斯很难列举出某个类似情形。他想了一会儿，然后有了答案——"老虎"伍兹。这位高尔夫冠军几近神圣，直到一桩肮脏的不忠丑闻破坏了他的婚姻，毁掉了他的职业生涯。伍兹比普通名人跌得更重，也更快，因为他曾经那么受人尊重。

这就是你们必须要接受的网飞现象，罗斯告诉他们。这并不是说公司无法卷土重来，但损害已经无可挽回，现在它只是另外一个品牌。

勇气与信念

马克·伦道夫关注着围绕 Qwikster 的轰动性信息，翻阅着出现在网飞网站上的数万条愤怒评论，思考着这件事的全部意义。哈斯廷斯离谱地推出了涨价措施和 Qwikster，从而导致品牌受损，这一点是毫无疑问的。不过，伦道夫认为，拆分 DVD 邮寄和在线服务的决定是正确的，这正如网飞 10 多年前正确放弃了 DVD 销售，专注于做在线租赁的行业老大一样。

"真正令人兴奋的是，当我作为首席执行官试图竭尽全力放弃 DVD 销售业务时，我要冒着疏远数万名用户的风险。里德正在证明他具备正确行事的勇气和信念，尽管现在的用户有数千万之多。"伦道夫于 2011 年 9 月在其 Kibble 博客中写道。

在离开网飞之后的几年里，伦道夫稍做游历就重返了硅谷，从事针对高科技初创公司的咨询服务。他仍然感到惊讶的是，经常有想要创办网飞那种公司的年轻创业者找上门来，正如他以前想要创办亚马逊那样的公司。不过，对于他的年轻门生来说，"网飞那样"似乎只涉及在网络上订购，以及在公司和用户之间周旋。他们在网飞实现过的在美国范围内运送塑料磁盘的方法是完美的吗？

围绕 Qwikster 的民愤之深令伦道夫惊讶，此外，这种义愤表明用户认为他们在网飞陡然失宠的过程中同样遭受了不可挽回的损失。尽管对其订阅用户来说，网飞不过意味着邮箱里的红色信封或者屏幕上的闪烁图像，但它就像街角的时髦音像小店一样真实，而且那里的店员明白用户的最爱，总是有影片供应。

对他们来说，网飞不只是提供一项电影交付服务，它是寻找期待观看内容的最佳途径，是一个可以与之分享真正愉悦自己的内心秘密的朋友,是确信可以在下次造访时提供更好体验的那种公司。认为它不过是一系列算法的想法,实在是悲哀。

于是,伦道夫油然而生一种感觉:"我们做到了。"

后记

每个星期一早上，随便走进某个美国办公场所的收发室，你一定会在美国邮政署的塑料小箱里发现一堆等待发出的红色信封。几乎每一辆美国邮政卡车上都载有装着红色网飞信封的专用小箱子，因为加州洛斯加托斯公司是邮政服务的最大客户。截至本书写就时，网飞甚至超过了排名第一的美国有线电视公司康卡斯特。其订阅用户夜间传输电影需要的带宽占全美互联网带宽的35%，是互联网总流量的最大来源。2011年，网飞取代了无处不在的苹果iTunes商店，成为美国最大的电影和电视节目在线销售商，其签名订阅服务占在线电影业务总量的44%，苹果公司占32%。

它是世界最大的互联网电影订阅服务提供商，在电影分销协议及在线带宽使用和流量相关法律的制定过程中发挥着越来越大的影响力。这项服务甚至推动了政治行动。加拿大用户在2011年呼吁终止美国带宽上限，部分原因就是想更好地观看网飞的高清电影。

网飞邮件已在美国流行文化中占据突出地位：成为一种道具，被黄金时段电视节目提及，两次充当《纽约时报》纵横字谜游戏的线索，成为深夜脱口秀节目的噱头，甚至成为一个动词（"我们网飞一下《越狱》，行吗？"）。网飞可以成为消费者家庭最值得信赖的一员，这种错觉是如此强大，以至于2011年涨价并将公司DVD邮寄服务拆分为Qwikster的愚蠢之举激起了用户的愤怒和背叛感。订阅用户接受哈斯廷斯亲手打造的一切服务，因为网飞鼓励他们参与创建一个连接消费者和商业、人和技术的完美界面。这家公司一度听到的事实促使它和自己的竞争对手拉开了距离，并取得了领先对手的诸多成就。

消费者和企业间的持续对话是伦道夫和罗斯领会颇深的一种时代发展趋势，但哈斯廷斯似乎不愿承认这一点。这在他最近的举动中表现得越发明显：清除网飞异己，以追求其科学目标但又疏远用户的手段来推进公司拆分计划。

伦道夫的叔公爱德华·L. 伯奈斯于1928年在其《宣传》（*Propaganda*）一书中写道："公众有其自身标准、要求和习惯。你可以对其进行修正，但决不能背道而驰。公众并非可以随意塑造或者任意使唤的乌合之众。"

无论网飞怎样发展，消费者已经适应了一种新的电影观看形式，这要归功于里德·哈斯廷斯和马克·伦道夫。伦道夫赋予了网飞一个非凡的开端，哈斯廷斯则让它变成一股改变世界的力量。

在15年的历程里，网飞从一个抱负远大、处境艰难的创新型初创公司壮大为拥有50亿美元资产和较大国际影响力的正规公司。随着全球宽带普及率超过50%，网飞更是获得了巨大的增长空间。它拥有世界最大的DVD库存，其中的20万部影片涉及各个国家和各种类型，为订阅用户展现了无法以电影之外的其他任何方式获知的形形色色的生活和观点。截至本书写就时，它的流媒体服务已经从2007年1月推出时的1 000部影片增至4.5万部影片，并能在超过700种设备上实现传输。2011年年底，这家公司签署了一份模式推广协议，要将梦工厂动画SKG公司的热门电影传输到2013年启用的按次付费窗口上。

凭借多年无与争锋的客户服务所积累的信誉，网飞说服订阅用户要容忍流媒体影片的有限选项，同时要看到由即时传输和Cinematch算法之类的技术提供支持的家庭娱乐的未来。哈斯廷斯毫不留情、绝不动摇地专注于最高奖项（即让最广泛的内容选项直接从互联网传输到任意可视设备上），从而避免了网飞陷入实体媒介发行这个中间阶段。

2005年，哈斯廷斯誓言要不惜牺牲长期利润，直到击溃百视达、亚马逊和沃尔玛，并实现具有决定性意义但当时不太可能的拥有2 000万订阅用户的目标。如果哈斯廷斯当时屈从了股东压力，从互联网到电视机的历程有可能得再耗费数年时间。

尽管哈斯廷斯坚称网飞无意将有线电视客户变为割线机，但有线电视行业仍需提高警惕。消费者不满被有线电视分级计划捆绑，因为总有数百个他们不会去选择也没兴趣观看的频道，这和百视达容忍"可控的不满"的做法有相似之处。有线电视行业已经把美国划分为一个个迷你垄断区域，是时候发动以网飞为首、对抗高昂价格和低劣服务的起义了。

不过，这才是自由市场的运作原理：更好的产品、干净的资产平衡表、对商业计划近乎完美的执行，应该足以赢得客户，打败落伍的竞争对手。

当你窝在客厅沙发里，膝上放一桶爆米花，打开电视观看网飞推荐的内容时，你会很难回忆起曾在某个星期五晚上兴冲冲地驱车赶往视频店的经历。而在楼上的卧室里，你十几岁的女儿在完成家庭作业后，在她的笔记本电脑上登录亚马逊即时视频网站，买了一部新电影《伴娘》(*Bridesmaids*)，然后一边观看一边在脸书上和朋友们聊天。与此同时，你的隔壁邻居把她从百货店 Redbox 售卖机上租来的 DVD 影碟《雷神》(*Thor*)放进蓝光播放机里，让孩子们在她做晚饭时观看。

美国人现在正是这样观看电影的，所有这些都是网飞带来的改变。

致 谢

这是我的第一本书。我或许完成了与书稿本身相关的所有任务，但我背后还有一个强大的团队，他们把一个本来神秘难解的过程变得充满了喜悦和热情。

我的经纪人戴维·福格特一直非常有耐心（必要时还很强硬），他把一个相当模糊的概念变成了令市场为之瞩目和渴求的建议。对于他在这一过程中表现出来的始终如一的亲切、踏实和坦白，我深为感激。

Portfolio 出版社的团队、考尼特·扬、艾米莉·安吉尔和布里亚·桑德福提供了支持和反馈意见，他们鼓励我为这个了不起的故事找到最适当的表现方式。我感谢他们看重我起初不够精彩的原稿。我的宣传团队（由企鹅出版社的杰奎琳恩·伯克和我的宣传代理人卡拉·萨梅恩负责）为本书投入了极大的热情，并努力寻找契合它的读者，从而解除了我最初的担忧。

我的写作指导史戴西·柴肯通过她的"狂想"训练帮我确定

了故事的结构和角色，从而让我摆脱了思维死胡同，拿出了极为清晰的第一稿。她的丈夫兼我的好友马丁·伯格给予了我很多指导，他是出色的记者、编辑，在我做记者时，就曾给予我很多帮助。

我深深感谢网飞共同创始人马克·伦道夫、百视达前高管沙恩·埃万杰利斯特和约翰·安蒂奥科，他们抽时间和我会面，鼓励其他人和我坦率交谈，即使在我尚未签下本书合同时，他们也乐于回答很多偶尔令人不快的问题。

网飞的史蒂夫·斯韦齐和肯·罗斯发挥了不可或缺的作用。斯韦齐处于一个奇特立场，一边不停拒绝我的采访，一边同意协助书稿的事实核对；罗斯也检查了它的准确性和公正性。尽管网飞的前首席财务官巴里·麦卡锡无意成为消息来源，但在我一年多的纠缠之后，他还是富有同情心地纠正了我对一些重大事件的误解，我对此深怀感激。我还想感谢网飞和百视达、金融和娱乐界那些未提及的人，他们为我付出了很多时间，耐心地提供了很多素材。

这本书让我的内心几度陷入迷茫，我一度怀疑自己能否完成这个一直目睹并期待讲述的故事。感谢我的家人和朋友，是他们的鞭策让我回归了现实。

我的父亲约翰·佐普赫给予我必不可少的支持和鼓励，还有我的哥哥迈克尔·佐普赫、我的姐姐艾米·冈萨雷斯和玛吉·麦克兰德及其家人们。我的妹妹艾丽西娅·罗梅罗和妹夫迈克·斯彭斯让我留宿在他们位于旧金山的家里，还无数次带我去市内最好的饭馆品尝我的微薄预算无力承担的美食。我的叔父哈利·夏毕洛在我面临截稿日期时，独自驾车带我和两只狗穿越了半个国家，我对他的感激之情难以言表。

我的闺蜜凯米拉·怀斯和她的丈夫里克把他们位于波士顿和纽约的家留给我，为我在这两个城市的研究和采访提供了便利。

本书要献给我的哥哥约翰·A.佐普赫三世，他给了我很多正确的建议，告诉我辞职写书导致的恐惧心理，让我安然渡过这个过程。本书还要献给我的妈妈玛格丽特·罗梅罗，感谢她对我的一路呵护。她和我的继父里查德·罗梅罗关注我的所有需求，在如此漫长又陌生的写作过程中为我提供了一个避风港。我永远无法报答他们的殷切关怀。

来源声明

本文主要基于我在 2004 年至 2010 年间所做的关于美国娱乐公司的路透社报道，以及对同意和我交流的诸多业内人士的 100 多次采访。绝大多数采访以录音形式进行，在征得采访对象的同意后，用磁带录制并由专业转录服务机构转录。我还进行了一些采访，通过电子邮件询问了许多后续问题。

我在为期两年的研究和写作过程中到处游历，以便亲自和采访对象交谈，熟悉他们描述的各种背景。我在路透社工作期间听说、见过大多数采访对象，所以许多性格描述都是基于我自己的印象，并基于作为我的研究成果的细微差异。

大部分财务和战略信息来自：投资人季度电话会议的数千页记录；百视达、网飞、影库、好莱坞视频的投资人介绍；这些公司及其他公司的诉讼和监管备案。我结合了自己的报道内容和一些著名新闻媒体及博客的翔实故事。我尽量在有可能使用素材的位置附上其来源。我参考过的文章如下：

在研究哈斯廷斯的家族时，我在《纽约时报》的社会专栏偶然发现了他和百万富翁科学家阿尔弗雷德·李·卢米斯的关系。我要感谢珍妮特·科兰特（Jennet Conant）的杰作《塔克西多公园：华尔街大亨与改变"二战"进程的科学迷宫》(Tuxedo Park: A Wall Street Tycoon and the Secret Palace of Science that Changed the Course of World War II)，她对卢米斯进行了详细刻画，启发我思考了网飞将科学和市场营销联姻的更广泛的意义。

我从伯奈斯的著作中初步了解到马克·伦道夫的叔公爱德华·伯奈斯，又从拉里·泰伊（Larry Tye）的《政治化妆师之父：爱德华·L. 伯奈斯与公共关系学的诞生》(The Father of Spin: Edward L. Bernays & the Birth of Public Relations)中了解到伯奈斯对美国文化的深远影响。

没有网飞创始团队（马克·伦道夫、米奇·洛、克里斯蒂娜·基什、"特"·史密斯、吉姆·库克、科里·布里奇斯、鲍里斯·德鲁特曼和维塔·德鲁特曼等）热情慷慨的支持，以及他们分享给我的文件、截屏、图片和纪念物，我不可能写出开头几章关于网飞沉默岁月的内容。

尽管里德·哈斯廷斯不同意接受采访或以其他方式配合本书的写作，我还是从 7 年来为报道网飞的季度财报、产品推出和其他公司事项而对他进行的 20 多次采访中收集了很多基本信息。

此外，尽管哈斯廷斯不允许任何网飞现任高管或雇员接受采访，但就我所知，他并未劝阻前任高管或雇员和我交流。硅谷在很多方面是一个小城镇。我在收集信息和进行采访的大部分时间都能感觉到哈斯廷斯日益强大的气场，很多人都害怕冒犯他。

因此，在披露有可能被解读为对他不利或有害的信息时，一些来源的提供者要求匿名。我同意这些条件，只要我可以通过至少另外一个可靠来源证实同样的信息。在几乎所有类似情况下，我很容易就能通过两个或更多其他来源来证实这些事实。

我在多数情况下直接引述了采访对象的原话来重现某些谈话。我还通过会话双方、在场人和知情人来同时确认这些谈话内容的真实性。

在未做直接引用的谈话中，我通过至少两位在场人士或从参与人那里得知谈话内容的知情者那里，得以证实谈话的要点，而不是措辞。

当我就记述网飞和百视达之战及其对美国家庭娱乐业的影响事宜接洽这两家公司的高管时，双方一致认为这将是一个伟大的故事。我发现我很容易说服百视达前任高管们和我谈论他们和网飞之间的争斗。在吉姆·凯斯将公司方向从在线业务调回门店租赁业务之后不久就离开的这帮人继续做了企业高管，他们对百视达的失败心存疑问，并希望澄清是非。

百视达的企业沟通团队拒绝回应我在数月内多次提出的采访凯斯的要求。我曾在针对百视达的路透社报道中多次采访他，这些互动能让我在描述他的想法和策略时不至于偏颇。

正如上面提到的，网飞一方的情况是，哈斯廷斯拒绝以任何方式参与本书的写作，好在可敬的肯·罗斯和史蒂夫·斯韦齐非常好心，帮助我对无法从其他来源证实的部分书稿内容进行了核实。在我跟踪采访的网飞重要高管中，大多数人都会把我慷慨地引荐给同事，他们的叙述丰富了本书的内容。

这些高管坦诚的自我评价让我自愧不如。作为长期在金融、政治、法律领域从事报道的新闻记者，我很少听到类似的吐露。仅仅是获准这样近距离地分享他们的想法和情感历程，就让这个项目如此令人满意。